习近平给全国涉农高校的书记校长和专家代表的回信

全国涉农高校的书记校长和专家代表：

你们好！来信收悉。新中国成立70年来，全国涉农高校牢记办学使命，精心培育英才，加强科研创新，为“三农”事业发展作出了积极贡献。

中国现代化离不开农业农村现代化，农业农村现代化关键在科技、在人才。新时代，农村是充满希望的田野，是干事创业的广阔舞台，我国高等农林教育大有可为。希望你们继续以立德树人为根本，以强农兴农为己任，拿出更多科技成果，培养更多知农爱农新型人才，为推进农业农村现代化、确保国家粮食安全、提高亿万农民生活水平和思想道德素质、促进山水林田湖草系统治理，为打赢脱贫攻坚战、推进乡村全面振兴不断作出新的更大的贡献。

习近平

2019年9月5日

玉汝于成：脱贫攻坚伟大事业中的中国农大

编委会

主　　编：姜沛民　　孙其信

副 主 编：王秀清　　张东军　　辛　贤

成　　员：隋　熠　　李　军　　赵竹村　　谢彦明

　　　　　杜金昆　　徐秀丽　　韩晓燕　　杨家福

玉汝于成

脱贫攻坚伟大事业中的中国农大

姜沛民　孙其信◎主编

人民出版社

前　言

当中国经济建设的壮丽画卷徐徐展开时，相信每一个人都会为祖国取得的伟大成就感到热血沸腾。如今的我们正在走向强大，中华民族迎来了从站起来、富起来到强起来的伟大飞跃，迎来了实现伟大复兴的光明前景；如今的我们正在走向辉煌，经过七十多年的奋斗，中国已是世界第二大经济体，实现中华民族伟大复兴的中国梦有了坚实的物质基础；如今的我们正在走向世界，主动提出“一带一路”倡议，与沿线国家形成了互利共赢、协同发展的崭新局面；如今的我们正在改变世界，全面建成小康社会，一个都不能少，实现共同富裕，一个也不能掉队，前所未有的脱贫攻坚战更是谱写了世界反贫困历史上的辉煌篇章。

摆脱贫困，一个世界性的历史话题。贫困是千百年来笼罩在人类社会发展历史上挥之不去的阴影。许慎在《说文解字》中将“贫”定义为“财分少也”。实际上，作为物质匮乏与精神贫乏的社会现象，贫困既简单又复杂。说其简单，在于其是一种直接可观的客观事实；言其复杂，在于其背后复杂的发生机制和不同历史条件、不同文化意境下产生贫困的动因。可以说，一部人类史就是一部与贫困斗争的历史。历史的变迁、时代的更替，无一不与贫困、反贫困相关。特别是近百年的发展史，既是人类文明进程中充满艰辛苦难的世纪，也是人类有史以来创造无与伦比的社会财富的世纪。根据世界银行的统计数据，世界贫困率（贫困人口数量占全世界总人口数量的比重）由 1990 年的 35.85% 下降到如今的 10%，成绩斐然。2019 年诺贝尔经济学奖分别颁发给了阿比吉特·班纳吉（Abhijit V.Banerjee）、埃斯特·迪弗洛（Esther Duflo）和迈克尔·克雷默（Michael Kremer）等3人，当选的理由是他们为减轻全球贫困所采取的实验性方法正在帮助世界消除贫困。但是，现在全球仍有26亿居民缺少基本卫生保障，15亿人住房简陋，20亿人无法喝到符合标准的饮用水，全球有59个国家和地区的人均收入在世界银行确定的贫困线以下。也许你会认为贫困只会发生在贫穷的国家，但事实并非如此。如果按人均每天17.64美元的购买力水平计算，美国还有4000万贫困人口，约占总人口的12%，其中1850万人为深度贫困。这似乎不太符合我们所认知的美国——世界上最富有的国家怎会有那么多穷人？虽然人类社会已经拥有了高度发达的科技文明，但是，贫困的魔影依然在全球飘荡。摆脱贫困，不但是一个世纪难题，更是一个全球性的难题！

摆脱贫困，一个政党的实践命题。治国有常，利民为本。脱贫是一项历史性工程。历朝历代都憧憬、设计着摆脱贫困的路径。无论是提出要"均贫富"的农民起义领袖，还是变法图强的王安石、张居正等政治家，以及提出"天下大同"的思想家康有为，都没有找到摆脱贫困的有效办法。直到近百年前中国共产党的诞生，才给中华民族带来了希望，才找到了一条符合中国实际的正确道路。99年来，中国共产党始终如一地把消除贫困、改善民生作为自己不变的责任。尤其是自十一届三中全会以来，中国共产党根据基本国情，立足贫困现实，开展了有计划、有组织的大规模开发式扶贫，开启了一条具有中国特色的扶贫之路，力度之大、规模之广、影响之深，前所未有。经过不懈努力，中国扶贫取得了举世瞩目的成绩。贫困人口从2012年的9899万人减少到2019年的551万人，贫困发生率由10.2%降至0.6%，区域性整体贫困基本得到解决。中国创造了人类减贫史上的奇迹，这不仅意味着中国几千年来的绝对贫困问题得到了历史性解决，也意味着中国提前10年实现联合国2030年可持续发展议程确定的减贫目标。正如习近平总书记所说的，"世界上没有哪一个国家能在这么短的时间内帮助这么多人脱贫，这对中国和世界都具有重大意义。"中国共产党的历史不仅仅是年轮叠加之旅，更是初心守望之行、摆脱贫困之路。99年，对于普通人也许是漫长的，但对于一个立志开创千秋伟业、时刻以人民为中心的政党，正是"如朝日，如百卉之萌动"的青春年华。

摆脱贫困，一所大学的责任使命。昔日最苦最穷的革命老区、黄河滩区，如今率先脱掉了贫困帽。一连串数据的背后，中国脱贫成就举世瞩目。如此巨大的成绩，如果没有强大的经济基础做支撑，如果没有农业的支持，是不可能做到的。有人会问，中国农业到底有多重要？显然，面对中国14亿的庞大人口数量，中国农业在国民经济当中的地位举足轻重。世界知名的英国经济学家安格斯·麦迪森，长期致力于世界经济史的研究。在他的代表作《世界经济千年史》中，他分析，即使到了1890年，农业仍占中国国内生产总值的68%以上，农业部门使用了全部劳动力的4/5，80%左右的耕地用来种植粮食，仅粮食生产一项就占到经济总产值的60%。传统农业不仅支撑了中国的人口增长，也使得人均生活水平直到19世纪中叶以前都维持在稳定的水平，并接近世界平均水平。

古语云，民以食为天。这句来自《史记·郦生陆贾列传》的经典名言的完整表达是“王者以民人为天，而民人以食为天。”农业对于中国百姓的重要性可窥一斑。社会的发展进程与农业密切相关，从农业社会到工业社会，从工业社会到现代科技文明，都离不开农业的支持。新中国成立后，面对内忧外患，亟须建立起国家工业化体系。在“重工业优先”发展战略和“高积累、低消费”政策主导下，通过工农产品价格“剪刀差”的形式从农业中汲取资金用于发展工业。到1978年，国家从农业中汲取的积累，有专家测算大约为6000亿元，也有专家测算为8000亿元以上。农业为工业化的发展提供了巨大的资金支持，为国民经济的发展提供了宝贵的资本积累。从1978年实行分田到户的联产承包责任制到2006年全面取消农业税，每一次中国农业的进步，都带动了整个中国经济的全面发展。到2018年，农村居民人均可支配收入达到14617元，较1949年增长331倍，较1978年增长108倍；农村居民人均消费支出达12124元，较1954年增长202倍，较1978年增长103倍，农村居民人均收入和消费支出的年均增速均超过了12%。可以毫不夸张地讲，在这片古老的土地上，中国农业沉淀了历史，繁华了当下，体现出脱贫攻坚的农业担当。

中国农业取得的成就离不开中国共产党的坚强领导，离不开农业科研工作者躬身农业技术创新的开拓精神，更离不开他们在田间地头无私奉献的奋斗精神。汉代刘向《说苑·政理》云：“善为国者，遇民如父母之爱子，兄之爱弟，闻其饥寒为之哀，见其劳苦为之悲。”借用这句话，习近平总书记表达了为政者要有爱民如子之心、忧民疾苦之情，要怀有消除人类贫困的伟大情怀和责任担当。作为我国现代高等农业教育的起源地，中国农业大学在115年办学进程中，情系乡土，将爱国奋斗、科学报国作为自己的使命与担当，为中国农业的发展作出了积极贡献，为实现中国人千百年来养活自己、摆脱贫困之梦不遗余力。

用科技的丰硕成果谱写了一曲扶贫赞歌。科技扶贫是国家扶贫开发战略的重要组成部分，一辈辈农大人以高度的政治责任感和历史使命感，积极参与科技扶贫的伟大事业，为了帮助贫困地区的农民群众摆脱贫困而无私奉献。他们将所学用于农村，把实验室的最新成果带给农民，呕心沥血选育新品种，推广应用面积超过1亿亩。从“农大101”“农大102”……直到“农大108”，所育品种一度成为粮食作物中年种植面积最大的品种之一。高油、超甜“水果型”，增强维生素等特种玉米新品种，推广应用超过1亿亩。“农大3号”“农大5号”节粮型蛋鸡，饲料转化率达到了1.99：1，比普通蛋鸡节约饲料15%以上。在河南、河北、安徽等贫困地区推广养殖节粮型蛋鸡五百万余只，实现增收六千余万元，带动数万名贫困人口增收。正是他们的艰辛努力，让“脱贫”与“致富”同时有了加速度，也生动地展示了农大精神在科技领域的无穷魅力。

在扶贫大路上携手念好农大“山海经”。1986年开始，为响应党中央号召，当时的国家农业部把山区作为扶贫联系点，动员部属重点农业大学广大师生到贫困地区帮助农民脱贫致富。北京农业大学承担了武陵山区、湘西土家族苗族自治州的大庸市和龙山县的科技扶贫任务，北京农业工程大学承担了辽宁锦西西北部山区等地的扶贫工作。同时，北京农业大学扎根河北曲周开展“改土治碱”科技工作，在河北吴桥开展“吨粮田”技术的科技攻关，掀起了全国吨粮田建设的热潮，为20世纪90年代中国粮食总产跃升到5亿吨发挥了重要作用。此后，中国农大在湘西武陵山区和黄淮海平原等贫困农村，实施“上山（贫困山区）下海（黄淮海）”计划，向贫困农村输送科技力量，展开了一场颇有成效的“上山”和“下海”扶贫战役。

带着质朴与坚韧书写农大人的边疆情怀。解放初期，农大师生怀着对新中国建设事业的满腔热忱，以共和国高等农业教育“长子”的责任担当，剑指西藏高原，脚踏边陲乡土，拓荒农牧科技，作出了开拓性、奠基性的贡献，为西藏农牧业科研树立起一座丰碑。此后，农大师生在援疆、援藏与对口支援工作上不断创新模式，丰富援边内涵。他们用双脚丈量边疆的大地，用爱播撒扶贫的种子，为边区经济发展注入了强大动力。在广袤无垠的草原上，一代又一代农大师生围绕解决区域重大科学与生产问题开展了一系列科学研究，在旱地农业理论、半干旱地区生态建设、气候变化影响与评价等方面，为边远地区农业、生态与社会发展作出了积极贡献。在农牧交错带地区，师生们坚守第一线，在风沙之中与自然抗争，以科研之力对抗干旱缺水。这些人就是中国农大的援边人，他们肩负着边远山区和边疆地区脱贫的重任，勇挑起全面小康的重担。

用中国农大的真情和责任造福七彩云南。古语云："成其徒杠舆梁。"只有把桥梁建成才能从根本上解决百姓渡河之难。在滇西扶贫开发中，中国农业大学充分利用学科、人才与信息等优势，举全校之力，打造深层次、立体式、全方位扶贫体系。与临沧签订市校合作协议，在认真分析镇康实际的基础上，以"镇康之所需、农大之所能"的魄力，按照"精准施策、精准推进、精准落地"的"三精准"原则，通过积极选派挂职干部，共建教授工作站、科技小院，成立"教授服务团""博士服务团"，积极开展人才扶贫、产业扶贫、教育扶贫等一系列精准扶贫行动，打造了一支永不撤走的定点扶贫工作队，给党中央、教育部，给临沧全市人民、镇康全县百姓交上了一份满意的答卷。

将脱贫的种子播撒在偏僻贫困的乡村里。在政府的指导和支持下，中国农大师生不断探索，开启了高校参与驻村扶贫的新模式。在云南河边村，启动首个精准扶贫与乡村振兴示范基地，摸索出以主导产业提高贫困人员收入为特点、以复合型产业为核心的深度性贫困综合治理新路径。如今的河边村，一座座具有瑶族特色的木楼拔地而起，成为全国精准扶贫和驻村帮扶的经典案例。在河北桑岗村，开展"巢状市场小农扶贫"试验，为贫困小农户构建"巢状市场"理念，借助新媒体等手段，实现生产者与消费者直接对接，村民有了稳定的经济收入，生活条件大大改善。在豫西宝乡村，开启了以"乡村产学研的综合性"为特点的灵宝试验区，积极打造以传统文化资源 + 生态农业导向 + 合作组织支撑的一体化乡村建设体系，探索可持续性扶贫新模式。

青春在祖国最需要的地方绽放绚丽之花。农大学子们学以致用，行以践言，怀揣着“到祖国最需要的地方去工作”的朴素情感，奔赴边远贫困地区，把对祖国的热爱转化为助力脱贫攻坚和服务国家战略的实际行动。2015年，在中国农业大学农学院的倡议下，全国43家高等院校农学院汇聚一堂，成立了“全国农学院协同发展联盟”，组织农科师生深入扶贫一线，与农民同吃同住同劳动，体现了全国农科高校师生勇于担当、甘于奉献、支农报国的拳拳赤子之心，更吹响了学子们积极投身和助力国家脱贫攻坚战的号角。同时，学子们积极参与支边、支教，参与“农博士在线”“百名博士老区行”“红色1+1”“暑期农校”等活动，通过调研、支教、社团服务、农业政策和农业技术培训与指导等丰富多样的实践活动，深入基层，增长才干，服务社会，为农业农村现代化提供智力支持，为打赢脱贫攻坚战作出当代大学生的贡献。

围绕全面打赢脱贫攻坚战积极建言献策。在扶贫攻坚过程中，中国农大师生们赓续和发扬中国知识分子的家国情怀和“匡扶时政”的担当精神，积极开展贫困理论、脱贫综合模式和产业规划等研究，以社会实践为理论依据，为政府的精准脱贫方略提供决策支持，为地方参与脱贫攻坚提供咨询服务，充分发挥智囊和智库的作用。关于扶贫的政策建议多次得到党和国家领导人的重要批示，一项项科研成果在获得中央领导的批示后转化为生产力，《人民日报》《光明日报》《中国青年报》等重要媒体中经常出现农大人富有真知灼见的观点。同时，中国农大还对世界发展中国家的贫困问题进行深入、系统的理论和实证研究，广泛参与国际扶贫政策与项目研究，为世界可持续发展目标的实现贡献农大力量。

北宋哲学家张载在所著《西铭》中曾提到，“富贵福祥，将厚吾之主也；贫贱忧戚，庸玉汝于成也。”这句话是说，困难、忧愁往往可以磨砺人的意志，助人取得成功，喻指要成就一番功业，须经过艰难困苦的磨练，“玉汝于成”即由此演变而来。“全国脱贫攻坚奖”代表了国家对脱贫攻坚成果的最高荣誉。这个奖项的设立，积极树立起全国人民积极扶贫光荣、脱贫攻坚可赞的价值导向，积极构建起脱贫攻坚统一战线，努力在全社会形成人人愿为、人人可为、人人能为的脱贫攻坚氛围。自2016年奖项设立后，在全校奋力推进脱贫攻坚的艰苦磨练中，中国农业大学已连获4奖：

——2017 年，国务院扶贫开发领导小组专家咨询委员会委员、中国农业大学人文与发展学院教授李小云教授荣获“全国脱贫攻坚奖创新奖”；

——2018 年，在第五个国家扶贫日到来之际，中国农业大学资源与环境学院教授张福锁院士荣获“全国脱贫攻坚奖创新奖”；

——2019 年，第六个国家扶贫日，中国农业大学农学院荣获“全国脱贫攻坚奖组织创新奖”；

——2019 年，第六个国家扶贫日，中国农业大学动物科技学院杨宁教授荣获“全国脱贫攻坚奖创新奖”。

不仅如此，作为农业高等院校的排头兵，在新中国 70 周年华诞之际，中国农大报送的“‘科技小院’扶贫新模式助力镇康县‘脱胎换骨’”项目，从 58 所教育部直属高校的 63 个申报项目中脱颖而出，再次成功入选第四届教育部直属高校精准扶贫、精准脱贫十大典型项目。这是学校继 2017 年成功选报“依托建设平台，激发内生动力‘三精准’助力产业发展”项目和 2018 年成功选报“党建扶贫‘1234’培养‘一懂两爱’农业队伍”项目后，连续第三年获评入选。这些成绩是党和国家对学校充分发挥组织与科技优势，积极响应国家扶贫攻坚战、扎实推进扶贫工作的重要肯定与鼓励。

扬帆把舵，乘风破浪。荣誉体现出中国农业大学全体师生不甘寂寞、自强不息的奋进精神，鞠躬尽瘁、担当为民的奉献精神，不忘初心、回馈社会的奉献精神，勇于探索、革故鼎新的创新精神和万众一心、苦干实干的团结精神。成绩的背后，是广大师生接力奋斗，举全校之力投入脱贫攻坚，把论文写在祖国贫困土地上的生动实践。2019 年教师节前夕，习近平总书记给全国涉农高校书记校长和专家代表的回信成为新时代涉农高校建设的最高纲领，极大地激发了师生努力实现农业农村现代化的政治热情。中国农业大学将按照习近平总书记的殷切希望，以立德树人为根本，以强农兴农为己任，以“顶天”的魄力，勇于探索最前沿、最关键、最难突破的农业科学问题，以“立地”的情怀，致力于把科技成果转化为亿万贫困人民的福祉，践行新时代赋予农林高校的历史使命，向着建设成为一所具有中国特色、农业特色的世界一流大学目标阔步前进。

百年序章，风华正茂。当阳光照耀大地，中国农业大学与祖国一同见证中华民族告别贫困，创造世界反贫困历史上前所未有的奇迹。从北国山麓到南海礁屿，从西部高原到东方沃野，亿万中华儿女在脱贫攻坚的大路上意气风发、矢志前行。在消除绝对贫困之后，中国将进入以解决相对贫困和乡村振兴为主要内涵的伟大时代。中国农业大学将紧密团结在以习近平同志为核心的党中央周围，以立德树人为根本，以强农兴农为己任，坚定为人民谋幸福、为民族谋复兴的初心与使命，扎根充满希望的广袤田野，坚守大有可为的广阔舞台，以更加饱满的热情、更加昂扬的斗志、更加坚定的信心，为农业插上科学的翅膀，为实现农业农村现代化贡献农大智慧，再创无愧于时代的新辉煌。

目　录

第一章　科技篇
——成果支撑　助农增收

1949 年 9 月 29 日，华北高等教育委员会决定“筹备成立独立性的农业大学，并决定由北京大学、清华大学及华北大学三校农学院，合并组成。”这是一个历史性时刻。北京大学、清华大学与华北大学三校农学院合并组建新的农业大学。从此，在风雨如磐的旧中国历经沧桑的农业大学，迎着中国共产党的阳光雨露，走上了新的历程。12 月 17 日下午 3 时，在罗道庄礼堂，农业大学校务委员会宣布就职。一所肇始于 1905 年的京师大学堂农科大学，在这一天开启了与共和国同行的伟大征程，掀开了为新中国建设敢于担当、勇于拼搏的崭新篇章。

新成立的农大，融汇了北京大学、清华大学、华北大学三所著名大学农学院优秀而独特的历史传统。在她身上，体现着中国知识分子对国家民族光明前途的虔诚期望，充满着对教书育人的拳拳之心，彰显着爱国奋斗、科学报国的满腔热情。戴芳澜、俞大绂、林传光、沈其益、周明牂、陆近仁、李连捷、黄瑞纶、娄成后、熊大仕等一批国内外驰名的大师，身怀满腔报国之情，带领农大人投身教书育人和科学研究的伟大事业之中。

一辈辈农大人情系乡土，忧患苍生，为了亿万人民的饱暖，毅然扛起农业科技大旗，开启科技富民的“远征”。从京郊大地到黄淮海平原，从东北黑土地到华南橡胶园，从西藏工作队到西北工作团，他们在祖国大地上留下一串串服务“三农”的坚实足迹，特别是国家实施大规模扶贫工作以来，师生们南征北战，取得了一批批富民强国的科技成果，不少贫困地区

图 1-1　2015 年，颜耀祖教授主创完成的中国农业大学 10 位一级教授的画像

农民群众由此挑起了“金扁担”，傍上了“财神爷”。无论是新中国成立七十多年来，还是改革开放四十多年来，只要是国家需要、民有所呼，中国农大的师生们就义无反顾、全力以赴，把农业科技“硬核”实力转化为送科技、助产业、战贫瘠、拔穷根“改天换地”的责任担当。

第一节　鞠躬尽瘁，只为那金色的希望

“科技是国之利器，国家赖之以强，企业赖之以赢，人民生活赖之以好。中国要强，中国人民生活要好，必须有强大科技。新时期、新形势、新任务，要求我们在科技创新方面有新理念、新设计、新战略。”这谆谆教导和殷切希望的背后，深蕴着习近平总书记的科技情怀和科技强国梦。科技是国家强盛之基，是提高精准扶贫质量的重要途径，是确保脱贫攻坚取

得成效的重要保障。

从古至今，粮食在百姓的生活中占据着重要地位，是解决贫困的第一要素，一句“民以食为天”足以揭其真谛。新中国成立以来，毛泽东、周恩来等党和国家领导人对粮食生产都有过精辟的论述。毛泽东早年就认为：“世界上什么问题最大，吃饭问题最大。”周恩来在新中国成立伊始也指出：“没有饭吃，其他一切就都没有办法。”刚刚组建的北京农业大学、北京农业机械化学院汇聚起科技英才，满怀豪情地投身于那孕育金色希望的伟大事业。参加全国小麦条锈病防治工作的蔡旭把自己含辛茹苦搜集的两千多小麦品种材料，毫无保留地分送15个省市的科研工作者，极大地推动了抗锈小麦育种进程；李竞雄开展双交种玉米研究，开启中国优质玉米品种培育的开端；林传光志在攻克马铃薯种薯退化难题，为制定种薯生产制度提供了科学依据；李连捷率领农业科学组把大量农作物、园艺作物品种引入青藏高原，拉开了西藏农业发展的序幕；沈隽培育中国自己的抗寒葡萄新品种，提出中国果树资源“胜人一筹”的观点；陆子豪开展北方“当家菜”的育苗和丰产研究，促进大白菜持续高产稳产；马藩之开展陆地棉海岛棉的杂交育种研究；汤逸人主持育成中国细毛羊品种；贾慎修奔波牧区研究牧草；余群设计制造出20马力的万能自动底盘拖拉机；等等。

在农大师生取得的众多科技成果中，有“三颗种子”备受老百姓欢迎，这就是小麦育种、玉米育种、蔬菜水果育种。这些都是直接解决人民群众吃饭问题的，特别是解决了“吃饱”的基本问题。无数师生为之付出心血，留下了“人民永远不会忘记”的可歌可泣的动人故事。

一、从小麦科技会战到“吨粮田”

1950年，国民经济进入恢复时期，农业战线丰收在望。孰料突如其来的小麦条锈病却在全国大面积流行起来，不少地区的麦田严重感染，锈迹斑斑，未老先衰，造成大幅度减产。对此，周恩来总理忧心如焚，亲自挂帅领导小麦条锈病的防治工作，成立全国小麦条锈病防治委员会。蔡旭临危受命，发挥自己小麦育种专长，大力倡导、推动协作和全身心投入到优良抗锈小麦品种的培育工作中。学校师生以抗锈选种为中心目标，从大量搜集观察原始材料入手，进行品种比较，夜以继日、如火如荼地开展小麦

图 1-2　青年时期的蔡旭以及新中国成立前北京大学农学院师生合影（站立前排右二）

选种、育种工作。

师生们很快就从引进品种中筛选出“农大 1 号”和“农大 3 号”，随即在京郊、冀中、晋中南、渭北高原上种植推广，成为北方冬小麦区推广的第一批抗锈丰产良种。此后，蔡旭带头推行开放育种，把自己培育的小麦种子及时送给北京、河北、山西等地的农业科研单位，引领共同选育、协同攻关、密切配合的科研局面，一时间呈现出“快马加鞭未下鞍”的小麦育种浓厚氛围。据不完全统计，先后有二百余名师生深入河南 14 个县、河北徐水县 13 个公社、山西太原和洪洞、山东聊城、京郊各区县近 200 个调查点，进行实地调研和指导小麦生产。到 50 年代中期，“农大 183”“农大 90”“农大 36”“农大 15 号”“农大 443”“农大 498”以及兄弟科研单位的一大批小麦优良品种，在短短几年就推广开来，为防治小麦条锈病、服务全国小麦生产作出了重大贡献。

1962 年开始，师生们积极参加北京百万亩冬小麦亩产 300 斤的“小麦会战”并获得历史性突破。这次农业科技会战，党和国家高度重视，北京市委市政府直接领导，采取领导、专家、农民三结合，中央研究机构、地方研究机构、基层技术推广站三结合的形式，组织起作物、植保、土肥、水利、农机、气象等多种专业的大协作，可谓史无前例。蔡旭亲自参加并担任小麦生产顾问团团长。他为了新中国小麦事业，就像着了迷似的泡在京郊试验地里，常常忘掉了休息时间，更不怕风吹雨打、烈日严寒，下雨时就打把伞下地，降雪时就带扫帚入田，腿脚不便时拄着拐杖也要到麦地里观察和记录。在现场，他与干部、农民一起研究解决生产和管理中遇到的问题。周围的同志们给蔡旭总结了“六个不怕”，说他“不怕冷，不怕热，不怕雨，不怕风，不怕累，不怕饿”。1961 年，全市小麦总产为 1.2 亿斤，到 1965 年实现了 100 万亩水浇地小麦亩产 300 斤的目标、总产达到 3.7 亿斤。历时 3 年，小麦科技会战赢得大捷。

新中国成立二十多年的时间里，农大小麦育种科研团队先后培育成 4 批 20 个小麦优良品种，在北方广大麦区累计推广种植面积达五千多万亩，当时的一般农家小麦品种普遍增产 10%—30%，为社会主义建设作出了积极贡献。20 世纪 70 年代，虽然历经“文革”动荡，但是农大师生的小麦育种工作并未停下脚步。1977 年 11 月 19 日，《人民日报》刊文高度称赞农大研发的冬小麦良种“农大 198”为“抗棍棒的种子”。改革开放后，蔡旭以更大的热情致力于小麦育种工作，他心系京郊小麦生产，在病重期间还断断续续地念叨“昌平、通县……小麦增产措施……应该……”，临终前抱病写成《加强育种良种繁育体系，把种子工作搞活》的材料，供北京市有关领导参考，材料末尾的日期为“一九八五年十一月七日”。这份三千多字的小麦种子工作材料，是蔡旭用生命给北京人民的最后奉献。

长江后浪推前浪，扶贫战场育种忙。随着国家重点科研项目“黄淮海平原旱涝盐碱综合治理的研究”的展开，1983 年 3 月起，王树安教授带领师生来到河北沧州吴桥，扎根贫瘠农村，涝碱洼里夺“吨粮”。这里小麦生产深受冻灾、旱灾、土壤盐碱瘠薄、干热风等逆境之害，尽管当地干部群众付出了极大努力，但小麦亩产也仅仅从一百来斤增长到三百多斤。越是条件差的贫困地区越需要科学技术，农业科技工作者的使命就是帮助农民群众走出勤劳致富的新路子。作为小麦专家，王树安在大量实地调研的基础上，敏锐地提出以促进小麦根系发育来提高小麦抗逆能力的论点，并筛选抗逆性强的品种，改进施肥浇水措施，即苗期控制肥水以避免小麦贪青倒伏，灌浆期施足肥水以增加千粒重等，形成了一套简便适用的“冬小麦抗逆栽培技术体系”。为使农民群众尽快掌握这把农业科技的“金钥匙”，打开增产致富之门，农大师生边研究边示范边推广。1989 年，王树安悉心指导的3000亩示范田，以平均每亩夏收小麦464.4公斤、秋收玉米571.8公斤（合计1036.2公斤）的产量，创造了“盐碱地里夺吨粮”的好成绩。后来，“吨粮田”技术体系在华北中低产地区累计推广9000万亩以上，掀起了全国吨粮田建设的热潮。吴桥县领导感叹道：“王教授在吴桥可比我出名，老百姓都认得他，把他当‘财神爷’。”农大师生把论文写在大地上，由此可见一斑。

2008年，吴桥实验站被批准成为农业部水资源野外观测实验站、河北省低平原区农业工程研究中心。以此为契机，实验站紧密围绕国家和区域农业生产中的重大问题进行科技攻关，完善试验、示范、推广相结合的模式，为服务黄淮海地区农业农村现代化作出了新的贡献，特别是将“节水麦技术”作为“吴桥模式”在黄淮海乃至全国进行示范推广，引领国内农作物农艺节水的科技创新与示范推广；开发“多熟农作制丰产增效技术”，年产量提高和节本增效10%以上，在河南、山东、江苏、四川等累计推广应用面积4463万亩；建立与应用棉花化学控制栽培技术体系，稳定增加棉花产量10%—15%，改善棉纤维的品质，在棉花主产区年应用面积超过种植面积的80%；推广“中药肉苁蓉的栽培、加工技术研究与应用”“绿色饲料饲草产业化生产技术体系”等技术，为农户拓宽增收渠道提供技术支持。

二、让玉米成为农家“金镶玉”

玉米是世界上主要的农作物之一，也是很多贫困农村地区老百姓温饱所系。作为重要的粮食作物和饲料作物，玉米的种植面积和总产量仅次于水稻和小麦。它一直都被誉为长寿食品，含有丰富的蛋白质，但由于其遗传性复杂，变异种类丰富，在常规的育种过程中存在着周期过长、变异系数过大，影响子代生长发育的缺点。李竞雄带领农大师生从细胞遗传等领域展开研究，育成双杂交种、多抗性丰产玉米杂交种等多种品种，对中国玉米育种事业的发展和玉米增产作出了重大贡献。

20世纪50年代，农大早期玉米品种“农大1号”至“农大7号”7个玉米杂交种均表现出良好的生产性能。1956年党中央提出“百家争鸣”方针之后，李竞雄将全部精力投入到玉米育种工作中。到1958年，李竞雄亲手育成的第一批玉米双交种在全国各地开始试种示范，表现突出，抗倒抗旱，深受各地农民的欢迎。同时，李竞雄带领农大师生率先在国内推动杂交种子的科技攻关，并把从国外引进的优良自交系提供给许多育种单位，促使新中国玉米育种事业“百花齐放春满园”。此后，各地育成了“双跃3号”“双跃150”“吉双1号”“吉双83”“吉单101”等杂交种，并大面积应用于生产。山西自1960年开始，在短短的五年内，农大号玉米双杂交种推广种植五百多万亩，占当时全省玉米总面积的半数以上。

图1-3　李竞雄在玉米实验田

在李竞雄的指导下，戴景瑞、许启凤等一批农业科技人才成长起来，奠定了中国农大玉米育种科技事业的坚实基础。

1963年，戴景瑞与导师李竞雄合作发表论文《玉米雄花不孕性及其恢复性的遗传研究》。在总结多年研究成果的基础上，提出了玉米双交种三系配套的设计方案，并在随后的科研实践中取得了中国玉米杂交种生产技术上的一次次突破。20世纪70年代，在极端困难的条件下，戴景瑞、宋同明合作育成“农大54号”。从80年代开始，乘着改革开放的东风，戴景瑞和农大玉米科技工作团队不断放飞理想，开展细胞工程和基因工程方面的探索研究，引领和推动我国玉米遗传育种技术的升级。“九五”期间，他主

图 1-4　戴景瑞及国家玉米改良中心

持 863 转基因抗虫玉米项目，培育出中国第一代转基因抗虫玉米新品种；主持国家“九五”玉米育种攻关专题和农作物育种材料及方法创新专题，共育成十余个通过省级以上审定的优良玉米新品种，累计推广种植面积一亿多亩。此外，戴景瑞高度关注中国农业可持续发展和粮食安全，他带领研究团队在国内率先建立了玉米转基因技术体系，育成第一代转基因抗虫玉米，为广大农民群众带来切实利益。

1998 年，农业部批准在中国农业大学建成了具有国际竞争力的国家玉米改良中心。中心成立以后，戴景瑞带领的这支队伍在开展群体改良、自交系和杂交种选育的同时，较早地开展分子育种技术的研究和应用。他们以分子标记辅助育种为目标，先后探索了 RAPD、RFLP 和 SSR 等分子标记技术，对育种材料进行聚类分析和杂种优势群的划分，开展了全基因组的连锁图谱的构建和重要农艺性状的分子标记定位研究，同时对玉米基因的差异表达、产量性状 QTL 与杂种优势的遗传基础以及杂种优势的预测等方面都进行了深入研究。

近年来，国家玉米改良中心连续在国际顶尖刊物 Nature Genetics、PNAS 发表文章，备受国际同行瞩目。中心在国内外学术刊物发表论文三百余篇，其中 SCI 刊源的论文一百六十余篇；已经完成国家各类科研项目二百余项；“农大 108”连续三年（2001—2003）的推广面积居全国第一名，获国家科技进步一等奖；抗多种病害、高配合力自交系综 3、综 31 获得 2005 年国家科技进步二等奖；高油玉米种质创新获 2006 年国家技术发明二等奖。根据农业部农技推广中心不完全统计，1998—2015 年，农大系列玉米新品种在全国累计推广面积达到 3.57 亿亩，增产玉米 143 亿公斤，新增效益达到了 229 亿元。

1973 年，许启凤开始了培育优质玉米品种的科技攻关。他考虑国家尚未解决温饱问题，高产是压倒一切的中心任务，同时从科研的角度考虑，玉米的品质问题迟早会提上国计民生的重要日程，而要改进一个作物的品质，难度很大，所需的时间也很长，必须早做准备。于是，许启凤下定决心，坚持质与量并重，从改良玉米品质入手，大力搜集种质资源，扩大遗传基础，下大力气培育有突破性的优良自交系，努力破解长期困扰玉米生产的单产低、品质差两大难题。从 1973 年到 1979 年，他花了整整 6 年时间把常用的普通自交系转育成高赖氨酸基因的同型系；从 1979 年到 1984 年，又用了 6 年时间进一步选育出了兼具山东早熟玉米、东北晚熟玉米优良特性的高赖氨酸二环系；从 1984 年起，再用了 6 年时间把抗病虫害优良特性转入自己培育的玉米新品种。到了 1990 年，经过前后 18 年精心培育，“农大 108”终于组配成功。1994 年，该玉米品种走出校门。

他几十年如一日，呕心沥血选育优质、高产玉米新品种，从“农大 101”“农大 102”……直到“农大 108”品种，一度成为玉米生产上年种植面积最大、种植面积增长速度最快的品种，也是粮食作物中（包括杂交水稻和小麦）年种植面积最大的品种。到 2012 年，“农大 108”已累计种植 2.6 亿亩，增产粮食约 100 亿公斤，因此被《人民日报》称之为“玉米第一品种”。

在中国，适合玉米种植的东北、华北（黄淮海）、大西北、大西南等地区，地理气候条件差异很大，农民种植的习惯也不同，要使新品种适应上述不同地区种植绝非易事。20 世纪 80 年代，许启凤培育的农大 101 综合种，除了产量比当地种植的品种产量高外，由于它籽粒中的赖氨酸、色氨酸含量比普通玉米高 70%，对防治新疆少数民族中流行的癞皮病有特效。南疆二百多万少数民族群众均以普通玉米为主食，冬季又缺蔬菜等副食品补充营养，到来年春季春耕时，癞皮病常有爆发，严重影响春耕生产。该病发

国家科学技术进步奖

证 书

为表彰国家科学技术进步奖获得者，特颁发此证书。

项目名称：优质、高产玉米新品种农大108的选育与推广

奖励等级：一 等

获 奖 者：中国农业大学

证书号：2002-J-201-1-01-D01

图 1-5 许启凤在实验田及获奖证书

病时轻则胸部手臂等前后部位皮肤粗糙发硬、发痒，重则腹泻，精神恍惚，甚至死亡。政府为了减轻病害流行，向每人发放小苏打，以使玉米籽粒中的有用氨基酸释放出来。由于南疆当时未通铁路，物资都靠公路运输，政府的负担很重。改食农大 101 玉米，可以减轻甚至防治该病的流行，因此在新疆卫生防疫站等单位的支持下，该品种很快推广到 23 个县，产量也比当地的玉米高。

一些人对玉米了解不够，认为城乡生活水平不断好起来，过去无奈用于充饥的老玉米又有什么发展前途呢？实际上，只要凭着科技的支撑，老玉米也能成为农家脱贫致富的“金镶玉”。早在 1984 年，农大培育的甜玉米新品种——“甜单一号”就在深圳光明华侨畜牧场推广种植成功。1988 年，又培育成功“甜笋 101”多穗型甜玉米杂交种。甜玉米也被称为蔬菜玉米，具有适合城乡居民鲜食的独特风味，往往以新鲜果穗的形式在市场上销售。《深圳特区报》曾报道“甜单一号”在深圳秋播，从出苗到采收需要 80 天左右，亩产可达一两千斤。农大食品加工系研制“玉米笋罐头”“甜玉米罐头”“脱水超甜玉米干”等风味玉米食品，不断颠覆人们对玉米的传统认知。20 世纪 80 年代中期，以北京地区的甜玉米产量，每亩可加工 1000 瓶罐头，按每个果穗的收购价为 0.10 元计，每亩可收入 300—400 元。甜玉米成为不少农民增收的新品种。

此外，宋同明还加快了高油玉米种质资源与生产技术系统创新。高油

玉米是指含油量超过 7% 的玉米。玉米含油量是由多基因控制的遗传性状，只有通过逐步累积有利基因的方式，最后才能得到高油玉米品种。经过二十多年的努力，宋同明培育一百四十多个高油玉米自交系，育成 18 个高油杂交种，完成了 9 个北农大高油、抗病硬秆高油等基础群体的创造，平均含油量达到 15.5%，最高可达 20.43%。由此可见，高油玉米群体平均含油量正在与大豆接近。发展高油玉米不仅能增加效益，而且能有效缓解粮油争地的矛盾，使玉米变成粮食和油料兼用作物。宋同明算了一笔账：以种植“高油 115”为例，每亩可收 1000 斤粮，5000 斤青饲，100 斤油，相当于 280 公斤大豆的产油量。也就是说，种植一亩高油玉米，其产值可以接近一亩粮食作物和一亩油料作物的产值之和。从其科技含量之高、增值之多和用途之广来判断，高油玉米有可能成为未来玉米的主要栽培类型之一。

玉米的丰产丰收，除了玉米品种这个关键因素外，田间播种栽培管理技术也很重要。1987 年，农大农机教研室的专家在实验室研制生产出 7 台免耕播种机，第二年就有 105 台第二代样机投入使用，免耕覆盖法的玉米播种技术一下发展到 12 万亩。连续几年的对比试验表明，用免耕覆盖法种植的夏平播玉米，抗旱耐涝，每亩可提高产量 5%—15%，较常规种植法节省农机用油 50%，减少劳动工时 80%。此后，师生们深入山西、内蒙古、河北北部、辽宁西部等地农村，不断开展保护性耕作技术研究工作。在玉米等农业生产中，以机械化为基础的保护性耕作，集成了秸秆还田覆盖、少免耕精量播种、高效植保和深松等技术，在蓄水保墒、培肥地力、节本增效、减少农田土壤侵蚀和保护生态环境等方面不断显现出独特的成效。

三、情系北方百姓“当家菜”

过去人们常用“吃糠咽菜”来形容日子艰辛，这里的“菜”字常常指的是野菜。老百姓的饭碗里，除了要有粮食，还要有蔬菜水果才行。

新中国成立以来，随着人民的生活水平不断提高，蔬菜水果也成了老百姓生活的必需品。然而，在新中国成立初期，北方百姓生活中的“当家菜”还主要是大白菜。20 世纪 50 年代，农大开始黄瓜育种的工作，从 1951 年进行杂交和培育，经过 4 年选得杂种刺黄瓜、杂种鞭黄瓜的优良品种。1959 年，北京农业大学园艺系正式成立蔬菜专业，陆子豪和师生深入研究大白菜的起源、播种、育苗、施肥等关键技术问题，提出并试验推广大白菜丰产稳产的综合技术措施。从 1977 年到 1980 年，陆子豪往来全国各地，调研蔬菜生产问题，提出“以近郊为主，远郊为辅”，以及冬季南菜北运、夏季北菜南运的蔬菜生产政策建议。此外，他还担任北京市政府蔬菜顾问团团长，每年秋天都要奔忙在北京各个区县，指导大白菜生产，为大白菜的持续高产稳产，保证首都人民“当家菜”的稳定供应付出了辛勤劳动，为新中国“菜篮子”建设作出了重要贡献。

改革开放以来，农大蔬菜育种生产加工等研究取得了长足进步。1985 年，园艺系培育出了“农大 40 号”甜椒抗病品种，果实大、果肉厚，味甜肉脆，平均单果重三四两，最大达六两以上，亩产达 800 至 1000 多斤。80 年代初，娄隆后指导北京地区利用人防工事、地下室等条件发展地下养菇场，采用培养基生产各种蘑菇，生产单位发展到 300 多个，年产量达 50 多吨，切实丰富了市民的菜篮子。食品系蔡同一等成功研制复合蔬菜汁“维乐”，填补了我国复合蔬菜汁的空白，为开发利用我国丰富的蔬菜资源开辟了新的途径。

在蔬菜生产中，从露地栽培发展到温室大棚等设施园艺栽培是一大重要技术变迁。1983 年，张福墁到罗马尼亚布加勒斯特进修学习大型现代化温室蔬菜栽培技术，同时还先后考察了南斯拉夫、匈牙利、保加利亚等国的蔬菜工厂化生产基地情况。回国后，她积极推进了设施园艺的研究工作。为适应园艺产业不断发展的新形势，农大还率先成立园艺咨询服务中心，经销各种新品种，包括引进一批蔬菜新品种，推广新的栽培技术等，在发挥自身技术与信息优势、支持蔬菜产业发展方面发挥出积极作用。

蔬菜水果不分家，果品同样是老百姓菜篮子中的重要食品。谈起农大的果树育种研究，一篇重要的基础文献就是沈隽在 1951 年发表的论文《从我国果树资源看果树育种的前途》。他在文中写道：中国果树资源“胜人一筹”，“在栽培的种类中，存在着大量的优良品种，等待我们去调查、研究和整理；在深山丛林中，埋藏着许多野生的果树植物，等待我们去发掘、研究和利用”。沈隽是新中国建立之初对此问题最早著文呼吁与建议的果树专家之一。1955 年，他以老农王顺的普通栽培技术为基础，发表《王顺葡萄增产经验的分析》，推动了全国葡萄的种植与生产。历经10年左右时间的努力，他终于和学生们一起培育出新中国自己的抗寒酿酒葡萄新品种“北醇”“北玫”“北红”，经连续多年酿酒试验，酒质优良，口感绝佳。

20世纪80年代初，沈隽不辞辛劳，率广东、广西和福建的果树专家，前往海南调查踏勘，了解热带、亚热带园艺作物分布、生长情况，整理形成了《海南岛果树生产现状和发展建议》报告，为后来国家开发海南岛提出前瞻性的科技建议。1985年，他又去新疆伊犁地区重点调查野生苹果林，到吐鲁番和库尔勒了解当地无核白葡萄、库尔勒香梨的生产情况以及发展中存在的问题，走一路、讲一路，耐心细致地宣讲调查、发掘、整理、保存、利用和爱护野生果树种质资源的重要性。这些前瞻性工作为后来果树富民产业发展奠定了一定技术根基，也留下了科技兴农的精神财富。

蔬菜水果生产出来之后，还需要进行科学的贮藏加工。周山涛是新中国农产品贮藏加工学科的开拓者，他善于从生活中来，又运用到生活中去，不断以技术进步服务生产生活。过去，北京市郊的白菜贮藏远近闻名，他便与同事一同带着棉被走进白菜窖里，实地取样检测；天津农民在贮藏菠菜方面有着独到的方法，他又到津郊小村镇实地考察菠菜的冬天冷藏技术，不畏严寒和农民一起干。通过这种“接地气”的调研，周山涛在果蔬采后生理、冷藏与气调保鲜、加工等方面作出了开创性贡献。此外，1984至1995年的十年间，蔡同一主持中德农业综合发展项目“现代果蔬汁（澄清汁、浑浊汁、浓缩汁）加工技术与质量控制”的国际合作，提升了中国的果蔬汁加工技术。刘一和先后承担“苹果贮藏生理病害发生机理及其控制”“提高出口板栗质量”“板栗的长期储藏”“鸭梨、雪花梨的生理病害研究”以及“果脯杏脯的出口”等多个国家课题及北京市“蒜蔓气调储藏及防腐技术”“葡萄贮藏保鲜”“蔬菜贮藏保鲜”等多个科研项目，创办“制冷学会”，发展硬件，搞冷库，为发展低温冷藏保鲜技术、助力果蔬产业发展付出了艰辛的努力。

第二节　急民生所急，铸扶贫科技之剑

20 世纪 80 年代以来，国家在全国范围内开展了有组织、有计划、大规模的扶贫工作。它改变了过去单纯救济式的扶贫方法，通过制定一系列政策措施，既动员社会各方面力量进行扶贫工作，也引导贫困地区增强自身发展能力，不断形成扶贫济困、脱贫致富的强大动力。

1984 年 9 月 29 日，中共中央、国务院发出《关于帮助贫困地区尽快改变面貌的通知》（〔1984〕19 号文件），直面农村经济发展不平衡的状态，特别是还有几千万人口的地区仍未摆脱贫困，群众温饱尚未完全解决等问题，强调“应集中力量解决十几个连片贫困地区的问题”。同年 10 月，党的十二届三中全会正式通过了《关于经济体制改革的决定》。决定指出，在鼓励一部分地区、一部分企业和一部分人依靠勤奋劳动先富起来的同时，必须对老弱病残、鳏寡孤独等实行社会救济，对还没有富裕起来的人积极扶持，对经济还很落后的一部分革命老区、少数民族地区、边远地区和其他贫困地区实行特殊的优惠政策，并给以必要的物质技术支援。1985 年 4 月 26 日，《国务院批转民政部等部门关于扶持农村贫困户发展生产治穷致富的请示的通知》要求，把扶贫工作纳入农村经济和社会发展总体规划中，为贫困户发展生产、治穷致富积极创造条件。1986 年 4 月通过的国家“七五”计划，特别将“老、少、边、穷地区的经济发展”和解决大多数贫困地区贫困人口的温饱问题列为政府扶贫工作的长期目标。就这在一年，国务院贫困地区经济开发领导小组成立，不久改名为国务院扶贫开发领导小组。

面对贫困，在万箭齐发的同时，从根本上还要善于运用科技的力量，恰似庖丁解牛，“以无厚入有间，恢恢乎其于游刃必有余地矣”，从而不断除病灶、挖穷根。然而，并非所有的科技成果都可以拿来做扶贫的事业，只有那些充满泥土味儿的接地气的科技成果，才能在实际生产生活中成为管用的扶贫利器。在长期科技扶贫的实践中，农大师生感悟到其中蕴含的道理，把“顶天”与“立地”结合起来，既要在科技工作中“上得了厅堂”，

也要在科技转化上“下得了厨房”。多年来，一大批教授倾心于解决群众关心的农牧业生产实际问题，不但做好研究型教师，而且甘做“推广型教授”，通过理论与实践相结合，创造出不少充满泥土味儿的农牧业“黑科技”。

一、从“鸡司令”看科学养鸡富民经

中国是目前世界上的养鸡大国。据农业部相关部门统计，2004 年全国蛋鸡存栏量为 22.42 亿只，年产鸡蛋近 3000 万吨，消耗饲料 8000 多万吨，其中粮食占 85% 以上。2005 年，“农大 3 号节粮小型蛋鸡”在中国农业大学吴常信院士的主持下，师生们历经十余年的努力育成，成为中国市场上影响较大的一个新型蛋鸡品种，打破了国外蛋鸡对中国蛋鸡市场的垄断。同时为育种工作者提供了新的思路及信息。

图 1-6　中国蛋鸡民族品牌——农大 3 号节粮小型蛋鸡

科研团队从 1995 年开始试推广，取得了显著的经济效益和社会效益，也得到了广大养鸡专业户的认可。“农大 3 号节粮小型蛋鸡”以纯种选育和杂种优势的遗传理论为指导，将 dw（矮小）基因的优点固定在商品蛋鸡中，使这种蛋鸡具备了体型小、消耗饲料低、饲料转化率高和适应性强、抗病力强的优点，普遍养殖后极大地提高了蛋鸡生产的综合经济效益。据中国农业科学院农业经济研究所测算，与普通优良蛋鸡相比，饲养农大3号蛋鸡在正常情况下比普通蛋鸡每只多获利9元。如果每个农民养殖户平均饲养1000只，那么，一年就可以增加收入9000元。1998年2月，“节粮小型蛋鸡选育”通过农业部组织的专家鉴定，并获1998年度农业部科技进步二等奖，1999年又获得国家科技进步二等奖，成为中国蛋鸡真正的民族品牌。

到2009年，在中国农大师生的努力下，矮小鸡已经覆盖了全国30多个省份，推广量近1.9亿只，累计有10万多户农民从养殖矮小鸡中受益，实现经济效益19亿多元。为了指导帮助更多的饲养户能够自行解决一些实际问题，宁中华组织编写了《节粮型蛋鸡饲养管理技术》《饲养员培训教材》《高产蛋鸡放养技术指南》等系列书籍，免费发给农民。他非常坚定地说：“必须建立健全科技服务体系！”换言之要选择有一定学历的知识农民，由专家直接对他们进行实用技能培训，然后由他们再去服务更多的农民。养殖户们常常说：“军队里那千军万马都听谁的？司令嘛！这宁教授呢，就是俺们的‘鸡司令’！”

说起生态养鸡科技，中国农业大学也有一套“富民经”。多年来，赵兴波带领科研团队，通过对动物行为进行观察，对健康指标进行研究，对产品品质进行分析，综合遗传学特性，结合市场经济，形成了一整套的生态养殖方案。从2014年12月10日到2015年12月24日，师生们一边实践一边研究，记载下了《散养鸡的365天》。2016年起，科研团队把生态养鸡的技术模式，落地到了河北广宗县——民盟中央精准扶贫基地的科技扶贫行动之中。两年间，人们看到，在中国农业大学河北广宗教授工作站生态养殖示范基地，1000亩挺拔白杨树扎根的土地上，种植着菊苣草、紫花苜蓿、无芒雀麦等优良牧草。在林木之下，20000只华北柴鸡信步吃草。“上头栽植树木，发展林业，防风固沙；下头畜养禽类，发展生态农业和循环经济”这一模式，成为广宗县立体经济产业的典型代表。2018年，师生进一步转战贵州毕节纳雍县进行科技扶贫。他们运用生态养鸡技术体系，助力当地土鸡“出山”、百姓脱贫致富。师生们奔波于广宗与纳雍，他们由衷地说：“希望通过这个项目，争取建设多领域、高新技术有机汇集的新型农业生产模式，逐步实现精准生产、生态循环、环境友好的生态农业生产基地，期望探索出可复制的示范性生态农业生产模式。”

热情帮助农民群众饲养“致富鸡”的还有杨宁及其团队，他提出以“精准扶贫、品种先导、技术集成、体系支撑”为核心，开创了养鸡产业扶贫新模式。科技帮扶中，团队看到不少贫困地区的特色品种缺乏保护、缺少利用，高原藏鸡就是最典型的一种。藏鸡是世界独特的高原品种资源，生性野、羽色杂、善飞翔、喜抱群、耐高原、耐粗饲，具有优秀的遗传性能。藏鸡蛋富含粗蛋白，藏鸡肉富含鲜味氨基酸，美味并具有食补功效。但是，目前藏鸡种源受到威胁，加上养殖粗放，生产性能低，纯种藏鸡濒临灭绝。在农大专家指导下，拉萨市尼木县制定了《尼木藏鸡产业扶贫三年行动计划（2018—2021 年）》。通过各方面联动帮扶，尼木县藏鸡原产地建起了藏鸡资源保种场，实现了高原鸡新品种零审定的突破，用科技手段让当地品种成为金字招牌。

作为国家蛋鸡产业技术体系首席科学家，杨宁注重科技创新和成果转化，开创养鸡产业扶贫新模式。他依托北京德青源农业科技股份有限公司，结合国家扶贫政策，实施“金鸡产业扶贫计划”。2016 年 11 月，首个示范项目在河北威县投产，随后 18 个项目分别在西藏尼木、甘肃天祝、陕西山阳、山西石楼、内蒙古林西和卓资、河南洛宁、安徽岳西、湖北红安、重庆丰都、贵州威宁等地开枝散叶，帮助 5 万多贫困户建档立卡脱贫。目前，杨宁已经带领国家蛋鸡产业技术体系助力 4 个国家级贫困县实现脱贫摘帽。他们在扶贫工作中体会到，脱贫攻坚是一项伟大的政治任务、民生

图 1-7　杨宁获 2019 年全国脱贫攻坚奖

工程，也是最大的发展机遇。脱贫攻坚工作需要科学家不断技术创新和集成推广，也需要年轻一代接力传承。

教师既要利用科技创新成果服务产业，也要通过言传身教培育出富有社会责任感的青年科技人才。2016 年以来，杨宁带领团队师生深入贫困山区和养殖一线，面对面开展产业讲座和技术培训，为贫困地区累计培训养殖技术员、养殖工人、养殖户超过 2 万人，这些懂技术的“新农人”，成为各自家乡脱贫攻坚的骨干力量。他指导过的学生大部分从事着与畜牧产业技术相关的工作，其中不少人积极投身脱贫攻坚事业中，袁经纬深受导师杨宁教授刻苦工作精神的感染，博士毕业后毅然选择到德青源公司西藏尼木基地工作，现已担任藏鸡研究院院长。

科技扶贫绝对不能昙花一现，脱贫摘帽也仅仅是第一步，在建立地方特色产业的基础上，还需要进一步优化。农大师生就是这样辈辈传承，把科技富民看得比什么都重，胸怀愚公移山的志向，让富民技术传承下去。

二、以工程科技锤炼富民“绝活儿”

2008 年，北京昌平区黑山寨的板栗丰收了，但由于技术的限制，板栗划口主要依靠人工劳动，效率低，质量差，限制了板栗深加工的发展。当年，在各村冷库里都有成堆的板栗得不到及时加工。高振江是当地科技帮扶“一村一博”工程的指导专家。“一村一博”工程是由北京市相关部门牵头，对于重点帮扶的乡村实行每村一名博士生及博士生导师定点联系的措施，探索服务京郊农业、发展沟域经济的新路子。此次黑山寨的板栗深加工问题看起来是一个具体技术问题，往深里说则事关老百姓对沟域经济发展的信心，于是高振江带领研究生们专门组织了一个科技创新小组，针对板栗加工问题，开展科技攻关，很快就研制出了新型“激光非接触式板栗划口机”。中国农业大学参加激光非接触式板栗划口机研制的研究生和大学生科技创新小组成员现场指导当地农户对板栗进行划口，通过专用加工技术和装备的烘烤，生产出了新开发的板栗新产品——燕昌红“开口笑”。山村农民熟练地使用新设备，对板栗进行非接触式划口，加工过程完全机械化，大大提高了板栗划口效率。随着板栗深加工技术的运用，山区板栗产业不断实现“有机板栗”种植技术和板栗生产、加工、销售整个产业链的延伸。

这项为山区农民解决了板栗加工问题的技术成果，其核心科技是“气体射流冲击烘烤技术与设备”。这个绝活儿不但可以用来进行板栗深加工，还可以广泛应用于烤鸭、甘薯等传统食品的加工，具有物料熟化均匀、节能环保、技术指标先进实用、国内领先等特点。经过不懈努力，科研团队一共研制完成了六种样机，获得实用新型专利三项，自动化烤鸭机已作为环保型产品销往法国。气流冲击烘烤设备烤制食品的色、香、味达到了传统食品烘烤要求。通俗地说，科学利用气流冲击进行烘烤，使得甘薯烤制过程无污染和明火，烤鸭烤制过程中减少了有害物质的生成，板栗加工过程中解决了脱壳、护色的问题。

国内枸杞栽培区主要为宁夏、内蒙古、新疆、河北、青海、甘肃。在六大产区中，宁夏的枸杞为最优，俗称“红宝”，虽然个头不如别的地区大，但是营养成分是最高的。经过多年的发展，制约枸杞产业发展和农民增收的最大技术瓶颈就是鲜果保鲜。如何储藏枸杞？其中有一项技术便是干燥加工。通过干燥技术对枸杞进行处理，降低枸杞原料的水分，增加可溶性物质的浓度，抑制微生物繁衍速率，抑制物料中所含酶的活性，使枸杞长期保存，便于枸杞的运输和储藏，这是解决枸杞鲜果不易保鲜的一种方法。

无独有偶，被誉为“中华第一枣”的新疆骏枣，也使用了真空脉动技术和装备。新疆骏枣产自世界上水果优生区——新疆，这里的无污染沙化土壤、每天 15 小时充足的日照、昼夜 20 多度的温差、昆仑山终年冰川雪水的灌溉等得天独厚的自然条件，造就了新疆骏枣卓越的品质，闻名全国。如何把这种优质大枣换一种吃法，给消费者带来一片不一样的骏枣？农大师生通过攻关，使用真空脉动技术加工骏枣枣片。在干燥过程中，因保持着较低的物料温度，一些热敏性物质的营养成分可以得到很好的保存，保证了干燥后枣片的品质，所以一经出品，便因其醇厚的口感深受消费者欢迎。

目前，脱贫攻坚和乡村振兴的奋战正在不断深入。越在这样的形势下，越要扭住农业供给侧结构性改革这个“牛鼻子”，不断提高农业质量效益和农产品市场竞争力。高振江坚信：“农产品干燥加工产业的发展空间和增值潜力巨大，我国目前是世界上水果和蔬菜等产量最大的国家，其中农产品产地初加工是现代农业产业体系中最薄弱的一个环节，也是我们非常关注，并正在努力推进的重点工作。”2018 年，虽然已经办理了退休手续，但他又应邀参加了九三学社中央的脱贫攻坚民主监督调研，踏上新的人生征程。高振江翻山越岭走村串户，扎到大山深处了解情况。每每遇到解决不了的问题，不论是产业扶贫政策、产业扶贫资金落实、产业效益、合作社服务，还是具体的种植方法技术，他都一定现场把脉开方，提供解决方案再离开。

“会当凌绝顶，一览众山小。”在陕西深度贫困地区，乃至在全国农村，调研的地方多了，高振江敏锐发现，这些不同地理位置，不同资源禀赋的深度贫困地区，在扶贫产业的选择上非常雷同。他不无忧虑地说：“现在很多地方还在扩大布局，可以想象未来几年将集中上市的农产品同质化竞争，将给农户带来的影响。”他提出建议，在地方特色农产品选择以及种植乃至销售等环节，一定要遵循市场规律，并建立起科技服务支撑体系，以更好的科学规划科学施策，使扶贫措施更加符合市场规律，避免产业风险；要依据当地产业及产品特点，以提质增效为目标，开展保质加工技术的统筹谋划。在保护绿水青山基础上，分别制定相关产业生产技术规范和产品标准，同时加强从业人员专业技术培训，培育打造特色品牌，“保质干燥”技术必将大有用武之地。

第三节　踏上农业绿色发展新征程

“农业强不强、农村美不美、农民富不富”，这是中国共产党的新时代“三农”之问。实施乡村振兴战略，包括打赢脱贫攻坚战，一个重要任务就是推行绿色发展和生活方式，让生态美起来、环境靓起来，再现山清水秀、天蓝地绿、村美人和的美丽画卷，从而使生态变成摇钱树、乡村成为聚宝盆、土地上长出金元宝。应该说，农业本就是“绿色工厂”“生态之肺”，稻田是人工湿地，菜园是人工绿地，果园是人工园地，然而一些地区生态恶化，化肥农药盲目使用造成土壤污染。科技扶贫，既要解决吃饱饭、增产增收的问题，还要追求良好的生态环境、新鲜的空气、清澈的水源、绿色的食品，让农业回归“本色”。

新时代，中国农大的师生大步跨上了农业农村绿色发展的新征程。2018 年 10 月，河北曲周大地迎来金秋时节，在用 45 年时间帮助河北省邯郸市曲周县成功治理盐碱地、推动农业综合开发后，中国农业大学在这片土地上进一步启动了“农业绿色发展示范区”建设，曲周农业发展将迎来第三次“起跳”。为了国家农业农村绿色发展的“起跳”，几代师生以奋战数十年的黄淮海平原为核心试区，多年征战西北、华北、东北等广大农区，推动生产、生活、生态“三生”和谐发展，生动演绎了新时代农业“肥”之大美、“药”之精微和“土”之厚德。

一、双高科技:“肥”之大美

“从 1980 年到 2014 年我国粮食总产量增长了 90%，但是化肥消费量增长了 180%，过剩氮肥的排放量同样增加了 240%，我们付出了更高的资源环境代价获得粮食安全。”这是中国农业大学张福锁院士关于化肥的忧虑，他跟田间地头的庄稼人想到了一起，不少老百姓深有体会。每年的化肥越用越多，种地的成本也越来越大，而增产增收效果却逐年下降。那么，问题的症结究竟在哪里呢?

俗话说“庄稼一枝花，全靠肥当家”，那些种了一辈子庄稼的老农们都知道充足的肥料是保障作物高产高效的前提，但是过量施肥不仅增加了投入，还会造成病虫害增加，使作物“贪青晚熟”，从而影响产量。对此，农民们仅仅凭着自己的经验和一双肉眼，很难判断地里的庄稼有没有“吃饱”，是否存在“营养过剩”的情况。在河北曲周县白寨乡甜水庄村柴大婶的地头上，中国农业大学师生和国内外的专家们带来一个小巧的仪器——叶绿素仪，用这个仪器只要在庄稼的叶子上测一测，很快就见到结果，柴大婶家的小麦施肥施多了。柴大婶按专家们的建议算了一笔账，如果进行科学施肥自家的 9 亩地可以节省不少肥料，一下子省下不少钱。农业要想高产高效，绝不能靠盲目施肥。师生们在田间地头放飞一个低空遥感测试气球，通过航拍，清晰地显示出哪块地里肥多，哪块地里肥少。“我家每人才有一亩八分地，过去就想多施一点肥，让粮食产得更多点，”与柴大婶一样，许多农民朋友感叹说:“看来，有的老习惯和老经验是错的，种田还是要跟着科技走。”

2009—2010 年，中国农大的科研团队在河北曲周、吉林梨树、黑龙江建三江垦区三个科研基地上，不断铺开了农业高产高效“双高”创建、服务农民增产增收的科技攻关。广大师生在农村扎下根来，他们从心底里认识到，农民才是农业生产的主体，不能一味将技术灌输给农民，必须发挥他们的主观能动性。张福锁院士常说一句话：“我们的目标是让教授变成农民，真正沉下去，把知识、技术、政策、信息、资源带进农村；同时让农民变成教授，掌握科学技术，运用到农业生产实践中。”青年学子们也像老师们一样，把自己变成农民，在走进乡土、乡亲的日子里，与乡村产生了奇妙的“化学反应”。他们亲近土地，默默耕耘，举办了一系列激发农民兴趣的活动，办科技长廊，发科技日历，办农民田间学校，鼓励农民各抒己见、探讨问题。不久，村里有了示范方和示范户。示范方向农民展示从种到收的关键技术，让农民亲眼看到技术到位后的效果。示范户是敢于“先吃螃蟹”的人，既把学到的技术用在自家地里，又与科技小院的老师学生一起帮助其他的农民解决生产问题。在张福锁及其团队的努力下，越来越多的农民知道了未来农业不是“大肥大水”，而是节水减肥、减少污染；不是“面朝黄土背朝天”，而是科学信息化管理；不是“自守一亩三分地”，而是规模化、集约化经营……改变的过程中，农民的视野越来越开阔。

“双高”的追求，是建立在坚实的科研工作基础之上的，其科技的硬核就是对“肥”的科学利用。师生们一方面奔波于田间地头做工作，一方面利用所有时间夜以继日地埋头实验室，在“幕后”千锤百炼地锻铸科技利剑。几年间，他们开展了基于土壤硝酸盐快速测试的氮肥推荐技术、基于小麦茎部硝酸盐浓度的植株氮营养诊断和追肥推荐技术、低空遥感技术在作物氮营养诊断和追肥推荐中的应用、冬小麦氮营养的光谱诊断、基于绿色窗口氮营养诊断和追肥推荐、华北平原氮肥深施技术等 10 项先进科技管理技术的实验，这些实验技术正在“双高”示范田里得到运用。人们常说，十年磨一剑。2018 年 3 月 7 日，国际顶级学术刊物《自然》（Nature）在线发表了中国农业大学崔振岭、张福锁等在农业绿色发展领域取得的最新成果“与千百万农民一起实现绿色增产增效（Pursuing Sustainable Productivity with Millions of Smallholder Farmers）”。这是一篇全国 25 家教学科研单位共同

图 1-8　张福锁获 2018 年全国脱贫攻坚奖创新奖

参与、历经 10 年“顶天立地”不懈努力、有着 46 名作者的大文章。

此前，张福锁的科研团队已多次揭示“肥”与农业绿色发展的关系。2010 年在《科学》杂志上揭示了“过量施用氮肥造成中国农田土壤大面积酸化、制约可持续发展”的问题；2013 年在《自然》上发表了“大气氮沉降增加 60%、影响环境质量”的结果；同年，受《自然》编辑部邀请以“中国农业：全世界的榜样”为题介绍了中国在增产增效研究方面的进展；2014 年，在《自然》发表了《以更低的环境代价获得更高的作物产量》，证明“土壤—作物系统综合管理”理论和技术可以使全国粮食产量平均增产 30% 以上、氮素环境排放降低 50%；2016 年，在《自然》上发表了河北曲周科技小院在四个村“自下而上、扎根农村和农业生产一线、与农民一起创新，实现县域尺度大幅度增产增效的方法和路径”。2018 年，研究团队积 10 年之功首次证明，绿色增产增效技术可以大面积实现作物增产和环境减排的“双赢”，回答了持续增产是否必须依赖于水肥资源的大量投入以及作物高产、养分资源高效和环境保护能否协同等国内外学术界一直在争论的重大科学命题。

今天，农业战线可以坚定而自豪地说：未来中国粮食安全可以以更低的资源环境代价来实现，绿色增产增效技术的创新与应用为中国农业走出一条产出高效、产品安全、资源节约、环境友好的现代化农业发展道路绘就了蓝图，为全球可持续集约化现代农业的发展提供了范例。2018 年 7 月，中国农业大学在全国率先成立国家农业绿色发展研究院暨农业绿色发展学院，设置绿色植物生产、绿色种养一体化等四个交叉研究与培养平台；10 月，启动中国农业大学农业绿色发展示范区（曲周）建设，继续扎根在这片已经接续奋战了 45 年的黄淮海腹地上，把曲周打造成全国农业绿色发展示范县，进而把华北打造成全球农业可持续发展的样板。

在曲周县的王庄，人们进行检测发现，土壤有机质含量比全华北的平均水平高出20%。在茶余饭后，老百姓津津乐道的是高产高效率农业生产体系、土壤质量提升、养分综合管理、食品营养强化、免耕、双季玉米等新技术和曾经陌生的"新概念"。这里的老百姓打心眼里点赞："果实长得好，真是离不开农大学生指导。"他们对于"庄稼一枝花，全靠肥当家"的认识，早已超越了祖祖辈辈的老观念，在他们眼里看来，每一棵庄稼不能"大吃大喝"，就如同每一个人要求吃出健康一样，只有讲究科学施肥、营养均衡，才能高产高效、营养健康。

二、绿色植保："药"之精微

蝗灾是古代经常出现的灾害，从春秋战国至清末的2600年间，中国共发生有记载的蝗灾538次，平均每五年就有一次蝗灾。1943年，河南在特大旱灾之后发生了罕见的蝗灾，受灾范围之广、涉及县份之多、农业损失之巨、时间持续之长都是空前的。新中国成立后，农药科技开始起步。1952年农大成立了中国第一个农药专业。

俗话说，是药三分毒，因而医道贵在精微。早在20世纪60年代初，农大黄瑞纶就提出合成低毒内吸杀虫剂乐果和选择性除草剂敌稗的计划。在他的组织和领导下，对乐果这一新的有机磷农药进行了合成、加工以及应用等方面的系统研究，使乐果和敌稗等农药几乎和发达国家同期投产，成为中国杀虫剂和除草剂的当家品种。黄瑞纶是国内最早注意到有机农药在作物中的残留及其对环境影响的农药化学家，并最先研究了几个剧毒有机磷农药对硫磷、内吸磷在苹果、茶叶、烟草和蔬菜上的残留量测定方法。直到1973年，国际上才普遍重视农药造成的公害问题。实事求是地讲，农药对于农业是十分重要的，但滥用农药所带来的污染及危害也是不容忽视的重大问题。1983年，由尚鹤言完成的"手动喷雾器低容量喷雾技术"获农牧渔业部技术改进一等奖；1984年至1986年，胡秉方带领课题组参加了化工部组织联合攻关的"高效低毒农药的研制"项目，获得国家计委、经委、科委及财政部联合颁发的国家攻关项目成果奖；1986年，由钱传范主持完成的"农药安全使用标准"获国家科技进步二等奖等。为了国家农业安全和科学施药，一辈辈农大人砥砺前行，创造着一个个奇迹。

在新时代，农大人紧紧围绕农业绿色发展，在推动农药高效、减量使用上加强科技扶贫，取得了显著的成效，产生了明显的经济和社会效益。例如，开展“减少农药使用的绿色防控技术”的研发与推广，研究成果中的碱性电解生理水、纳米硒等绿色调控技术，自 2013 年以来在全国各地进行了示范和推广，特别是在茶叶、梨、草莓、水稻、蔬菜、中草药健康养殖、水产养殖等几十个作物和农产品上推广应用，帮扶贫困地区农户发展生态农业，取得了显著经济和社会效益。2017 年，该成果获得由中国扶贫开发协会博士后扶贫工程中心颁发的“扶贫先进个人”奖章，在人民大会堂接受表彰。开展“农药减量高效施用关键技术及应用”研究，攻克了农药施用定量分析计算的世界性难题，解决了农药利用率低的技术难题、全程机械化中高效施药装备的短板，在全国范围内多地区进行了广泛的推广应用，2006 年获教育部科学技术进步奖一等奖，2013 年获农业部中华农业科技奖一等奖。

近年来，为服务脱贫攻坚，吴学民带领自己的研究生，一头扎进了北京市门头沟区清水镇的山区低收入村——百花山下的黄安坨，集成运用绿色植保的科技力量，帮助农民打造绿色产业，还农村以绿水青山，真刀实枪地助力美丽乡村建设，促进农民持续增收。说起这个小山村，人们难忘的是 1955 年毛主席为黄安坨村“远景规划”作了批示，这一批示一直激励着黄安坨村几代人奋发图强，艰苦奋斗。这里影响农民奔小康的新困惑在于全村 400 亩果园，种植 10 多种高寒果品，为了防治病虫害，过去农民一遍遍地喷洒农药，有时恨不得用农药把果树“洗”一遍，但依然解决不了“虫口夺食”的难题。2014 年，为了破解这个难题，农大科研团队长途奔波来到黄安坨，自此开始了连续 6 年心系村民、科技富民的征程。

为了让村民接受科学施药，团队在村中选块 3 亩左右的小园子、一百多棵果树作为药效对比的“试验田”，研究生们也随之在村里“安营扎寨”。他们的日子在忙碌中度过，既要掌握果树田间管理技术，先看后做，剪枝、疏花、疏果……全过程熟悉一遍，又要开展果树病虫害、施药及药效调查，从地头实践中检验基本功。还有一批批师生赶来参加科技攻关的“大合唱”，3 亩试验田扩大到 50 亩，科技的效果逐步显现——用药少了，成本减了，检测完全符合无公害要求。村里的种植合作社负责人见到成效，心里反而有遗憾，要是最初就在全果园推广，农药支出可节省上万元。全区果树要是全推广无公害施药技术，那得给乡亲们省多少！师生们盘算的可不仅仅是这笔收支账，而是要用更好的方法、更少的农药，最大限度减少对环境的影响，同时还能产出更优的产品，这才是科技带给人、带给环境的大实惠。在当时，开往黄安坨村的公交车只有 892 路，当同学们从苹果园公交站搭乘公交车时，司机师傅真诚地说："你们上山是帮助我们的，不能让大家买票。"

2014 年，黄安坨村果园施用杀菌剂、杀虫剂分别减少用药量 50.5% 和 40.9%，2015 年更大幅度减少用药量 87.2% 和 66.5%。通过 50 亩果园试验田的结果观察，用药量大幅缩减后，病虫害仍得到了有效防治。2016 年，黄安坨村在整个果园推广科学施药方案，杀菌剂施用量仅 9.9g/ 亩，杀虫剂施用量为 24.5g/ 亩，效果完全符合预期。从 2017 年开始，全村果园的科学病虫害防治体系建立起来了，绿色生产的效益上来了，市场上供不应求。同时，师生们还帮助山村陆续引进了采前、采后保鲜技术，2019 年苹果落果率由约 40% 减少到了 3%。经过 6 年的科学防治，用药总量减少 40% 以上，实现了减少农村面源污染、保证食品安全的目标，果品达到了绿色无公害标准，彻底改变了黄安坨村的用药方式，科学用药得到了广大农户的认可。

人们用"药"既要讲求药到病除，也要"治未病"，防患于未然。对于农作物病虫害防治来说，就是要在保护种子健康上下功夫。2007 年 12 月以来，中国农业大学成立了种子健康中心，致力于为农作物种苗企业提供种子、种苗携带病原物的检测，种子处理和种传病害防治技术服务。中心先后完成 3500 余次种子携带病原物检测的服务，包括从新疆、内蒙古、甘肃等省区的种子市场采集了西瓜、甜瓜、南瓜等葫芦科作物种子 184 批次，并对这些种子携带瓜类果斑病菌的情况进行科学检测，及时发现问题，为农民群众的经济作物生产排除隐患，为农业发展和乡村振兴贡献了力量。可以说，未来的农业绿色发展，对科学施药、绿色植保提出了更高要求。在科技扶贫中，农药科技工作者要和广大农民一起，极尽"药"之精微，不断生产绿色生态健康的农产品。

三、黑土地:“土”之厚德

吉林省梨树县是全国粮食生产五强县之一，也是黑土地保护利用的试验田。从2007年起，这里开始探索以玉米秸秆覆盖、全过程机械化生产技术为核心的梨树模式，形成粮食增产和黑土保护的叠加效应。2020年7月22日至24日，习近平总书记先后来到吉林四平、长春等地，深入农村、社区、科技园区、企业，就统筹推进常态化疫情防控和经济社会发展工作、推进东北振兴、谋划“十四五”时期经济社会发展进行调研。此次吉林之行，习近平总书记首先来到梨树县国家百万亩绿色食品原料（玉米）标准化生产基地核心示范区，习近平总书记凭栏远眺，玉米地一望无边、绿浪滚滚。随后步入玉米地深处，走到黑土断面观测点，近距离察看黑土保护情况，并同在场的农业专家攀谈起来。

“这个地方的黑土层原先至少有60厘米厚，自清末开始开垦以来，加上风蚀水蚀，每年要减少3毫米左右。为了扭转这个局面，我们想了个办法，把玉米秸秆还田，就像给黑土地盖了一层被子，不仅可以防止风蚀水蚀，起到抗旱保墒作用，秸秆腐烂后还可以增加土壤有机质。土质松软，玉米根系扎得更深了，还能抗倒伏。”来自中国农业大学的李保国就黑土地土壤剖面、“梨树模式”及中国农业大学在黑土地保护利用等方面的相关工作向总书记进行了详细汇报。结束考察前，习近平总书记语重心长地说：

图1-9 全国最大的绿色食品原料（玉米）标准化生产基地

“东北是世界三大黑土区之一，是‘黄金玉米带’‘大豆之乡’，黑土高产丰产同时也面临着土地肥力透支的问题。一定要采取有效措施，保护好黑土地这一‘耕地中的大熊猫’，留给子孙后代。梨树模式值得总结和推广。”

总书记的肯定和鼓励，坚定了农业专家们把科研成果应用在祖国大地上的信心。鼓励是鞭策，也是动力，更是压力。中国人要把饭碗端到自己手里。怎么端？在梨树潜心研究十余年的李保国认为须“藏粮于地”“藏粮于技”。怎么才能“藏粮于地”？就是提高土壤肥力，让产量提高，让粮食供应能力提高。如何“藏粮于技”？就是要采取保护性耕作技术，提高土壤肥力，提高土壤生产力。“梨树模式”就是“藏粮于技”的最生动体现，具体而言就是使用新型农机具，达到玉米秸秆覆盖还田和不整地作业要求，实现了一次作业即可完成清理秸秆、开沟、施肥、播种、覆土、镇压等工序，形成了以“秸秆覆盖、条带休耕、机械化种植”为主要内容的玉米种植模式。

实际上，由于保护不及时、耕作不合理，梨树县黑土厚度在过去30年里减少了近40厘米。2009年起，李保国带领师生在梨树建立了中国农业大学吉林梨树实验站和全国首家黑土地保护与利用院士工作站，他们和中国科学院东北地理与农业生态研究所等单位密切合作，联合攻关，最终开创“梨树模式”，为越来越薄的黑土层披上“棉被”，让黑土地重新焕发生机。

经连续10年监测，2019年梨树县黑土地保护试验地块土壤含水量增加20%至40%，耕层0—20厘米有机质含量增加12.9%；每平方米蚯蚓数量增加到120多条，是常规垄作的6倍；保护性耕作每年减少秸秆焚烧100万吨以上，减少化肥使用量3000吨，有效减轻了农业面源污染。农民们欣喜地发现，以前土地硬邦邦的，下雨存不住水，用手抠一下能抠到2厘米都费劲，现在根系都能扎到1米多了，一铲子下去，还能看到好多蚯蚓。“梨树模式”取得了改善土地、保护环境、提高效益的综合效应。据相关数据统计，使用“梨树模式”耕种后，一公顷地生产成本下降1200元，增效1200元，农民一共能增收2400元。今年，梨树县国家百万亩绿色食品原料（玉米）标准化生产基地预计玉米产量可达到15亿斤，可为当地农民增加收益2500余万元。

情系黑土地，保护“耕地中的大熊猫”行动并非孤军奋战。在东北黑

图 1-10　中国农业大学吉林梨树实验站

土地上一直活跃着一支以推广保护性耕作技术，参与助力精准扶贫攻坚的队伍。他们就是由中国农大牵头，与众多农业科研院所、推广机构、农机企业等单位和近百个农民合作社共同组成的，以致力于发展保护性耕作为目标的东北黑土地保护性耕作与利用科技创新联盟。科技创新联盟聚力国家“黑土地保卫战”，进行农业科技攻关的重点是黑土地保护，而直接受益的就是黑土地上的老百姓。

在吉林省，丙字村是乾安县所字镇一个极为偏僻和贫困的村庄，村内常住 86 户 195 人，贫困户比例大，有 35 户 58 人，分别占比为 40%、30%。全村有耕地总面积 629 公顷，耕地土壤沙化碱化严重，交通闭塞，土壤贫瘠。同时，由于位于生态保护区，不允许发展加工业、大规模养殖业，成为乾安县贫困村脱贫的老大难问题。当地唯一可以利用发展的产业就是把玉米种植好，以此增加收入，摆脱贫困。

2015 年，为了助力这个村依靠保护性耕作技术尽快摆脱贫困，联盟把这个村的农机合作社纳入联盟黑土地保护性耕作试验示范基地，联盟组织举办的保护性耕作技术培训、现场会、论坛交流等活动，都邀请这个基地参加，接受新技术、开阔新视野。中国农大的师生们每年都到丙字村进行保护性耕作技术指导和培训，深入田间实地分析讲解免耕播种、秸秆覆盖等注意事项，秋季专门帮助进行玉米测产。在这个村党支部的带领下，在联盟基地农机合作社保护性耕作技术上的示范引导下，在当地政府的帮助下，丙字村全村在 2015 年实施推广保护性耕作技术面积 180 公顷，到 2019 年增加到 600 公顷，达到了整村推进。

通过推广保护性耕作技术，玉米产量大幅度提高。在没有实施保护性耕作技术之前，全村每公顷粮食产量在 6250 公斤左右，通过实施保护性耕作技术，产量逐年递增，到 2019 年粮食产量达平均每公顷 7500 公斤左右，每公顷增产 1250 公斤左右，按照 1.5 元 / 公斤计算，每公顷增收 1800 元左右。过去传统的耕作，春播过程是搂秆、运秆、灭茬、打垄、坐水、播种、镇压，而保护性耕作则采用免耕播种一次完成，仅这一环每公顷节约成本 1200 元左右。总的算来，每公顷节本增效 3000 元左右，全村 600 公顷玉米增收 180 万。通过这项技术增加了粮食产量，无劳动能力的贫困户土地流转收入随之增长，原来全村耕地承包费不到 2500 元 / 公顷，现在达到了 3500—4000 元 / 公顷。

人们常说，一方水土养活一方人，多少老百姓都把生活的希望寄托于脚下的土地。这些年来，黑土地上的这些农村贫困户都是扶贫脱贫难啃的硬骨头，相当一部分家庭收入来源十分单一，只能靠承包耕地种植玉米。然而，这些贫困户普遍缺乏应用先进技术耕种的条件，一般自己无法种植，大多数采用把地包出去的方式。如今，通过为贫困户提供玉米全程机械化保护性耕作作业服务，每个贫困户一公顷玉米比原来可节本增收达三千多元，加上免收作业费，正常年景每公顷地实际可为贫困户增加收入五千多元。目前，通过合作社基地玉米保护性耕作技术帮助作业服务摆脱贫困的农户已达89%，使他们家庭收入有了比较稳定的保障。

2019年底，吉林省榆树市八号镇大岗村贫困户宗大全全家的年人均收入第一次达到脱贫的水平，五十多岁的老宗深怀感激之情说："我家能够脱贫，晨辉合作社帮了大忙。从2017年开始，连续三年，他们免费用保护性耕作技术耕种玉米给我们作业，我家这1.5垧地，照比原来包出去，每年多挣八九千元，使我家才能实现了脱贫。"在东北黑土地保护性耕作与利用科技创新联盟的有利带动下，像晨辉合作社这样的基地合作社共有三十多个，他们开展了多种多样的技术作业帮扶工作，每年为本地贫困户的承包田提供免费保护性耕作全程机械化生产作业服务，秋收时又把玉米穗直接送到贫困户家中。

一枝一叶总关情。师生们来到吉林省梨树县、乾安县、东丰县、双辽市和内蒙古区新安盟等地，深入到贫困村、农机合作社等开展保护性耕作技术讲解传授和田间地块现场技术指导，以推广保护性耕作技术，帮助贫困户在玉米生产上节本增收。大家不定期为贫困户免费送去烧柴和米面油，利用各种渠道吸纳贫困户在合作社季节性务工等，以不同做法和方式，爱心相扶，持续不断。最令人欣慰的是，师生们通过推广保护性耕作技术，提高了村民收入，有些常年外出务工的年轻人开始返乡回流。

第四节　富有泥土味儿的科技富民之路

多年来，一辈辈农大人积极参与科技扶贫的伟大事业，为了农民群众摆脱贫困过上好日子，无私奉献，甚至献出宝贵的生命。这绝非少数教师、学生的个人行为，而是农大人群体性的自觉选择。

从农大的办学历程来看，早在1986年，受国家教委的委托，张仲威主持开办“第一期农业推广教师培训班”，来自全国42所院校的46位教师参加了学习，正式开始了农业推广学的研究。1987年，中国农大建立了我国第一个农业推广专业，第二年又结合中德合作项目，成立了中国高等学校第一个农业推广业务实体——农业综合发展中心，逐步强化了学校的推广职能。结合黄淮海综合治理和扶贫开发工作，广大师生直接参与国家经济建设，促进了科研成果的转化和农民素质的提高，积累了丰富的推广经验，也锻炼出一批科技推广人才。

为了给农业科技推广学科以应有的地位，学校在1988年制定了《专业技术职务评审和聘任暂行条例》，评聘了10名从事推广实际工作和教学研究的副教授，得到了国家教委和农业部的支持。1992年，学校明确了推广专业正、副教授的任职资格，增加了推广工作的评分比重，并在高级专业技术职务评审委员会内增设了农业推广开发学科组，率先评聘“推广型教授”，不断建立健全了推广教学科研体系。可以说，首批“推广型教授”的诞生，在科技研发与扶贫攻坚之间搭建了一座桥梁。

进入新世纪，学校积极推荐产业技术体系专家，依托新农村发展研究院，推动建设野外实验站、教授工作站、科技小院、产业研究院，印发实施《中国农业大学服务乡村振兴战略实施方案（2019—2022）》，设立“校级社会服务贡献奖”等，瞄准制约深度贫困地区精准脱贫的重点难点问题开展深入研究，为“三区三州”提出精准对策，为国家做好脱贫攻坚与实施乡村振兴战略的统筹衔接贡献中国农业大学的智慧。如果说，过去的科技扶贫很大程度上是学校现成科研成果的推广应用，那么新时代学校科技创新则是精准锁定脱贫攻坚与乡村振兴，从实践中找课题，扎根大地搞研究，增强农业科技创新和农牧业知识传承发展的使命担当。

一、服务“三农”是科技创新的主旋律

作为社会主义农业高校，我们究竟要办什么样的教育，进行什么样的农业科技工作，这始终是办学实践中需要重视的方向性问题。1990年2月，习近平同志曾经写下《我们应怎样办好教育》一文，提出了“新的教育观”的重大论断，强调“我们必须站在经济、社会发展战略的高度来思考教育问题”“经济靠科技，科技靠人才，人才靠教育。教育发达——科技进步——

经济振兴是一个相辅相成、循序递进的统一过程，其基础在于教育”。习近平从农村经济发展和老百姓脱贫致富出发，明确指出“需要有一个‘泥土味十足’的教育特色”“要求教育有效地为农村社会主义各项建设事业服务。”

可以自豪地说，一辈辈农大人致力于科技扶贫，正如习近平总书记所要求的“以强农兴农为己任”，将服务“三农”作为农业科技创新不变的主旋律。20世纪50年代以来，娄成后院士系统地论证了植物细胞核物质穿壁运动与细胞间物质分配、运转过程的密切关系，取得了突破性研究成果。英国剑桥大学出版社出版的《韧皮部运输》一书中，收录了娄成后关于核物质的细胞间穿壁转移的研究成果与微生物学上的重大发现。从20世纪50年代初开始，他将植物感应性研究成果付诸田间实施，用来解决西红柿培育、大白菜脱帮等现实问题，并在华北水稻农场推广化学除草的土壤处理和飞机喷洒，参加试制新型除草剂在粮、棉田的推广应用。他还与农业栽培、农机人员长期合作，共同制定了北方大田生产残茬覆盖减耕技术，主编《我国北方旱区农业现代化》一书，为中国农业的节水、护土、省工和增收寻找新途径作出了贡献。2008年初春，一场突如其来的罕见雪灾肆虐我国南方，农业受灾严重，98岁的娄成后院士夜不能寐，牵头研究提出《育苗移栽是解除暴灾后大田作物生产的有效措施》的应急建议书，为灾区人民做了实事。在娄成后身上，生动地体现了农大人“顶天立地”的科研追求。“顶天”是科研水平的写照，“立地”是服务“三农”的情怀。

图1-11　娄成后院士（右一）

作为国家食用菌产业技术体系岗位专家，王贺祥及其团队的足迹遍及京津冀。在大兴，他们创建庞各庄镇专业合作社；在延庆，他们利用牛粪和秸秆混合发酵栽培双孢蘑菇；在昌平、怀柔，他们就地取材、因地创新，指导农民种植栗蘑，以此带动了市民郊游采摘、蘑菇加工产业发展。以北京昌平长陵镇为例，仅蘑菇种植一项就为当地政府直接增收千万元，每户菇农年收入超过10万元，有的达到30万。蘑菇种植高效利用秸秆、树枝等材料，减少了环境污染，蘑菇为城乡提供了高价值食品，菌渣还为农业生产提供了丰富的有机肥，生态效益更为明显。2014年，王贺祥当选为全国优秀农村基层科技工作者，他的事迹也被人民网、科技日报等广为报道。

2015年11月29日，中央印发《中共中央国务院关于打赢脱贫攻坚战的决定》。中国农业大学园艺学院把科技创新的方向瞄向脱贫攻坚主战场，他们选择陕西省延安市宜川县（专家大院）、咸阳市淳化县（院士专家扶贫工作站）、铜川市印台区（果树专家大院）、甘肃省平凉市崆峒区（果树试验站）等4个国家级贫困县(区）为点，延安市、平凉区整个苹果产业为面，用自己掌握的知识与技术逐点带面服务区域苹果产业、助力扶贫工作。陕西、甘肃区域内适宜发展苹果产业的市县多为我国深度贫困地区。多年来，当地政府以发展苹果产业为主导，带动群众脱贫致富，但由于信息闭塞、技术落后，苹果产业发展及果农脱贫进展缓慢。韩振海率领团队自带干粮，应需而至，以身示范，手把手指导苹果管理技术，每年仅在延安市及4个贫困县的培训场次就达10次以上，培训果业技术人员、果农已达三千多人次。几年来，团队为当地引进新品种、新技术，包括果树新品种十余个，亲自布置自育苹果（矮化）砧木、施用生物活性素试验，引进节水、促花等新技术，用“新”增加效益，帮扶农民脱贫。这些新品种、新技术的推广在助力当地苹果产业发展、助推精准扶贫脱贫方面的效果已开始突显。2017年甘肃省平凉市崆峒区整体脱贫，2019年底陕西省延安市宜川县、咸阳市淳化县、铜川市印台区整体脱贫。如今，延安市已经成为国内地市级苹果树种植面积最大的区域，延安（品牌:洛川苹果，延安苹果）与平凉（品牌:静宁苹果）已是著名的优质苹果产区。

二、把论文写在贫困大地上

2016年9月21日，全国脱贫攻坚奖正式设立，包括奋进奖、贡献奖、奉献奖、创新奖四个奖项。毫无疑问，全国脱贫攻坚奖代表了国家对各方面开展脱贫攻坚成果的最高荣誉。自从这个奖项设立后，中国农业大学已连获4奖。这些荣誉的背后，是广大师生接力奋斗，举全校之力投入脱贫攻坚，特别是紧紧围绕科技扶贫，把论文写在贫困地区大地上的生动实践。

回顾多年来农大人的科技扶贫实践，广大师生从城市到农村，从学校到田间地头，从“三下乡”到“常下乡”，不断迈出了与农业生产实际相结合、与农牧民群众相结合的坚实步伐，书写了“踏遍青山人未老”、艰苦奋斗的豪迈篇章。

依托特色蔬菜产业体系岗位专家项目，廖小军团队以“辣椒加工产业科技扶贫”为主要目标开展扶贫工作。2017—2019年间，团队跨出校门，南征北战，在新疆、内蒙古、甘肃、贵州、云南、四川、河南、河北、山东等9个省份、10多个市县开展帮扶脱贫工作，期间主要针对我国不同地域、不同企业类型、不同干制技术、不同辣椒品种以及不同辣椒干制产品等进行了调研，重点了解当地贫困农户的技术需求及目前辣椒产业现状。团队成员参加果蔬产业相关会议20余次，以现场会议的形式提供技术服务咨询共计40余次、培训技术人员1600多人，分别与郑州、乌鲁木齐和昆明等8家综合试验站进行了沟通与交流。通过技术咨询和培训，初步解决了当地企业辣椒加工过程中面临的问题和困难，并且在贫困地区普及了更先进的加工技术，提高了当地企业利用新技术生产高品质辣椒制品的意识和需求，为当地辣椒产业健康发展提供了技术支撑并指引了方向。

2018年9—10月，团队师生选择2个传统戈壁滩晾晒基地进行长达1个月的跟踪监测。通过实地跟踪监测，系统分析和评价自然干制的优势和不足，提出辣椒自然干制的优化方案，并且推荐替代的干制技术，达到提高干制辣椒安全性和品质的目的，为农户和企业不断带来切实利益，实现了科技扶贫的预期成效。在2018年干制基地数据监测基础上，2019年团队再次进入新疆石河子、克拉玛依市、吐鲁番市、阿克苏市温宿县、塔城地区沙湾县安集海镇等地调研，先后进行辣椒加工技术扶贫5次，在新疆地区将基地扩大至3个，跟踪监测了辣椒干制加工过程，分析统计数据，对现有干制方式进行评价后提出优化方案，初步解决了当地企业辣椒加工过程中面临的问题和困难，达到直接惠及农户及为企业实际生产服务的目的。

谁说贫困地区不能成为科技创新与知识创造的沃土？有了扎根大地的

坚守与付出，在改天换地的实战中，在老乡们低矮的屋檐下、简陋的桌椅边，师生们在贫困地区的大地上依然不断收获丰富多彩的知识成果。20 世纪 80 年代，为了传授及普及农村基层养鸡户的饲养防疫知识，为农民发家致富，甘孟侯暂时放下手中的研究工作，拿起手中的笔为普通农民编写了《养鸡 500 天》一书，1983 年 3 月由中国农业出版社出版。该书理论联系实际，技术性强，通俗易懂，图文并茂，受到全国广大畜牧兽医技术人员及农村养鸡户的热烈欢迎，多次修订再版发行，至今为第 6 版，印数高达 200 余万册。俗话说，金奖、银奖，不如老百姓的夸奖。《养鸡 500 天》这本群众喜爱的书，在 80 年代被新华书店评选为“全国十大畅销书”，1995 年被评为全国“送书下乡”活动畅销书，1998 年被团中央、国家新闻出版署评为“全国农村青年最喜爱的科普读物”，1999 年被列为全国“星火计划”丛书，2014 年被农业部、中国农业出版社列为“最受养殖户欢迎的精品图书”，2016 年又荣获中国科普作家协会优秀科普作品（图书奖）银奖，这就是书写在贫困地区大地上的“大文章”。

三、让群众在绿水青山中过上好日子

一切扶贫科技的出发点和落脚点，都是让贫困地区的老百姓在绿水青山中过上好日子。

中国农业大学科研团队因地制宜，寻找适合中国黄土塬的气调贮藏方式，作为提升黄土高原地区自我发展能力的科技创新选题。他们从黄土塬地区发展的实际需要出发，根据黄土塬特殊地貌构造、地果农和贮户的经济现状，结合团队专业优势，深入当地，系统研究了西北黄土塬窑洞贮藏周期中环境因素变化的规律，结合中国传统土窑洞结构模式和国际先进的气调贮藏模式，首创了具有中国西北部特色的中小型果蔬窑洞气调贮藏技术体系，其保鲜模式集制冷、加湿、气调、保温等系统于一体。利用较少的投资、较快的建设速度、简单的操作管理方法，使果蔬保鲜效果达到了国内的金属组装式气调冷库效果。值得一提的是，这种技术与金属组装式气调库相比，具有结构紧凑、占地面积少、投资额度小、运行效率高、操作性强、节约能源等优点，尤其适用于目前国内经济不发达及农民知识水平偏低的西北地区进行果蔬贮藏保鲜，填补了国内空白。

“山水林田湖草是生命共同体。”这是农牧业科技扶贫的根本所在，也是科技扶贫、科技富民行动贯彻“绿水青山就是金山银山”理论的“金钥匙”。在新时代，中国农大先后组建成立了土地科学与技术学院、草业科学与技术学院、国家农业绿色发展研究院（农业绿色发展学院）、国家黑土地现代农业研究院、甘肃武威绿洲农业高效用水教育部野外科学观测研究站、烟台研究院、三亚研究院等。通过部署实施“乡村产业科技支撑、乡村生态环境建设、乡村协调持续发展、乡村振兴人才培养”四大专项行动，通过科技创新支撑优质粮食产业、设施蔬菜产业、特色花卉产业、高效生猪产业、健康奶牛产业、绿色肉牛产业、特色动物产业、现代牧草产业、农产品贮藏及加工产业、智能农业装备等 11 个特色优势产业发展。师生们正发挥多学科、大平台的综合科技优势，进一步整合力量投入科技精准扶贫和乡村振兴。在建设“山水林田湖草生命共同体”这个重大战略上，开展一场新的科技会战，接续推进顶天立地的农牧业科技创新，走出一条更有泥土味儿的科技富民道路。

图 1-12　土地科学与技术学院、草业科学与技术学院成立大会

2020 年 5 月 29 日，在给袁隆平、钟南山、叶培建等 25 位科技工作者代表的回信中，习近平总书记

明确要求，创新是引领发展的第一动力，科技是战胜困难的有力武器。鼓励全国科技工作者要着力攻克关键核心技术，促进产学研深度融合，勇于攀登科技高峰。中国农业大学的师生积极响应党和国家的号召，在科技扶贫、滇西扶贫、对口支援、精准扶贫、理论研究等诸多方面奋勇争先，不断谱写出战天斗地的光辉篇章，既打造了扶贫科技人才高地，又积淀形成了感人的扶贫精神。

第二章　上山篇

——情系山区　志在兴农

山，绵延不断；山，层峦叠嶂；山，巍峨挺立；山，高耸入云；山；新奇秀丽；山，永不停息地为世人演绎着最美的风景。当你身处大山之中，必定会陶醉在这美丽壮观中，陶醉在这清心惬意中。然而生活在大城市的人们也许无法想象，当你抱怨咖啡又涨价的时候，大山里有的人只是希望吃顿饱饭；当你忙着清空购物车的时候，大山里有的人只是希望衣能蔽体。交通闭塞、自然灾害频繁、生态环境恶劣、农业技术落实，已使贫困在这里根深蒂固。

自 1986 年开始，为响应党中央、国务院的号召，当时的农业部把武陵山区作为扶贫联系点，动员部属重点农业大学广大师生到贫困地区帮助农民脱贫致富。当时的北京农业大学承担了武陵山区、湘西土家族苗族自治州的大庸市和龙山县的科技扶贫任务，北京农业工程大学承担了辽宁锦西西北部山区、四川省广元市的扶贫工作。这些地区多是革命老区、民族地区，基础设施和社会事业发展滞后，生态环境脆弱，自然灾害频发，贫困人口占比和贫困发生率高，人均可支配收入低，脱贫任务重。中国农业大学以自身科研优势帮助欠发达地区发展产业，前瞻性谋篇布局，以学校为大本营，在武陵山区、乌蒙山区、锦西西北部山区、大别山区、燕山—太行山区以及贺兰山区的农村大地上，实施“上山（山区扶贫）”计划，充分发挥学校资源优势，助推贫困山区的经济发展。

2011 年，作为扶贫开发的纲领性文件，《中国农村扶贫开发纲要

（2011—2020 年）》明确指出，六盘山区、秦巴山区、武陵山区、乌蒙山区、滇桂黔石漠化区、滇西边境山区、大兴安岭南麓山区、燕山—太行山区、吕梁山区、大别山区、罗霄山区等区域的连片特困地区为扶贫攻坚主战场。在新的战略部署下，中国农业大学始终紧扣国家重大战略需求，加快推进深度贫困地区脱贫攻坚，以补短板为突破口，集中学校力量攻关，万众一心克难，谱写出新时代科学报国、扶贫攻坚的生动诗篇。

第一节　武陵山区：走出一条脱贫攻坚战的“湘西云路”

1600 多年前，陶渊明写下千古名篇《桃花源记》，给世人编织了一个“世外桃源”的美梦。“晋太元中，武陵人捕鱼为业”，更是留下一个千百年来让世人苦苦追寻的人间仙境。在这里，“土地平旷，屋舍俨然，有良田美池桑竹之属。阡陌交通，鸡犬相闻。往来耕作，男女衣着悉如外人。黄发垂髫，并怡然自乐。”在武陵山腹地，满眼所见的，是山连着山，山衔着山，山抱着山，千山万岭，层峦叠嶂，但美丽的背后，贫困也曾困扰着这里。武陵山区是全国 14 个集中连片特困地区之一。

武陵山区以武陵山脉为中心，地处中国经济的分水岭和西部大开发的最前沿，是连接中原与西南的重要纽带，因其地区大部分地处武陵山脉而得名。它东临两湖，西通巴蜀，北连关中，南达两广，总面积达到 11 万多平方公里，成为中国各民族南来北往频繁之地。虽然这里青山绿水、云雾缭绕，但是在 20 世纪 80 年代，水稻亩产仅 200 公斤，玉米亩产不足 100 公斤，人均粮食不足 200 公斤，人均收入不足 300 元。农民食不果腹，衣不蔽体，学龄儿童辍学在家，望校兴叹。改革开放初期，这个革命老区还有千千万万的少数民族同胞仍然没有解决温饱问题。高山深沟封闭了湘西山区，外部的信息和科技进不来，好政策的优势也发挥不出来，这里太需要科学技术了。只有农业科技才能给贫困农户带来丰收的希望，只有农业技术才能让农民真切感受到致富的希望。中国农业大学师生在湘西张家界、天门山、天子山、黄龙洞、九天洞、猛洞河的彩云间行走，留下了一串串开拓者的脚印，走出了一条脱贫致富的“湘西云路”。

一、走出湘西扶贫的科技之路

说起湖南最有名的县，应该非湘西凤凰莫属了。凤凰是一个少数民族聚居县，因沈从文的《边城》而闻名于世。世人无不惊奇于文章中所描绘的湘西美丽的自然风景，惊叹于湘西人民的热情好客、生活的淳朴自然。连绵的山、清清的水、洁白的云，好像这片土地还是未开化一样，然而这里灾害易发、贫困面广、基础设施建设滞后、贫困程度深。

早在20世纪70年代，在农业部的统一部署下，当时的北京农业大学在湘西土家族苗族自治州的花垣县、保靖县、永顺县、凤凰县和大庸市、桑植县实施科技扶贫工作。为了找准扶贫的切入点，学校师生近40人先后3次到湖南湘西土家族苗族自治州考察。以武陵大学为基地，选定大庸市及龙山县为示范，并以草食动物兔为主的养殖业，玉米高产为主的种植业，柑橘、葡萄为主的果林业，香菇、庭院经济等为科技扶贫项目。在1986年多次、多人、多学科考察调研的基础上，制定了1987年扶贫工作计划。该项计划受到农牧渔业部的肯定，极大地鼓舞了师生的热情。在实施过程中，主要做了三项大事:第一，规划团队在湘西100天，深入到市、乡、村调查，制定了“一市三乡三村”配套规划，使上、中、下经济发展的乡、村都有学习和参照的榜样，可操作性很强。第二，确定湘西十项“软硬结合”的管理和技术科学普及项目。第三，启动以农业部培训中心和武陵大学农牧渔业系为主的技术教育和人才培训工作，即按照“围绕旅游，富市富民”的方针，制定市、乡、村规划，各项技术在规划方案中发挥作用，形成合力，尽快脱贫致富。考虑到大庸市拥有张家界、天子山以及索溪峪等旅游资源，决定以旅游带动产业发展，实现农民脱贫致富、财政增收，并以大庸市为点，以点带面，以此辐射到桑植县、慈利县和吉首市的永顺县、凤凰县里耶镇。

1987年9月，以“短平快”项目为主，长短结合，抓庭院经济为重点的原则，学校开始了湘西扶贫项目的实施。学校派出张东军（人事处）、谢光辉（党办）、周首一（校办）、秦应和（动物科技学院）、席清（教务处）、宋敦伦（植保系）和律宝春（园艺系）等7位青年教师组成湘西扶贫工作团。

到湘西后，和武陵大学几位青年教师编成两队，分别在龙山县坡脚乡和大庸市红土坪乡进行为期一年的蹲点扶贫。他们直接深入农户，从北方给坡脚乡引进种兔198只，分养在20户农家，一年后已发展到45户，兔群达到600多只，经济收入近万元，平均每个养兔户收入750元左右，经济效益快而明显。红土坪乡引进种兔112只，半年卖了三批兔种，收入9000多元。一年的扶贫锻炼，他们看到了科学技术给贫困山区带来的致富希望，认识到在贫困地区青年人更能实现自我价值，了解了湘西的山山水水、一草一木，更了解了那里质朴诚实的山区少数民族同胞。

湘西扶贫项目的实施，迅速在校园形成“处处议扶贫，人人想扶贫”的浓厚氛围。湘西的贫困状况使师生动了真感情，纷纷报名参加扶贫，决心以自己的一技之长为湘西扶贫贡献力量。师生们出谋划策，选择项目，群策群力，有的实地考察，有的制作录像带，有的搜集资料，八仙过海，各显神通。师生与湘西干部群众同心同德，协力同干，共谋“治穷脱贫”大计。

1987年12月和1988年3月，学校在龙山县和大庸市红土坪乡分别引进种兔190只和112只，很快辐射到6个乡、54个村、623户，兔饲养量增长到12800只，直接经济收入达到了3万余元，收入最高达的农户达到了3156元，占全年家庭收入的67%，逐步增强了农民脱贫的信心。1988年春，从北京引入“巨蜂”葡萄条200多斤，分别在两个乡的重点户集中繁殖。此后，又陆续引进的800株华盛顿脐橙、椪柑和温州蜜柑苗，分在200多户的庭院中种植；引进农大园艺系“弥雾扦插苗床”技术，培育庭院绿化苗木及葡萄、吴茱萸、花椒等约6万株，进一步增强了扶贫后劲。

1989年凤凰县又从农大引进食用菌项目，开展了平菇（冻菌）、香菇、木耳（粗）、猴头、茯苓等菌类小试生产栽培，成立了“武陵山区食用菌协会及食用菌技术推广站”，辐射到龙山县4个林场、桑植县、保靖县以及吉首市。在坡脚乡、红土坪乡油菜生产上开展了种衣剂、增产菌的示范试验。坡脚乡的一亩示范田油菜籽产量达660斤，红土坪乡用增产菌为农民拌油菜籽60多斤，推广增产菌4000多斤。仅仅3年，中国农大就组织师生约350人次按项目编队参加扶贫实践，形成了科技扶贫的“总动员”。

从1988年到1992年，农大师生密切跟踪研究大庸市脱贫工作，制定年度调整方案，根据国际、国内形势变化提出新的目标和措施，促进脱贫致富规划方案分阶段落实。同时，还把水稻栽培技术、养殖技术、水产养殖技术、农产品加工技术引到大庸市。1992 年，大庸市全市接待游客 60 万人次，比规划基础增加 15.3%，实现旅游收入 3000 万元，景区收入 885.5 万元，每个游客平均消费额为 25.88 元，比 1986 年增加 78%。大庸市的知名度、信誉度、美誉度大大提高。旅游业把客人引到大庸，农产品由运出去改为到市里就地消费，这些大大促进了种植业、畜牧业、林果业、水产业的发展。1988 年 8 月，武陵源被列入国家第二批 40 处重点风景名胜区之内。大庸以旅游立市，全市旅游资源得天独厚，堪称国之瑰宝，然而大庸这地名，外界知之者依然甚少，许多游客闹出了“到了大庸市，不知张家界”，“寻找张家界，走过了张家界”的笑话和误会。1991 年，大庸市正式更名为张家界市。1992 年，由张家界国家森林公园、索溪峪风景区、天子山风景区三大景区构成的武陵源自然风景区被联合国教科文组织列入“世界自然遗产名录”。2004 年 2 月，《世界地质公园》名录公布，张家界因绝美风景而榜上有名。

2 光明日报 1991.12.24

北农大为湘西经济发展效力

科技扶贫与教学科研紧密结合

本报讯 （通讯员胡广济 记者朱振国）在武陵山区湘西土家族苗族自治州，先后有近千名北京农业大学的师生，在当地开展科技扶贫活动，成为农民发展商品生产、综合经济开发、摆脱贫困走向富裕的主要力量。

湘西是我国主要扶贫地区之一。1986年，在农业部的统一部署下，北京农业大学开始承担了武陵山区湘西土家族苗族自治州的科技扶贫任务。他们以解决温饱为突破口，科技培训为立足点，依靠当地自身力量逐步实施扶贫工作。师生把科技扶贫作为面向社会、面向生产、面向农村的结合点，使扶贫、教学、科研紧密结合，为解决老少边穷地区人民温饱问题，作出了不懈努力。据不完全统计，从1986年以来，先后有800多人次师生参加扶贫项目28个，科技培训8万多人次，帮助当地增产粮食5千多万公斤，新增产值2千多万元。

结合实施“丰收计划”，该校师生从1990年开始，在花垣等5个县区举办试验田800余亩、丰收指挥片4.8万亩的现场示范指导。该校的教授专家先后45人次到生产现场，针对种苗、规范化栽培管理、测土配方施肥、病虫害综合防治、推广应用新技术等关键性措施，深入到乡村农户田间地头，开展技术指导工作。王经武教授对保靖县玉米长期低产徘徊不前，提出了三项技术重点，5个技术关键，并指导制订百亩试验田、千亩中心田的实施方案，还亲自到水银乡和老乡播种玉米，调动了农民科学种田的积极性。副教授苏宝林为了摸清湘西水稻生产状况，先后跑了30个乡镇50个村寨，调查掌握第一手材料，解决了水稻生产有关理论性问题。青年教师谢光辉，结合“丰收计划”进行“水稻高产、优质、低耗生产控制系统”的模拟化计算机栽培研究，1990年至1991年连续两年取得1100——1300公斤的单产，比当地增产30—40%以上，试验结果将直接用于指导“丰收计划”的实施。这种利用现场开展形式多样的试验示范和研究工作，不仅为当地农业生产“以点带面”发挥了“辐射效应”，而且，对江南亚热带地区的种植业有了较系统的了解，教学内容也得到了充实与提高。

在扶贫工作中，不少师生不同程度地得到了锻炼，深受教育。很多人认识到科技扶贫的必要性和紧迫性，缩短了同农民的距离。许多同学说，通过深入实际了解当地的农业生产情况，当地的民情与国情，学到了很多课堂上学不到的东西。通过理论与实践的初步结合，我们既看到了在学校所学理论的重要，也发现了实践经验不足的问题，认识到任何再好的理论，如果没有实践的检验，是难以被广大人民群众接受的，也发挥不了它的作用。

图 2-1 媒体对湘西扶贫的报道

总而言之，贫困山区的落后面貌是多种因素造成的，脱贫致富道路探索是一个系统工程。只要从宏观规划入手，以选准社会经济生态发展方针为突破口，调整结构，优化布局，锲而不舍、全力以赴、自力更生，才能够取得成效。张家界市迅速发展的成效，凝聚着中国农业大学许许多多老师和学生的心血和智慧。

二、走出湘西扶贫的丰收之路

为了彻底解决粮食问题，农业部批准学校在湘西五个县（区）实施“丰收计划”，即把农业科研成果和先进适用技术组装配套加以推广，实现大范围、大幅度、大面积增产丰收的计划。在农业部的统一布置下，1990年中国农业大学实施“丰收计划”30万亩，其中水稻19万亩（落实面积22.95万亩）、玉米11万亩，分布在武陵山区湘西土家族苗族自治州花垣、保靖、永顺县和大庸市的桑植县、永定区共5个县（区）。

在那个交通还不是很发达的年代，从北京到湘西大约有2000公里，坐火车要2天2夜，中途还要换车；下了火车又要坐汽车，在弯曲陡峭的盘山道上颠簸数小时。在卧铺一直紧缺的日子里，去或回都难买到卧铺票，有时连硬座都没有。“到湘西不是享福的”，这是农大师生赴湘西武陵山区时挂在嘴边的一句话。虽然大多数专家都是五六十岁的人了，但他们却和小伙子一样，坐硬座甚至站着往返在湘西的“丰收路”上，因为他们心里装着湘西老百姓的贫困，在颠簸路上满脑子萦绕着的是一个个“丰收计划”，要把农业科研成果和先进适用技术组装配套加以推广，要让家家户户端上腊肉吃饱饭。

为了顺利实施“丰收计划”，学校成立了由教授组成的专家组、由青年教师组成的驻点组。在湘西，他们把自己融于普通的群众之中，尽力为湘西的农业丰收多做一点工作。他们既要考察当地的生产条件，还要进行技术方案论证；既要进行技术培训，还要深入田间进行现场示范；既指导技术干部，又给农民解决出现的问题。他们与当地干部群众一起走遍了花垣县、保靖县、凤凰县等县（区）的山沟农田，把先进的科学种田技术送到田间地头。1991年，苏宝林和王守林到永顺县，发现水稻恶苗病大量发生。为了调查情况，指导抢救，这两位年近花甲的专家和当地年轻的干部从早上7点到晚上9点，不知道步行了多少公里山路，跑了20多个乡的50多个村寨，保证了当年安全育秧。

到湘西工作累，生活也苦。为了节省开支，只要是农业部门有客房，农大师生就绝不在外面住；没有洗澡间，工作完了打一盆水在房里一擦就行；房间没有蚊帐，就用蚊香。至于吃饭，就在农技中心的集体食堂吃。食堂没有早餐、周日不开午餐的时候，农技中心门口的小吃店里经常可见到他们，一碗面条或一碗米粉就行。就是在这样的艰苦条件下，他们以解决温饱为突破口，以科技培训为立足点，依靠当地自身力量逐步实施扶贫工作。师生把科技扶贫作为面向社会、面向生产、面向农村的结合点，使扶贫、教学、科研紧密结合，和湘西干部、农民打成了一片，白天上山下田，夜晚整理资料；睡的是农家铺，吃的是农家饭，为解决老少边穷地区人民温饱问题作出不懈努力。1990 年 3 月，在华中农业大学召开的部属 8 所农业院校科技扶贫表彰会上，张文绪、李志民、乔健被评为农业部科技扶贫先进个人，“湘西扶贫与探索”课题组被评为农业部先进集体。

结合实施“丰收计划”，师生从 1990 年开始，在花垣等 5 个县区对 800 余亩试验田、4.8 万亩丰收指挥片进行现场示范指导。教授专家先后 45 次到生产现场，针对种苗、规范化栽培管理、测土配方施肥、病虫害综合防治、推广应用新技术等关键性措施，深入到乡村农户田间地头，开展技术指导工作。有的教授为了摸清湘西水稻生产状况，先后跑了 30 个乡镇 50 个村寨，调查掌握第一手材料，解决了水稻生产有关理论性问题。谢光辉根据山区农业生态特点，在花垣按照高、中、低三个海拔高度分别设点试验，从播种到栽秧，从管理到收获，从调查到记录，先后完成了十几项科研试验任务。1991 年，谢光辉在花垣县承包了 5 亩多稻田，亲自种示范田。他虚心学习老农种田的经验，把自己试验的结果用上去，对传统的插秧规格和施肥方法进行了大胆的改良。收获后，谢光辉的水稻示范田亩产创当年全县纪录。1993 年，“湘西山区低产区粮食高产技术体系”顺利通过了农业部科技成果鉴定。该体系作为“丰收计划”的核心技术大面积推广，水稻和玉米单产分别增长了 41.8% 和 46.7%。当年，这项成果获北京农业大学科技成果二等奖。1994 年，谢光辉挑起了“丰收计划”项目主持人的重担，全面负责项目实施。在中国农大的全力支持下，他信心百倍，进一步研究水稻、玉米高产技术；改变单一的产业结构，大力发展工副业；促进贫困地区与先进地区的联合、协作，加快脱贫致富步伐，给土家苗寨带来了丰收和喜悦。

一分耕耘，一分收获。到 1996 年，青年教师和学生驻点湘西，与地方干部一起工作，累计实施面积达 14 万公顷。虽然前期低温多雨，后期伏旱，但还是新增粮食总产接近 20 万吨，农民新增纯收入 3000 多万元，解决了相当一部分人口的温饱问题，完成了丰收计划的技术示范任务。这一成果是地方干部群众共同努力的结果，也有中国农业大学十多位专家和长驻湘西的青年教师、学生的汗水……农大师生在湘西赢得了农民的心，得到了湖南省的肯定。永顺、花垣两县25万亩水稻“丰收计划”项目获得了湖南省“丰收奖”三等奖，花垣、保靖两县60万亩“丰收计划”项目获得了湖南省“丰收奖”一等奖。在扶贫过程中，很多人认识到扶贫的必要性和紧迫性，缩短了同农民的距离。许多同学说，通过深入实际了解当地的农业生产情况、当地的民情与国情，学到了很多课堂上学不到的知识与技能。通过理论与实践的初步结合，既看到了在学校所学理论的重要，也发现了实践经验不足的问题，任何好的理论，如果没有实践检验，是难以被广大人民群众接受的。

三、走出湘西扶贫的人才之路

要实现扶贫，人才是关键，培养一支素质高、能力强、技术硬的人才队伍是科学打赢扶贫攻坚战的基础。1985年7月30日，湖南省向中央呈送了《关于创办武陵大学的报告》并附以《武陵大学建设方案》稿。1986年11月，经国家和湖南省政府批准，同意建立武陵大学。1988年，学校派出农学系教授张文绪作为首任校长协助筹建武陵大学，负责农林牧系和培训中心筹建工作，面向武陵山区进行职业技术教育和科技培训，走出了湘西科技扶贫的人才之路。

在武陵大学，张文绪一干就是8年，他日夜辛劳，积极为学校争取各项贷款，推进基础设施建设，添置一批先进的科研设备。学校建成后，他又积极奔走，为学校取得招生资格。同时，为学校制定了面向全国、面向少数民族贫困地区的发展方针。当然，在建设过程中，也遇到过基建经费到位迟、事业费严重不足、教职员工的工资曾一度难以按时发放等困难，但经政府部门和广大教职员工的艰苦努力，终于战胜了一个又一个困难，建好了一栋又一栋大楼，送走了一批又一批毕业生。

期间，为进一步发展食用菌技术，1989年4月在武陵大学成立了“武陵山区食用菌协会及食用菌技术情况站”。同时，为了更有效地开发扶贫工作，促进武陵地区的经济发展，农业部教育司投入扶贫基地建设资金80万元，由当时的北京农业大学在武陵大学建立“武陵山区科技扶贫培训中心”，进行区域性产、供、销一条龙的开发，加速地区脱贫致富的步伐。培训楼近700平方米，宿舍楼450平方米。另外，还建有食堂、养兔室、养鸡室、弥雾扦插苗床，食用菌培养室，土家族织锦工艺车间，特种水产养殖场等设施。交付使用后，相继开展了天然香料种植，牛黄、食用菌培殖等技术培训，均取得了较好的经济和社会效益。

此外，在武陵大学内还建立15亩特种养殖场。1989年全部建成后，淡水鱼池投鱼苗5000尾。1989年底，除供娃娃鱼食用外，一次捕捞800斤，最大的长到8.9斤，一般亦有3—4斤，全年收入2万余元。娃娃鱼已能够人工孵化，有繁殖能力的70余条，大鱼苗30—40尾，小鱼苗300—400尾，1990年总数就达到了1000尾，总产值达2万余元。

1994年2月，经过国家教委验收，武陵大学达到合格标准，正式批准为武陵高等专科学校，这是武陵大学发展的一次极好机遇。此后，学校坚持“面向山区，面向农村，面向少数民族地区”的方向，采取多渠道、多层次、多形式办学方法。2002年，经教育部批准，武陵高等专科学校并入吉首大学，成立吉首大学张家界校区，开启了教育发展的新篇章。

四、走出湘西扶贫的成功之路

进入新世纪，中国农业大学在全面总结20世纪80至90年代在湘西扶贫的经验基础上，以“一部三老”（即党委统战部、老教授协会、老科技者协会、老年大学）与湘西龙山县里耶镇共同继续塑造中国农业大学在湘西以科技教育引领脱贫致富的形象。

从湘西科技扶贫起，农大人你来我往不断线，在武陵山区积极探索集中连片山区以产业经济促进科学发展的做法，深入探寻脱贫致富的规律。农大扶贫的专家们非常重视文化无形资产的价值，通过制定规划和落实规划，切实突出张家界的优秀传统文化，把土家织锦、土家建筑、土家风俗、土家人情等文化资源设计为旅游项目、旅游产品，帮助当地在扶贫开发中取得好的效益。2002年，地处湖南西部龙山县的里耶战国秦代古城遗址出土了一批秦代简牍。这些从井下淤泥破土而出的秦代简牍，总数量达到了3.7万枚，其中有字简牍就有1.7万多枚，这些由竹质、木质制作而成的简牍，总计20多万字，是公元前208年至公元前22年间重要的文书档案之一。虽然在这批简牍出土以前，云梦、龙岗等地也多有秦简出土，但是里耶秦简的问世，仅从数字层面而言，其数量即是昔日出土秦简总数的10倍之多。

此时，对湘西扶贫有着深切体验的张文绪敏锐地感到了助推湘西发展的又一机遇。他风尘仆仆地赶回湘西，夜以继日地临摹秦简书法，推动成立了“里耶秦简书法研习协会”。十多年来，在张文绪带领下，里耶涌现了大量秦简书法作品，不断打造成为湘西发展的又一张文化名片。

同时，中国农大聚焦精准扶贫与乡村振兴，与中国扶贫基金会、黑土麦田公益以及地方政府等开展精准扶贫与乡村振兴的实践机制和模式探索，服务国家脱贫攻坚与乡村振兴战略部署，面向时代需求，设立了“精准扶贫—乡村振兴”研究生专项。这批研究生首期派驻湖南花垣，实地践行习近平总书记在湖南花垣县十八洞村提出的“精准扶贫”的重要理念。此外，在湖南花垣，学校还展开留守妇女苗绣培训项目，邀请当地人力资源部门对村里留守妇女进行基础培训和专业绣娘技术培训，打造乡村周边系列文创产品，项目伊始就达成了 2.8 万余元的文创产品采购，在为村民带来经济收入的同时，也促进了民族传统文化的传承。农大师生还运用生物工程相关知识，为村里的养鸭扶贫项目和养猪场引入并推广微生物发酵堆肥技术，助力有机农业发展。另外，他们聚焦乡村旅游，开发漂流项目，在短短一月内吸引上万游客，为贫困村创收达 10 万余元。农大师生还通过与当地小学合作，开设垃圾分类相关课程，经过长时间环保知识普及和垃圾清理活动，使村民的环保意识大大提升，为开展旅游项目打下了良好基础。

“湘西云路”——中国农大的师生们已经走了 34 年，这早已成为师生们共同的“记忆”。未来，一代一代农大人将接力前行，湘西政治、社会、经济、文化与生态“五位一体”发展的道路会越走越宽阔、越走越坚实、越走越辉煌。

第二节　乌蒙山区：农大人与毕节试验区的开创与拓展

在云贵高原，有一座山叫作乌蒙山。说起这座山，可能没有多少人知道，但若说起毛泽东《七律·长征》的诗句“红军不怕远征难，万水千山只等闲，五岭逶迤腾细浪，乌蒙磅礴走泥丸”，必是无人不知。诗中写的就是贵州乌蒙山，它有着别具一格的秀丽景色，却也是中国最穷的山区之一。

乌蒙山是西南部云贵高原上主要山脉之一，也是南北盘江的分水岭、南北盘江的发源地、珠江的发展源头。乌蒙山区行政区划跨云南、贵州、四川三省，包括云南、贵州、四川三省毗邻地区的38个县（市、区），是集革命老区、民族地区、边远山区、贫困地区于一体，贫困人口分布广、少数民族聚集多的连片特困地区。其中，贵州毕节曾是全国最贫困的地区之一。联合国有关机构来考察，曾认定这里是不适宜人类居住的典型喀斯特山区。为了解决粮食问题，当地曾大肆陡坡开荒，引起严重的水土流失、生态恶化，森林覆盖率下降至8.5%，绝对贫困人口达60%。从20世纪80年代开始，在学校党委领导下，中国农业大学将毕节作为开展脱贫攻坚的阵地之一，师生们在贵州毕节坚守30多年不断线，取得扎实成效。

一、披荆斩棘铸辉煌

早在1984年，水利与土木工程学院教授常近时应贵州省经委的邀请，前往贵阳为川、滇、黔大型水电站设计与运行专业人员讲课。常近时第一次目睹了贵州山区的深度贫困，触动极大。望着那些在昏暗破旧的茅屋里几乎是衣不遮体、食不果腹的贫困农民，他的眼睛潮湿了，心颤抖了。1985年，中共中央政治局委员、中央书记处书记习仲勋在新华社《国内动态清样》上对《赫章县有一万二千多户农民断粮，少数民族十分困难却无一人埋怨国家》一文作出重要批示，要求采取可行措施，有计划、有步骤地改变这种面貌。不久，贵州省诚邀常近时前来毕节担任顾问。1986年，常近时代表农工党中央与贵州省签订了智力支边书面协议。他认为，一个人不能只为自己活着，他希望为国家多做点事，帮助贫困地区解决一些困难。因为在那些破旧茅屋里，一双双纯朴的目光中流露出的企盼神情，时时刻刻都在鞭策着他，激励着他。自此，他把专业工作之外的精力几乎都扑在毕节的扶贫事业上，与贵州毕节结下了三十多年的不解之缘。

1987年，毕节还是全国最贫困的地区之一，也是中国唯一一个在喀斯特地区建的试验区。由于生态恶化和人口增速失控等原因，农民年人均收入只有184元，人均粮食不足200斤。这里文化落后，人口素质差，文盲半文盲占总人口的半数，粮食紧缺，陡坡开荒严重，农业垦殖指数高达47%，森林覆盖率仅为8.5%，水土流失面积已占全毕节地区总面积的52.6%，侵蚀模数高达4927吨/平方公里。如不加紧治理，这种贫困与生态恶化互为因果的恶性循环将会伴随更严重的经济与社会恶果继续下去，最终将丧失基本生存条件。

1988年，应贵州省的请求，中央统战部希望各民主党派能够支援贵州。时任贵州省委书记的胡锦涛同志希望能重点支援毕节地区，并提出建立“毕节试验区”的初步设想。当年4月，在中央统战部的带领下，各民主党派挑选有关专家去毕节考察。农工党中央决定派常近时和张鹤镛同志前往，为建立“毕节开发扶贫生态建设试验区”做前期考察工作。

在考察期间，常近时就乌江水电开发与乌江流域经济开发区等问题谈了自己的意见，得到了胡锦涛同志的赞同。6月，国务院正式批准建立“毕节开发扶贫生态建设试验区”。10月，中央统战部召开由各民主党派中央负责同志组成的“中央智力支边协调小组”会议，决定派以钱伟长同志为组长、常近时为副组长的专家组去贵州毕节地区帮助制定试验区规划。于是常近时带领由7名专家组成的“规划”制定专家小组到了毕节。专家组进行了多次研讨，最终对“毕节开发扶贫生态建设试验区规划”达成了共识。1989年5月，在北京召开的规模宏大的“毕节开发扶贫、生态建设试验区发展规划论证会”上，常近时作为《规划》的主评议人作了重要发言。

毕节试验区建立后，中央统战部组成以钱伟长副主席为组长、常近时为副组长的专家工作组。经过深思熟虑的常近时给毕节地区专员王国文同志写了一份书面建议，建议组建专家顾问组。毕节地区地委行署专门与中央统战部、国家民委等部门同志商议，他们均赞成常近时的建议并决定立即组建。不久，“中央智力支边协调小组支援毕节试验区专家顾问组”正式成立，时任全国政协副主席、民盟中央副主席的钱伟长担任组长，常近时担任常务副组长，成员为来自各民主党派、全国工商联的多位专家。如今，三十几年过去了，专家顾问组成员已换了一茬又一茬，然而常近时始终履行着常务副组长、总顾问的职责，每年有三分之一的时间在为毕节奔波操劳，为改变毕节落后面貌尽心竭力。

为提高毕节项目管理水平，常近时亲自与农业部项目管理培训班联系，邀请4名项目管理教师去毕节讲学。他多次出面向钱正英等领导同志求助，争取毕节头步桥火电厂的立项与修建。1996年，常近时考虑到毕节地区把“两烟”（即烤烟与卷烟）与乡镇企业作为地区支柱产业的单一性，提出确定畜牧业为后续支柱产业并制定《毕节地区畜牧产业发展战略与规划》的建议。这个建议得到了中央统战部的赞同和支持，最终被采纳和实施。为了总结毕节试验区的经验，常近时带领农工党中央“人口与经济社会发展”调研组到毕节考察。回北京后，在常近时的亲自主持下，调研组从贫困地区实施可持续发展战略的高度，写出了调查报告。该调查报告以农工党中央的名义上报到国务院和中共中央办公厅。

图 2-2　常近时（右二）访贫问苦

图 2-3　毕节教育发展座谈会，常近时发言

毕节扶贫的第一个“十年”，中国农业大学把参与毕节等地脱贫作为重大政治任务，努力做到帮扶对象、帮扶项目、帮扶方式“三个精准”，通过党外院士专家服务团、党外知识分子建言献策小组等形式，综合开展了教育扶贫、医疗扶贫、金融扶贫、智力扶贫、文化扶贫。对毕节试验区改革、发展、试验以及城镇经济发展新型工业化、三农问题与扶贫、教育事业发展、畜牧业发展、生态文明建设与生态现代化、可持续发展、水资源开发

与利用、水污染与环境保护、产业集群等方面开展研究工作，发表了数十篇研究论文。常近时更是不辞辛苦，频繁往返北京与贵州之间。由于为毕节作出了重大贡献，毕节地区领导给予高度的评价，1990年和1991年，他先后获贵州省和全国“智力支边”先进个人称号，1992年又获得了全国少数民族团结进步先进个人称号。

二、排兵布阵决战贫困

常近时深知人才才是脱贫的第一要素，因此从1998年起大力帮助毕节地区筹建一所全日制多学科的高等学校。2005年，毕节师范高等专科学校与毕节教育学院合并组建毕节学院。毕节学院的建立符合高等教育大众化、公平化发展趋势，有利于缩小高等教育区域发展的差别。在专家顾问组的指导下，试验区努力贯彻“科教兴国”和“人才强国”战略，大力发展教育，将西部地区的人口压力转化为人才优势，为地区发展注入新的动力。

针对湿法磷酸生产与磷肥施用造成环境污染严重等问题，常近时积极推进毕节试验区“高炉磷酸”项目，专门对贵州乌江由磷石膏废渣造成的污染做了多方面的实证研究。他以贵州省构皮滩水库污染为重点，对水库水、磷石膏液、磷肥等进行了化验和分析，探讨和评价湿法磷酸与磷肥对乌江的总磷（TP）与重金属污染。他提出我国西南“滇黔桂三岩”喀斯特地质地貌区和生态脆弱区不宜作为湿法磷酸与磷肥的生产基地，最好、最有效途径是以最短的时间确立起磷酸生产的资源节约与环境友好型新工艺，即“高炉磷酸”新工艺，以逐步替代传统的“湿法工艺”。

为了探讨喀斯特岩溶山区发展的新路子，2006年6月常近时、王旭等毕节试验区专家顾问组成员选定最有代表性的毕节岩溶山区黔西县素朴镇古胜村作为扶贫和新农村建设科技示范基地。针对古胜村特点，顾问组以“喀斯特岩溶山区循环农业试验”为课题，将古胜村定为国家星火计划项目试验示范点。顾问组结合国家退耕还林政策和当地情况，为古胜村量身打造了一套石漠化修复方案，即“高海拔自然恢复、中海拔退耕还林、低海拔种经果林”。顾问组推行生态发展理念，因地制宜科学地制定试验示范内容和方案，通过第一类贫困村古胜村探索岩溶山区农村发展道路，即生态型高效循环农业经济、退耕还林发展经济林果、草食畜牧业等科技示范。

这些项目的实施一方面带动了毕节试验区生态农业的发展，另一方面提供了面向全局的科学研究条件，获得了许多有价值的研究成果，特别是对西南岩溶山区的经济社会发展和生态环境建设与解决“三农”问题具有重要的启示和指导意义。如今，在国家政策的有力支持下，古胜村在“穷得只剩石头”的环境中得以脱贫，创造了一个奇迹。

此时，学校师生也积极踊跃参与到毕节的扶贫工作中。为了支持贵州毕节中药产业发展，中国农大的专家们以“科技列车贵州行”毕节服务团成员的形式走进了毕节。在活动周期间，他们深入毕节地区的大方、赫章等县市考察，提出把中药作为产业来抓、做好知识产权保护、规范化生产创优质品牌等三条重要建议。此外，团队分别到赫章县河镇乡舍虎、以则、营盘等村田间地头和药农进行面对面培训，解答了药农提出的难题，并建议“县里要拿出部分经费，加大对群众的培训力度，让老百姓真正掌握半夏病虫害防治的相关技术，使其从中受益。”在大方县一些天麻公司中，他们与企业家、种植大户、

图 2-4　过去的茅草屋

图 2-5　今日美丽的古胜村

药农就天麻栽培技术做交流，对天麻栽培技术中存在的问题进行了解答，并到生产基地面对面进行技术培训与指导。

2008年7月中旬，专家服务团再次来毕节试验区指导中药产业工作，他们实地考察了乌头的种植情况和乌头的原生环境，并与大方县委、县政府的主要领导进行了座谈交流，介绍了国内外生物农药的研发、生产、销售动态。当地希望专家帮助大方县开发乌头生物农药，带动乌头的大面积种植，促进农民增收。专家服务团愉快地接受了请求，表示将尽最大的努力帮助大方县开发乌头生物农药，并带走10公斤乌头进京，准备在实验室作乌头生物碱含量检测和品质评价，为研发作前期准备。不久，毕节科学技术局专门致函学校，感谢"'科技列车贵州行'给毕节试验区带来了源源不断的科技人才，科技列车将在毕节试验区永远奔驰。"

毕节扶贫的第二个十年，越来越多的党员和党外师生参与到扶贫工作之中。到2008年，在党中央和国务院的关怀下，毕节地区生产总值增长了10倍，粮食产量翻了一番多，财政收入增长了10倍，农民人均纯收入提高8倍，贫困人口减少340万，森林覆盖率翻了一番多。在毕节试验区成立20周年座谈会上，毕节地区行署授予常近时"毕节地区荣誉市民"称号和金质奖章以及金钥匙和"'十一五'国家星火计划工作先进个人"荣誉称号。在北京市民主党派"凝心聚力"工程总结大会表彰中，中国农业大学民盟委员会的调研报告《团队汇聚优势，心智倾注"三农"》被评为"北京市民主党派基层典型经验"，中国农业大学民盟委员会也获民盟中央"社会服务工作先进集体"荣誉称号，成为北京市获此殊荣的三个先进基层组织之一。

三、奋进成就新的梦想

在毕节扶贫的第三个"十年"，一批又一批的师生来到毕节。他们通过制订发展规划、举办科技讲座、开展科技咨询、落地科研项目、建立示范基地等多种途径对毕节进行全方位帮扶，为当地的脱贫攻坚贡献力量。

在民盟中央社会服务部的支持下，民盟农大委员会社会服务专家组赴贵州毕节长春堡镇干堰村进行调研考察和帮扶活动。长春堡镇干堰村雄嘎苗寨是民盟中央新建帮扶点，地处毕节市七星关区西部，经济发展以农业为主，主要种植玉米、马铃薯、大豆等农作物，土地贫瘠，经济发展相对落后，多数群众还生活在贫困线以下，亟待加强帮扶与开发。

专家组在干堰村进行了深入调研考察，与村民、村干部充分交流，与毕节七星关区相关领导进行了座谈。针对干堰村耕地分散稀少、劳动力缺乏，但生态环境条件良好等特点，专家组提出了分阶段逐步建立生态现代化新农村的构想，即先改善生活再实现增收最终建立生态现代化新农村。各盟员专家充分发挥专业特长，积极建言献策，就一些具体措施达成了共识。另外，民盟农大委员会还募集了五百多册书籍捐赠给干堰村小学。

在党中央坚强领导下，在社会各方面大力支持下，通过30年的发展，毕节地区发生了翻天覆地的变化。水绿了，山青了，百姓富裕了，百姓生活环境得到了很大改善。从1988年到2018年，全市生产总值增长102倍，财政总收入增长170倍，固定资产投资增长873倍，社会消费品零售总额增长59倍，全部工业增加值增长179倍，城镇和农村居民人均可支配收入分别增长38倍、26倍。三十年间人民生活实现了从普遍贫困到基本小康的重大跨越，累计减少贫困人口594万人，838个贫困村出列，贫困发生率从56%下降到10.04%，农村居民人均可支配收入从317元增加到了8473元，全面小康综合实现程度达90%。三十年间生态环境实现了从不断恶化到明显改善的跨越，累计治理石漠化1368平方公里，治理水土流失近9000平方公里，造林2014万亩，森林覆盖率从14.9%提高到52.2%，毕节试验区已变成了一片生机勃勃的宜居福地。“近期做示范，长期探路子”是党和国家赋予毕节试验区的历史使命，试验区已经形成了一套科学、有效的经验，引起了广泛的关注，这些经验对贫困地区，特别是像乌蒙山区这种集中连片特殊困难地区脱贫有很大的借鉴意义。

第三节　锦西西北部山区：统筹推进重大扶贫项目实施

1994年9月20日，辽宁锦西市正式更名为葫芦岛市，原葫芦岛区更名为龙港区。至此，关外第一市——葫芦岛市正式诞生。在原锦西的西北部山区，十年九旱，是典型的七山二水一分田。以前一提这里，很多人都皱眉头，路面坑坑洼洼，晴天一身土，雨天一脚泥。20 世纪 80 年代，在辽宁锦西市西北山区的扶贫工作中，当时的北京农业工程大学实施了多项重大扶贫项目。

一、共同承担“锦西市西北部山区科技开发”扶贫项目

1986 年，时任农业部部长的何康建议部属农业大学组织科技力量扶持贫困县，得到国家计划委员会的支持。于是农业部制订了一项计划，由农业部所属的 8 所农业院校从 1986 年底起扶持 9 个贫困县（市），为期 3 年。其中，按照农业部的统一部署，北京农业工程大学在原锦西市开展扶贫工作，承担了“锦西市西北部山区科技开发”扶贫项目。

三年中，学校师生近 50 人次赴锦西山区从事科技扶贫工作，10 名师生在校内为扶贫项目做设计、试验、绘图等工作，陆续实施了“现代化养兔工程”“山区果品加工与开发”“乌金塘水库规划与综合利用”“山区饮水源和打井开发研究”“贫困山区人才培训”以及“山区小流域综合治理示范”等工程。建成了 1 座具有国内先进水平的 600 平方米半密闭式兔舍和 256 平方米育成兔舍，建成 1 座基本符合当时欧洲共同体卫生标准、年产冻兔肉 1000 吨的加工厂和 100 吨的冷冻库，这是一种现代化养兔的新模式，能带动农民发展养兔业，在脱贫致富中发挥重要作用。建成 1 座小型果品综合加工厂，为开发当地果品资源开辟了新的渠道。全面完成了整个库区的测量和水资源开发利用规划，为合理、充分利用水库资源解决城市工业和生活用水问题提供了依据，同时为水库的科学管理提供基础资料，为进一步开发利用打下了基础。在山区凿井 32 眼，解决了 42 个村屯、131 户、6870 口人、近 50 头牲畜饮水难的问题，取得了明显的社会效益。定向培养本科生和大专生 15 名，对 62 名乡镇领导和企业厂长进行了两期技术培训，为提高贫困山区自我开发能力提供了技术人才。

二、扎扎实实为山区人民办实事

1990 年 1 月 13 日，受农业部委托，辽宁省锦西市科委组织专家进行评审。在评审验收会上专家们一致认为“锦西西北部山区科技开发”扶贫项

目以解决山区人民温饱，进而脱贫致富为目标，面向千家万户，充分发挥了地方资源优势和学校科技方面的优势，符合当地实际情况，全面按计划实施，完成了计划任务要求，取得了显著成绩。

作为国家科委、农业部和辽宁省“星火计划”项目的“现代化养兔工程”，借助现代工程技术，以保证兔业生产的均衡性和最大经济效益，并使之符合国际肉食卫生标准，以便出口换汇。项目是按系统工程进行规划设计的，全部工程包括原种兔场、扩繁兔场、农家兔场、屠宰加工厂和冷库等。除扩繁兔场和农家兔场为半机械化和手工作业外，其它均为机械化、自动化生产，个别环节辅以手工作业。该项目具有较好的经济效益和社会效益，种兔场每年可提供基础母兔5000—7000只，可获利40万元，屠宰、加工、冷冻厂从销售兔肉中可获利150万—200万元；山区农民可通过大力发展养兔脱贫致富。这是当时中国自行设计和建设的第一个现代化养兔和兔产品加工系统工程，其主要目标是把养兔工程作为一个整体，以国际养兔生产先进国家的现有水平为标准，探讨家兔饲养工艺，研制家兔生产和兔产品采集加工的机械设备和设施，探索养兔生产的组织管理经验，从而建立国内养兔业的生产模式，促进山区农民的脱贫致富。

从1986年底到1990年，在开展扶贫的3年中，通过多方面努力，原锦西市西北部山区6个扶贫乡，1988年人均收入超过300元，人均粮食达到300多公斤，在该地区22540户94316人中，已有20925户88000人解决了温饱问题，占总贫困人口的92.8%，其中1616户实现脱贫。

第四节　大别山区：多举措助力贫困县脱贫摘帽

茫茫大别山，风光秀丽，主峰白马尖、天柱山等高耸入云，佛子岭、梅山等水库碧波荡漾。这里是传统革命老区，中国工农红军第四方面军的诞生地。1947年，刘邓大军挺进大别山，拉开了全国性战备反攻的序幕。大别山脉犹如一道天然的屏障，矗立在皖鄂豫三省交界处，东西绵延近400公里，是长江与淮河的分水岭。这片红色的土地，虽然自然资源丰富，但由于特殊的历史、地理、气候等因素的影响，发展相对滞后，基础设施薄弱，大别山区也因此一直与“扶贫”两字相连。随着《大别山片区区域发展和扶贫攻坚规划（2011—2020年）》《大别山革命老区振兴发展规划》等大别山区专项扶贫政策的出台，这里已经成为国家新一轮扶贫攻坚的主战场之一。中国农业大学的师生们也聚焦大别山区，向贫困宣战！

一、让村民养上“致富鸡”

农大“节粮型蛋鸡”，每产2斤鸡蛋，比普通蛋鸡少消耗1斤饲料，也就是说，养1只节粮型蛋鸡可多挣10元钱。家住大别山连片特困区的河南省固始县汪棚镇村民刘瑞华，自2015年下半年起转养这种农大“致富鸡”，到2018年养殖规模增至1.2万只，获利30多万元，成为当地脱贫致富带头人。

很长时间以来，中国农大的师生们一直在探索培育出中国自己的优质高产蛋鸡、肉鸡品种，实现中国养鸡品种的自主化。经过多年艰苦的选育工作，团队最终培育出“农大3号”和“农大5号”节粮小型蛋鸡新品种，饲料转化率达到了1.99：1，比普通蛋鸡节约饲料约15%。2016年以来，已经累计在河南、河北、安徽等贫困地区推广养殖节粮型蛋鸡501.35万只，实现增收6016万元。培育出京红京粉系列的高产蛋鸡，生产性能达到国际先进水平，培育出的WOD168肉鸡，具有肉质好、生产成本低、成活率高等特点，满足了高品质肉鸡的需求，带动贫困户脱贫致富。针对大别山等集中连片特困地区的自然特点和产业特色，团队为各地产业扶贫“开方抓药”，帮助金寨县、霍邱县等贫困县实现脱贫。创新线上线下一体化服务模式，保障“金鸡产业扶贫计划”顺利实施，已经累计带动5万名贫困人口增收，真正实现了扶贫“帮到点上、扶到根上”。

二、提供源源不断的智力支持

1999年，由国务院扶贫办、中央电视台、科技部、农业部、湖北省共同组织的“1999全国科技下乡”活动拉开序幕。中国农业大学精心组织了本次科技下乡活动。在短时间内挑选了60个适合大别山区的技术和项目，制作了展板20余块，印制了宣传材料上万份，准备了现场演示的录像资料和实物产品。随行的还有多位各专业的专家。在现场，“新型秸秆处理技术”“水稻精密播秧技术”等技术受到广泛欢迎，摊位前熙熙攘攘。专家们为农民们解答了生产实际问题，当场售出水稻精密播秧机具样机一台，预售两台，同时，与当地政府进行了广泛的合作协商。会后，中国农大还接到许多来自全国各地的咨询电话。

中国农业大学国家农业农村发展研究院、中国农业大学 MBA 教育中心等单位多次赴大别山区金寨县开展脱贫攻坚专项指导，前往六安瓜片示范基地实地调研，实地指导茶叶种植、产品销售、品牌建设、企业经营等工作。茶产业既是民生产业、生态产业，也是健康产业，发展茶产业要紧紧抓住农业供给侧结构性改革这条主线，厚植优势，抢抓机遇，加快推进产业发展。

为推动构树领域产、学、研融合发展，助力产业扶贫，中国农业大学还多次组织植物学专家、饲料与动物营养学专家赴大别山区霍邱县指导构树产业发展工作，并就提升构树产业科技含量、开发杂交构树全产业链等问题进行深入探讨，助力构树产业破解发展瓶颈，加快构树产业发展步伐，努力打造全国构树产业示范点，占领行业制高点，助力大别山区脱贫攻坚。中国农大的专家们先后来到构树种植基地，构树鱼、小龙虾养殖基地，厌氧发酵沼气、粪污无害化循环处理现场，构树鸡养殖大棚、散放养鸡场、构树饲料生产车间，详细了解了构树种植规模、生长情况、加工情况和养殖情况，并对霍邱县发展思路、构树产业发展、产业扶贫、消费扶贫等情况进行指导。中国农业大学在大别山区产业发展的技术集成、人才培养、科技研发、饲料配方、项目合作等方面提供了人才保障和智力支持，为大别山区决胜脱贫攻坚提供了农大方案，贡献了农大力量。

三、用教育激发脱贫的内生动力

2007 年 5 月 29 日，以中国农业大学专家团为主的上百名科技工作者带着一项项实用科技知识和社会各界捐赠的物资，乘坐列车奔赴大别山区，为 30 余万农民朋友提供面对面的服务。“振兴老区，服务三农，科技列车大别山行”大型活动由中宣部、科技部、共青团中央、中国科协等 9 个部门和安徽、河南、湖北三省共同主办。历时 9 天的“科技列车大别山行”活动，遍及大别山区 7 个县市的 34 个乡镇。专家根据当地科技工作者及农民的生产生活需求，以“科学发展，携手创新，建设和谐新农村”为主题，开展了丰富的科技知识宣讲活动。专家团深入河南新县、光山、商城三个县，开展了新农村建设专题报告、小城镇建设专题报告、香菇生产技术培训与现场指导、板栗生产技术培训与现场指导、农产品加工技术培训与现场指导等活动；专家团又深入湖北红安、麻城等地，开展了中药材规范化种植技术培训与现场指导、红薯加工技术培训与现场指导、畜牧养殖技术培训与现场指导、农村环保科普知识培训等活动；最后，专家团又深入到安徽金寨、霍山，开展了畜禽饲养管理及疫病防治技术培训与现场指导、生姜重茬关键技术培训与现场指导，农村环保科普知识培训等活动。

同时，学校选派“三农”问题研究专家为大别山区霍邱县举办“新时代传习讲堂”活动，这是霍邱县深入学习贯彻习近平新时代中国特色社会主义思想，助推乡村振兴战略的重要举措。中国农大专家团队研究、制订了活动方案，明确了讲堂“四有六传”的建设要求，

图 2-6 “振兴老区，服务三农，科技列车大别山行”大型活动

即有传习场所、有传习计划、有传习队伍、有传习资料，传习理论、传习政策、传习道德、传习文化、传习法律、传习科技。县、乡、村三级讲堂同步建设，县、乡、村党员领导干部为传习骨干队伍，同时按照政治过硬、素质优良、结构合理的原则，重点吸收理论专家、第一书记、文化名人、专业技术人员、五老志愿者等参与宣讲传习。为确保活动扎实有效，农大师生们紧扣习近平新时代中国特色社会主义思想和党的十九大精神，结合当前党的建设、脱贫攻坚、乡村振兴等工作实际，组织编写了宣讲通稿，并在继续深化集中传习宣讲的同时，探索采取艺术化宣讲、深入居民农户现场宣讲等形式多样的方式，力求把“新时代传习讲堂”建设得更接地气、更贴近民生、更符合实际，真正让乡村振兴战略在大别山区落地生根、开花结果。

第五节　燕山—太行山区：加速富民科技成果落地生根

“燕山—太行山区”是一块美丽富饶的土地，2700 平方公里无山不秀，有水皆清。它有着极其丰富的矿藏和旅游资源，还有辉煌灿烂的古代文化。在这里，赵武灵王留下过胡服骑射的佳话，杨家将上演过抗击辽金的传奇，平型关大捷又将中华儿女的抗日丹心昭示后人。多年来，这一方热土却与贫困相伴。1998 年，灵丘人均财力排山西省倒数第一。然而今日灵丘以财政收入为主的经济指标增幅跃居大同 7 县 4 区首位，跻身全国县域经济基本竞争力提升速度最快的 20 个县市行列！奇迹般的超常规发展，动力何在？

一、“黑鹳之乡”的燕太脱贫路

山西灵丘素有“中国黑鹳之乡”的美称，是“燕山—太行山区”特困片区扶贫开发重点县之一。因为贫困，当地很多农民种地甚至用不起化肥和农药，因此保留了比较好的农业生态环境，这反而成为发展有机产业的自然基础。同时，群山环抱，日照长、温差大、水资源丰富，是优质水稻、小麦、玉米、杂粮的重要产地，尤其是抵御病虫害的天然宝地。2017 年 6 月，习近平总书记视察山西时明确指出："有机旱作是山西农业的一大传统技术特色。要坚持走有机旱作农业的路子，完善有机旱作农业技术体系，使有机旱作农业成为我国现代农业的重要品牌。"总书记的殷切希望为山西有机旱作农业发展指明了方向。由于具备发展有机农业有独特的条件，灵丘县因此成了山西首个全域有机农业试点县。

作为山西省有机农业发展的践行者、支持者，中国农业大学积极贯彻习总书记的讲话精神，在多年校地合作的基础上，探索山西灵丘全域有机农业精准助贫道路。党委书记姜沛民等校领导先后多次考察和指导灵丘县脱贫攻坚工作。2017 年孙其信校长上任伊始，外出第一站就是奔赴灵丘县考察脱贫工作。随后，更有数十名专家陆续到灵丘开展精准扶贫。

长期以来，中国农业大学积极参与、服务山西省有机农业发展，完善有机旱作农业技术体系，与国家级贫困县山西省灵丘县深化校地合作，深度参与有机农业发展。与灵丘县签署《农业科技合作协议》，由专家团队牵头 16 家单位 70 余位专家，协助灵丘县制订有机农业园区实施规划（2013—2030 年），奉献有机产品，享受有机生活，推动当地的经济转型，促进农民收入的快速增长，引进吸收有知识有能力的人才落户园区，以缩小城乡差距。按照规划，灵丘有机农业园区总规划面积 1185 平方公里，总投资 50 亿元。规划评审通过后，山西大晋国际（集团）股份有限公司和盛世桑业（北京）科技有限公司在五年内先行分别投资 3 亿元和 10 亿元，参与灵丘有机农业园区建设，配合灵丘建立"国际有机农业贸易区"及"全国沙地桑高科技制种育苗基地和种植样板基地。"

2013 年 9 月，由中国农业大学主持编制的《灵丘有机农业园区实施规划实施规划（2013—2030）》在北京通过了专家评审。同年，在红石楞乡上车河、下车河两个村实施建设车河有机社区项目，总投资 3 亿元人民币，被山西省政府列为 2014 年全省转型综改重点项目。在学校专家团队的直接技术支持下，灵丘县将原来最贫困的上车河村和下车河村进行异地搬迁，并进行了有机社区的整体改造，建成了车河有机农业社区，通过有机农业社区改造推动精准扶贫。

目前车河有机社区是国内最大的连片有机农业种植、养殖、加工和服务业基地，人口 182 人，占地总面积 27 平方公里，有耕地 1213 亩。项目建成后，合作社的农民年人均各项预期纯收入（包括土地流转、旅游宾馆、工资劳务和盈余分红等 4 项收益）达到 5 万元，比 2013 年人均纯收入提高 15 倍。车河有机社区的建设是积极探索农村社区管理创新模式，是投资主体与村民共建、共管、共享、共赢的有益尝试，对于推动中国特色生态新农村社区建设，打造美丽乡村具有重要的现实指导意义和重大的理论研究价值，为农村城镇化建设提供了宝贵经验。

图 2-7　灵丘车河有机社区

如今，来到车河有机社区，云团笼罩着青山，青山环抱着建筑，“静享车河·怡然自得”和“中国·大同车河国际有机农业论坛”的标语十分醒目。车河的变化有中国农大的一份贡献。值得一提的是，由中国农业大学主要协调组织的“车河有机农业国际论坛”已经成为世界有机农业领域的一个重要品牌，来自美国、荷兰、法国等 20 多个国家和地区及多个国际组织的代表出席了论坛。2018 年，“山西省灵丘村级有机农业扶贫模式”作为典型案例在“中外减贫案例库及在线分享平台”上展示。

此外，中国农大在灵丘建立起“教授工作站”，为有机农业园区发展提供支持。工作站制定旱作农业区域的有机旱作农业技术规程和管理规范等标准化技术体系和系统解决方案，在北方旱作农业区域开展辐射推广，并积极培养本土化农业技术专家，把技术永远留在农村。与灵丘县共同建设学生创新创业和就业基地，开展面向有机农业发展的大学生“双创”活动。同时，中国农大全程协助支持当地有机农业规划和产业发展。当前，灵丘县按照“有机农业＋生态旅游＋村庄改造”的发展模式，发展有机农业和生态旅游业，提高农业综合效益，实现农民脱贫致富和企业转型发展，积极探索出一条以有机农业为支撑、以新型社区建设为主要内容的扶贫开发道路。

图 2-8　孙其信校长在第五届“中国大同车河国际有机农业论坛”上致辞

除农业科技扶持外，教育或者说智力扶贫是至关重要的。2017 年起，中国农业大学在山西灵丘县启动“精准扶贫专项硕士生”培养计划。项目以国家重大需求为导向，理论、实践互补为主线，是对创新精准扶贫与乡村振兴实践机制和模式的积极探索。中国农大也以项目为契机，增强高校社会服务功能发挥，践行国家脱贫攻坚与乡村振兴战略部署要求，力争为我国高等院校研究生教育改革、社会综合治理提供参考范式。

“精准扶贫—乡村振兴”专项研究

生采取“三段式”培养。第一段为入校前的项目地预教育。考生被录取后，结合学科特点，在入学前到合作项目点开展学习和调研工作，进行研究生学习前的“预热”，并尽早适应和熟悉未来工作环境，了解工作情况。第二段为校内理论学习。在研究生阶段的第一学期完成所有课程，做必要的专业知识储备，同时针对调查的问题开展文献查阅与方案设计。第三段为项目地培养。研究生在完成专业理论学习后，进入合作项目所在的基地开展全日制工作。在此期间，根据联合制订的培养方案，围绕精准扶贫、乡村振兴等国家重大战略需求，完成学位论文相关的研究工作，立志“把论文写在祖国的大地上”，同时也全程参与项目地的精准扶贫和乡村振兴工作。

2018 年 3 月，第一批专项研究生奔赴驻地开展社会服务工作，其中 3 名专项研究生受聘为中国扶贫基金会善品公社项目部项目经理；15 名专项研究生驻扎山西大同灵丘县各乡镇，分别挂职 12 个乡镇长助理；2 名专项研究生受聘为黑土麦田公益扶贫创客助理。同时，专项研究生们还参与编纂了灵丘县《北泉村史》等系列贫困村村史文献，组织留守妇女成立了“灵丘县黍稷工艺品专业合作社”，将特色剪纸、种艺画和草编等乡村文化创意产品初步推向市场，探索了依托乡土文化产业实现脱贫的可行途径，创新文创产品包括灵丘故事、农大印象、中国梦等 8 个系列，营业收入 6 万余元。

二、“手眼通天”的燕山扶贫路

围场县位于河北省承德市北部，因清代皇家猎苑木兰围场而得名，是全国唯一一个满族蒙古族自治县，也是国家扶贫开发重点县、河北省十个深度贫困县之一。在围场、隆化等贫困山区，中国农大的专家们围绕“接坝区农林牧可持续发展”的问题，先后开展十余年的调研、规划与科技扶贫工作，助推肉牛产业化、荞麦深加工、水稻旱育稀植等多项富民科技落地生根，被誉为“燕山之路”。

燕山山区蕴藏着巨大的资源潜力，在确定以林为重点、林牧结合、农牧工（农产品加工）可持续发展、生态优化和农业现代化的发展道路以后，将成为一条郁郁葱葱的绿色巨龙。1999 年 7 月 30 日，“燕山之路”研讨会在河北围场县坝上召开。中国农业大学、河北省山区办、承德市科委及围场、隆化两县的课题组成员共计三十余人出席了研讨会。总课题组顾问张仲威教授就课题开展近十年来的进展作了发言和阶段成果汇报。最后，会议形成了设立“燕山基金”、向国家提议设立燕山特区两项决议。

2002 年 10 月，中国农大主持召开了河北承德市隆化、围场两县试区“九五”《燕山东段接坝区农林牧持续发展及其产品深加工技术研究》课题和“十五”（前 2 年）《承德接坝区农林牧协调发展工程技术研究》课题通过成果鉴定。在实验过程中，课题组采取试验示范、典型引路、技术培训和推广的路线，“土洋”专家相结合研究，产学研相结合开发，为山区综合开发探索出一条有效途径。课题取得了水稻大面积高产、优质、无公害技术、白荞麦面方便面加工技术、D–01 杨树配合鲁梅克斯牧草（在燕山阳坡）种植技术、马铃薯繁育技术等具有突破性的成果。在水稻区域性、无公害规范化生产技术及简化、节水、防渗、旱育稀植方面创新性强，增产增效明显。生态环境得到改善，水稻、马铃薯产业化开发技术得到大面积推广，产生了显著的经济、社会、生态效益。这项研究为山区开发利用本地资源、发展地区特色经济、促进可持续发展、尽快实现山区农民脱贫致富作出了示范，具有广阔的推广前景和应用价值，尤其是在冷凉地区水稻旱育稀植及节水优质等关键技术方面达到国际先进水平。

2005 年 9 月 13 日，为祝贺中国农业大学“百年华诞”，由河北围场县赠送的“手眼通天”奇石揭幕仪式在西校区举行。在捐赠仪式上，河北省围场县科技局领导热烈祝贺中国农大建校百年，并感谢我校师生在为期 7 年的《承德接坝区农林牧协调发展工程技术研究》课题中所作出的贡献。所赠奇石为北太湖石，有着瘦，漏，透，皱的特点，形似一把火炬，象征着照亮三农发展之路。

三、“坝上草原”的燕山扶贫路

张家口地处太行山、燕山和阴山山脉交汇处，是华北平原与蒙古高原交界之地，是连接蒙古高原地区与中原的唯一要塞，独特的地理位置决定了张家口这座城市重要的经济、军事、文化地位。一处处声名远扬的昔日战场、一座座阅尽沧桑的要塞故垒、一段段气贯长虹的长城古垣，诉说着从上古民族融合到解放战争最后决战期间，无数爱国将领、仁人志士的丰功伟绩。

沽源有着京北第一草原“坝上草原”之誉。作为典型的北方农牧交错带，同样是一条脆弱的“生态裂谷”，曾经让牧民习以为常的“风吹草低见牛羊”的美好场景，一度陷入土地盐碱化、荒漠化的凄凉。在河北省公布的国家燕山—太行山区连片特困地区22个贫困县名单中，沽源县赫然在列。

中国农业大学教授王堃1985年第一次考察沽源坝上草原时，他被眼前的景象惊呆了，“这哪里是草原，根本就是荒漠！”在坝上草原随后数十年的“疗伤”过程中，来自中国农业大学的科研团队在沽源县北部的苏鲁滩——一个在蒙古语里面意思是长芦苇的地方，创建了“中国农业大学草地生态研究站”。一个小院和一块木板做的牌匾、几间平房变成了师生们日夜做科研的地方。十几个人，衣食住行都自给自足，做实验做饭样样精通。伴随着一项项科研技术的落地与实施，2005年，草原生态研究站被批准为“农业部农牧交错带野外科学试验站”。同年10月，实验站被科技部批准为“河北沽源草地生态系统国家野外科学观测研究站”，这是国家首批建设的36个野外站之一。

从最初的油草混播技术、舍饲放牧结合、人工牧草等，到现在的以草定畜、草畜一体化，每一项技术都来自研究站科研团队的科学实践。这一百多项草原生态恢复及保护技术的应用不仅恢复了草地生态环境，还提高了牧民的收入，为农牧交错带草原生态恢复与治理提供了成功经验，为中国更广领域的草原生态恢复与保护提供了支撑。

建站以来，沽源野外站的师生在科学研究方面硕果累累，先后承担国家973、863科技支撑项目、自然科学基金项目、国家生态网络CERN建设项目、农业农村部948、行业科技项目、公益行业项目等各类科研项目30余项，总资金6000余万元，完成省部级科研成果60余项，取得实用推广技术120余项，制定行业标准7项，登记牧草品种4个。野外站研究北方农牧交错带的基本特点及生态系统管理方式，为彻底改善农牧交错带的生态和生产状况，为该地区生态功能的恢复与重建、人民生活水平的提高及可持续发展提供了理论和技术支撑。

沽源县小厂镇椴木梁村，处于农耕与畜牧交汇处。全村331户村民中，贫困人口达747人。这里有让城里人惊叹的广袤草场，却也能看到一个村庄能成为贫困村的全部要素。中国农大的科研团队根据自然条件，为椴木梁村确定了肉牛短期育肥的主导产业，通过引进企业、成立合作社来鼓励和引导村民参与，建立了“天然草场改良＋高产饲草料种植＋肉牛”高效转化的产业链，同时回收养殖产生的牛粪，经过加工、堆肥后形成有机肥料用于种植饲草，在保证草场环境的同时减少多余肥料的投入。通过该项技术扶贫，贫困人口人均收入由3000元提升到4500元，2019年实现了贫困村整体出列。

中国农大团队结合自身及单位的专业优势，推动创建了草畜一体化生态循环发展模式，实现了10个深度贫困村全部覆盖，建档立卡户年新增收入达到5000元以上；建立了沽源县大宗农产品产—销无缝对接模式和沽源县农村电子商务公共服务中心，年销售额超过7亿元，沽源县成为“国家级电子商务进农村综合示范县”；特别是重点围绕沽源县的耕地资源、草地资源，开展了富硒马铃薯、藜麦、有机蔬菜、肉牛育肥、草畜耦合发展等产业扶贫项目；创建以“龙头企业牵头＋村合作社组织＋贫穷户生产”科技产业扶贫模式，并持续推动建立“优质饲草料生产－肉牛育肥健康养殖－牛粪沼液废弃物资源化利用”循环草牧业可持续发展模式；完成了2万亩张杂谷、苏丹草等优质饲草料基地建植、年出栏量800头育肥牛养殖区和年加工规模10万吨的牛粪有机肥场建设工作，并建立了龙头企业—村合作社—贫困户利用共享模式。

四、“丰阜康宁”的燕山扶贫路

在燕山—太行山区连片特困地区的丰宁汤河乡大草坪村，有一座与众不同的养猪场，远远看去更像是一家高科技的制造业工厂，这就是智能养猪场，实现了养猪“无人、无线、无干扰、无接触”，而且还用上了“猪脸识别”技术，可显示猪的父母、出生日期以及品系等相关数据。猪舍里有地暖，地上都是水泥筑面，还有污水处理设备，每一头猪吃的都是精心配制的饲料……养猪生产中关键环节实现智能化，猪的生长速率、肉品质、繁殖性能、料肉比等关键环节都将有所升级。中国工程院院士、中国农业大学教授李德发说：“在丰宁智能猪场示范点，气体、温度、湿度等参数可以随时监控，还用上了‘猪脸识别’技术，猪是否有病、吃了多少饲料都能评测出来。”数字科技引领畜牧行业发展已成为趋势。“猪脸识别技术”不仅可以了解养殖猪的健康情况，还整合了科学的智能图像识别、信息抽取和分析等一系列相关的科学数据，为养猪户提供更大的便利性和相应的附加值。

绵亘在冀蒙边界的坝上高原，以宽厚博大的胸怀孕育了承德人民的母亲河——滦河。从丰宁坝上草原发源的大滦河与从围场坝上草原发源的小滦河，经过千回百转，在隆化县郭家屯镇东屯村合二为一。从此开始，这条河流便以宏阔的气势一路向东，百折不挠地奔向浩瀚的渤海。大山、河流、田地、村庄散落在广袤群山中，这里交通不便，气候恶劣，普通农家的日子过得十分艰难。

1975 年 9 月，李德发终于赶上工农兵大学生的“末班车”，走进了华北农业大学（后更名为北京农业大学、中国农业大学）畜牧系的课堂。当时的华北农大在河北涿县过着“游击”生活。尽管如此，农家子弟出身的李德发仍以优异成绩结束了 3 年学业，并留校担任校团委书记。毕业的同年，随学校迁回北京。从 1995 年起，他开始多方奔走，筹建他心目中集产、学、研于一体的研究中心。创建中心的苦辣酸甜，一言难尽。可以想象，一介学者，奔走游说，在山重水复、千回百转中的那些焦虑、绝望与欣喜……

二十余年过去，弹指一挥间。李德发在动物营养与饲料加工学的前沿领域，如猪鸡蛋白质氨基酸营养代谢、大豆球蛋白单克隆抗体及其应用、现代生物技术在动物营养学上的应用等方面的研究引起了国内外的高度关注。其中，他对大豆抗原蛋白引起的过敏反应是仔猪死亡的主要原因的发现，让中国的仔猪成活率大大提高；他带领团队建立的 14 种饲料原料动态预测模型，在生产中推广后，取得了良好的经济效益，仅玉米一项每年就可为国家节约 190 万吨，经济价值达 47.5 亿元。

此时的李德发并没有忘记自己的出生地，一直惦记着家乡的人民。2012 年 9 月 14 日，在河北省丰宁满族自治县汤河乡大草坪村成立了中国农业大学丰宁实验站。试验站在国家饲料工程技术研究中心、农业部饲料工业中心及农业部饲料效价与安全监督检验测试中心（北京）动物试验基地的基础上建设而成。该动物试验基地于 2010 年 6 月开工建设，到 2011 年底基本建成运行。项目区用地 2000 亩，建筑面积 1.6 万平方米。试验站是由

图 2-9　李德发院士

农业部、中国农业大学共同出资建设的教学、科研与推广示范平台，主要功能是提供环境可控，与生产结合的标准化动物试验条件和规模化实验动物，并以丰宁为重点养猪产业区，采用了“院校 + 企业 + 农户”的运营模式。基地建设以来，先后承担了国家公益性科研专项、国家 973 计划项目等科研项目，开展产学研合作，为了适应京津冀一体化规划和生态文明建设的要求，在能源利用和有机废物处置方面探索新的模式和方法，为我国饲料、养殖行业的清洁、高效、可持续发展提供理论和技术支撑。

此外，为了给更多的孩子插上腾飞的翅膀，走出大山。2003 年，李德发倡导北京德宝群兴科贸有限公司在郭家屯镇成立了“德宝基金”。“德宝基金”每年拿出 2 万元，用来资助特困生，奖励郭家屯中小学业绩突出的优秀教师和品学兼优的学生。如今，累计捐助金额达 40 余万元，惠及近 2000 名贫困学生、800 余名优秀学生、400 余名优秀教师。与此同时，“德宝基金”还产生蝴蝶效应，多家企业分别在郭家屯设立了“励志基金”“德邻基金”“君儒助学基金”，成为山里孩子展翅飞翔的助推器。

第六节　贺兰山之路：持续产学研深度融合的成功案例

贺兰山是中国西北地区重要生态安全屏障，被宁夏人称为“父亲山”，拥有七百多种珍贵动植物物种和众多矿产资源，其中“太西煤”与“贺兰石”在宁夏“五宝”中就占据两席，然而多年过量开采和露天作业导致贺兰山废渣堆积、矿坑遍布，生态功能遭到巨大破坏。

“宁夏作为西北地区重要的生态安全屏障，承担着维护西北乃至全国生态安全的重要使命”“宁夏生态环境有其脆弱的一面，生态环境保护建设要持之以恒”“对破坏生态环境的行为，必须扭住不放、一抓到底”，对于贺兰山、对于宁夏的生态保护，习近平总书记一直念兹在兹，思虑深远。

宁夏贺兰山东麓系黄河冲积平原与贺兰山冲积扇之间的洪积平原地带，西有绵延二百多公里的贺兰山脉作为天然屏障，抵御了寒流，增加了产区积温，调节了葡萄生长期，从而造就了贺兰山东麓产区不可复制的地理环境。同时，贺兰山东麓产区光照强，光质独特，空气透光率高，紫外线强度大，热量丰富，有效积温高，生长期降雨稀少，多风蒸发量大，空气干燥，可有效防控各种病虫害，因此被誉为适合酿酒葡萄种植的优势产区之一。

一、科技助推葡萄酒产业升级

当贺兰晴雪酒庄带着“加贝兰特级珍藏 2009”报名参加“品醇客世界葡萄酒大奖赛”并击败了所有对手，获得了 10 英镑以上波尔多类型红葡萄酒最高奖时，大赛负责人评价：这是中国开始进入国际优质葡萄酒生产国行列的标志。

从那以后，贺兰山东麓先后有 40 多家酒庄的葡萄酒在各类品鉴评比中获得 700 多个奖项，贺兰山东麓产区品牌的影响力在国内外得到全面提升。美国《纽约时报》评选了全球 2013 年必去的 46 个最佳旅游地，宁夏和巴黎等世界著名旅游景区一起名列其中，入选理由是“在宁夏可以酿造出中国最好的葡萄酒”。世界葡萄酒大师杰西斯·罗宾逊在品鉴了贺兰山东麓产区葡萄酒后说："毋庸置疑，中国葡萄酒的未来在宁夏"。

宁夏贺兰山东麓产区葡萄酒由于品质出众，性价比高，在世界葡萄酒界的地位不断提升，越来越受到国际人士的普遍关注。2014年9月，中、法、美等国十余位葡萄酒种植、酿造、销售方面的专家，在宁夏举办的"贺兰山东麓葡萄小产区和品种区域化"论坛上，为贺兰山东麓葡萄产业提升品质、走向国内国际市场、建立质量诚信体系建言献策。中国酒业协会葡萄酒分会、中国农业大学、美国葡萄酒行业专家在论坛上结合国内外葡萄酒产业发展形势，做了世界葡萄酒市场营销模式分析、葡萄酒健康安全与产区诚信体系建设、贺兰山东麓酿酒葡萄小产区划分及品种区域化栽培等专题报告，提出了进一步提升产区科研实力、扩大国际交流、提升产区品牌形象等一系列建议。

为贯彻落实国家"一带一路"倡议和"创新驱动发展"战略，助力宁夏现代农业和特色农业的创新发展，搭建多学科、多角度、多层次的交流互动平台，促进大学科教资源与地方经济发展紧密结合，2017 年 7 月，宁夏银川举办了"塞上农业科技论坛"。这是中国农业大学与宁夏农林科学院、西北农林科技大学联合举办的一次大型学术交流活动。在会上，中国农业大学武维华院士希望三方以此次合作为契机，开展更广更深度的合作，不断增强宁夏自身发展能力，提升科技创新水平，在发挥自身典型农业特色和优势的同时，在农业节水等领域寻求更大的发展。会上，专家们围绕"农业供给侧结构性改革与宁夏农业科技发展"主题，结合各自研究专长，就如何提升宁夏农产品品质与效益、打造优势农产品品牌提出自己的看法，展现了他们最新的研究成果和对学科前沿发展动态的见解。

二、产学研深度融合的生动案例

为响应建设贺兰山东百万亩葡萄长廊的战略构想，志辉源石酒庄从2008 年正式开始与中国农业大学紧密合作，种植酿酒葡萄并进行葡萄酒酿造。经过十几年的发展，如今的酒庄已从一个废弃的砂石矿场建设成为了集 7500 亩生态林、4000 亩封闭式葡萄种植区、园林式酒庄、休闲运动公园、五星级休闲度假山庄为一体的"一二三产业融合"生态园区，"贺兰山下果园成，塞北江南旧有名"的景象又重回眼前。夏日的贺兰山东麓，更是百鸟翔集，风景宜人，微风吹动着一串串翠绿的葡萄，装点着这片孕育佳酿的土地。

“与中国农大合作前，葡萄的栽培技术处于转型阶段，对于种植的种苗、栽培模式、水肥管理、酿造工艺及产品定位等各方面实践操作不够专业，从而导致种植和产品质量不尽如人意。”志辉源石酒庄负责人回想起当年创业时遇到的困难依然记忆犹新。“中国农大的加入让我们看到科技的力量！5年前，我们在中国农业大学的建议下陆续引进了马瑟兰、品丽珠、紫大夫和小威尔多等红葡萄品种。基于对葡萄酒风味物质的精确化研究，使用数学模型指导葡萄酒的混酿调配，进而明确每一系列葡萄酒的风格表达，并针对性指导相应酿造工艺的改进与优化，如今产品种类多、品质高，源石酒庄也已将国际葡萄酒三大重要奖项全部收入囊中。”从以前名不见经传，到如今跻身全国区域企业榜前列，志辉源石酒庄在短短的几年时间里从一只“丑小鸭”蜕变为美丽的“白天鹅”。

志辉源石酒庄是中国农业大学的产学研基地和教授工作站，学校不单单搞种植，还参与到酒庄管理、酿造、销售等全产业链。学校不仅开设了葡萄与葡萄酒工程学科，还依托农业部国家葡萄产业技术体系，汇集产业链各环节专家梳理亟须攻关的产业技术难题，联合研发形成实用技术，第一时间推广应用于产业生产示范。自与酒庄建立产学研深度合作关系以来，中国农业大学每年安排5至6名博硕士研究生，深入生产实践各个环节，针对关键技术问题开展科技攻关。目前，中国农大已经提供了包括有机葡萄种植、机械化栽培管理、水肥一体化、节水灌溉技术、多风格葡萄酒酿造工艺等多项科技帮扶，这些科技创新成果在酒庄示范成功后已经逐步在当地推广，大幅带动了地方经济发展。

贺兰山东麓位于北纬38度，被公认为世界上最适合种植酿酒葡萄和生产高端葡萄酒的黄金地带之一。2016年，习近平总书记考察宁夏时就曾强调，越是欠发达地区，越需要实施创新驱动发展战略。欠发达地区可以通过东西部联动和对口支援等机制来增加科技创新力量，以创新的思维和坚定的信心探索创新驱动发展新路。近年来，通过走国际化、高端化、品牌化的路子，宁夏走出了一条具有地方特色的葡萄酒产业、文化旅游融合发展之路，推动了葡萄酒产业高质量发展。在这个过程中，中国农业大学教

图 2-10　贺兰山下的中国农业大学食品学院研究生实验基地

授段长青每个月都要从北京来到宁夏指导葡萄种植及葡萄酒酿造技术，宁夏对于他来说，就是第二故乡。

2019 年 9 月 5 日，习近平总书记给全国涉农高校的书记校长和专家代表回信中也明确指出中国现代化离不开农业农村现代化，农业农村现代化关键在科技、在人才。2020 年 5 月 29 日，在给袁隆平、钟南山、叶培建等 25 位科技工作者代表回信中，总书记同样鼓励全国科技工作者要着力攻克关键核心技术，促进产学研深度融合，勇于攀登科技高峰。2020 年 6 月 8 日，习近平总书记来到宁夏，就统筹推进常态化疫情防控和经济社会发展工作、巩固脱贫攻坚成果、加强生态环境保护、推动民族团结进步等工作进行调研，位于银川市西夏区的志辉源石酒庄葡萄种植基地就是其中重要一站。在葡萄种植园内，习近平总书记同正在作业的工人和技术人员交流，并俯下身子，拨开葡萄叶，指着一串串果穗，详细询问葡萄树生长、施肥、灌溉、栽培等情况，并强调宁夏要把发展葡萄酒产业同加强黄河滩区治理、加强生态恢复结合起来。“作为一名科技工作者，我们要按照总书记的嘱托，把论文写在大地上，把科技成果凝聚在产业中，努力在葡萄酒产业发展的个性、风格、特色上下功夫，聚优做强‘葡萄酒 +’复合业态，带动示范引领贺兰山东麓葡萄酒产业向国际化、高端化、品牌化发展。”段长青说。

葡萄种植正是绿水青山转变为金山银山的生动体现。贺兰山东麓产区地处贺兰山冲积倾斜平原与黄河冲积平原的交汇地带，过去荒漠遍布。通过种植葡萄产业，一方面增加了防护林的建设，大幅度提高了产区森林覆盖率，另一方面引入学校推广的“厂字型”生长架式，在冬春季保留当年生枝条于架面上，还能起到防风固沙的作用。同时，葡萄园“浅沟种植”减少了水土流失，形态各异的酒庄及葡萄园成为贺兰山东麓靓丽的风景线和银川市的生态屏障。

志辉源石酒庄葡萄种植基地是中国农大产学研深度融合的生动案例，是中国农大贯彻落实总书记给涉农高校书记校长和专家代表回信、给科技工作者代表回信精神的具体体现。学校与酒庄合作，以人才、科技为输出，研究成果辐射至酒庄一二三产业各个环节，同时学校的人才培养方向也更加适合社会需求，借助酒庄平台资源，就实际问题有针对性地进行科研攻关，并直接作用于企业，这也正是一条西部欠发达地区发展特色产业的好路子。

第三章　下海篇

——增粮有道　再造良田

南有“曲周”，北有“吴桥”，这是中国农业大学在黄淮海科技大战役中的两颗耀眼“明珠”。五十年栉风沐雨，半世纪春华秋实。中国农大把“上山”和“下海”统筹起来，念好“山海经”，永葆“泥土味”，在黄淮海平原贫困农村大地上，积极主动实施“下海（黄淮海）”计划，把农业科技创新的论文写在亿万农牧民群众脱贫致富奔小康的大道上，向贫困农村输送科技力量，不断探索土地机理，遵循客观规律，展开了一场颇有声势和取得扎实成效的扶贫战役，使土壤更健康、产出更丰盈、乡亲们的生活更富裕。

走进中国农大曲周实验站，一眼就能看到大门口附近一片杨树林下立着一块石碑。这是曲周县人民政府于1993年赠送给曲周实验站的。石碑正面镌刻着“改土治碱，造福曲周”八个大字，石碑的另一面则记录着每一位参与曲周改土治碱的农大人的名字。一块石碑，寄托着曲周人的感激之情。这段记忆不仅是中国农大的记忆，更是曲周精神的记忆。择一事而终一生，说的就是他们。20世纪70年代，中国农大的师生们安家曲周盐碱地，筹建曲周实验站，拉开了轰轰烈烈的改土治碱帷幕，最终让不毛之地变成米粮川。从河北曲周开始，近半个世纪以来，中国农大急农民之所急，想农民之所想，与河北曲周广大农民群众，心连在一起，汗流在一起，创立了集科研平台、育人基地、服务推广以及扶贫脱贫为一于的“曲周模式”，在艰苦奋斗中孕育出“责任、奉献、科学、为民”的“曲周精神”。2009年，依然是在河北曲周，第一个“科技小院”在白寨村诞生。从此在这片广袤的田野上，中国农大的学子们聚焦脱贫攻坚，扎根国家级贫困县，服务乡村振兴。在空间紧凑的小院里，墙上挂着一张张醒目的“时间表”。师生们紧紧围绕乡村振兴、区域功能定位以及特色农业发展需求，促进农民增收，加快美丽乡村建设，让农业更强、农民更富、农村更美。

1996 年，一座石雕“沧州铁狮”昂首挺立在中国农业大学西区主楼前绿树掩映的草坪上。铁狮体魄宏大，昂首阔步，预示着自强不息、不屈不挠，代表对安定美好生活的守护。这座铁狮是河北省沧州市人民政府为感谢王树安及农大师生对沧州农业发展作出的突出贡献而赠送的。1983 年，一批农大人放弃安逸的校园生活，告别亲人来到吴桥，创建了中国农业大学吴桥实验站，开始对这个春旱夏涝、土地盐碱、生产条件差、粮食单产水平低的地区进行综合治理。实验站是“六五”期间由原国家科委正式批准建立的 12 个国家黄淮海平原农业科技攻关实验站之一。近 40 年来，师生们披星戴月、栉风沐雨、矢志不移，最终实现了吨粮田、节小麦、开心棉、四维治水、软管灌溉等 20 余项重大科技攻关项目，使沧州这个因传统杂技而出名的盐碱荒滩出现了 3000 亩“吨粮田”的辉煌业绩。这简直就是一个奇迹，而奇迹的设计者就是王树安、兰林旺等 25 位中国农大教师。

在黄淮海战役中，从曲周“战盐碱”到推广发展绿色农业，从承担吴桥“夏秋粮均衡增产”研究课题到盐碱滩涂变成富饶的“粮仓”，中国农业大学的师生们数十年如一日，细致入微地研究滨海盐土碱水、浅层淡水等土壤水盐时空运动变化规律，结合实际把握作物机能适应性特点，扑下身子，把论文写在黄淮海平原的大地上，把农业科技知识的学问做进农村老百姓的心坎里。

第一节　把“老碱窝”变成了“米粮川”

一个地地道道的农民最关心的是自己脚下的土地。土地是农民生存的重要保障，是农民的命根，是农业的源头和农村发展的根基。几千年来，

图 3-1　坐落在曲周实验站内的石碑

世世代代的农民依靠土地而生存和繁衍，土地成为农民赖以生存的信心和保障，所以说解决了土地问题，就是最有力的扶贫，也是最精准的脱贫。

河北省曲周县第四疃镇的路边，坐落着一个干净整洁的院落，院内房屋排列有序，四周农田环绕、绿树掩映，透露出一股温馨、清凉、静谧的气息。院落中央，芳草簇拥的两块景观石上，“鱼水情深”“恩重如山”8个红色大字异常醒目，这里就是中国农业大学新建的第一所校外科研实验站——曲周实验站所在地。从1973年改土治碱到今天深层次、宽领域合作，曲周与中国农大的合作已走过近半个世纪的历程。一路走来，一拨又一拨师生扎根农村，从困扰农民的农业问题入手，破解了曲周县长久难治的盐碱地难题，让人民过上了丰衣足食的生活。这所实验站与曲周人民相濡以沫，血肉相连，就像一艘农业科技的航母，搭载着中国农大的师生和曲周农民群众一起驶向未来。它承载着中国农业大学与河北省校地合作、科技兴农、摆脱贫困的荣耀和骄傲，它见证着现代农业的发展跨越，推动着农业科技蓬勃向前。

谈到曲周县和中国农大的关系，有人说是兄弟，有人说是亲人，更有人说是战友，这是因为彼此共同拥有着“战天斗地”的精神和勇气，共同拥有“振兴乡村”的理想和信念。半个世纪时光流转，曲周人和农大师生之间的关系却愈来愈密切，愈来愈亲近。如今的曲周大地，整齐划一的农田、宽阔平坦的马路、葱茏繁茂的树林、规划有序的园区，城乡如画的美景、一望无际的冀南平原，处处充满着无限生机与活力，展现出农村美的动人景象。

一、曲周盐碱大会战

土地并不总是肥沃丰饶的。太行天下脊，一路向南，与古黄河交汇于冀中平原南端。黄河、海河、漳河、洺河、沙河以及滏阳河亦在此冲积盘旋，遂形成了广袤富饶的黄淮海大平原。曲周，则在这黄淮海平原之低洼处。据《汉书·地理志》记载：“漳水出治北，入黄河，其因斥卤，故曰斥章。”“斥章”即今天的河北曲周。清朝乾隆十二年版《县志·盐政》中也说：“曲邑北乡一带，咸碱浮卤，几成废壤，民间赋税无出或籍谋升斗。”历史上的曲周就是有名的“老碱窝”。即便到了1949年之后，这种情况依然如此。从1949年到1979年的30年中，因涝成灾16年，因旱成灾9年，盐碱地27.4万亩，占全部耕地的38%。

图3-2　昔日曲周的盐碱地

曲周是典型的浅层咸水型盐渍化低产区。它的地下埋藏着一个庞大的咸水体，不仅不能用于浇地，而且还会引起土壤盐碱化。这成为限制当地农业发展的重要因素。长期饱受旱、涝、碱、咸综合危害，导致曲周土壤贫瘠、粮食产量低下且长期徘徊不前。根据统计资料显示，从新中国成立后到 1975 年的 26 年中，除 4 个年头粮食亩产达 200 斤以上外，其余 23 个年头产量都在 150 斤上下。从 1953 年实行统购统销到 1975 年的 22 年中，除 4 个年头卖点余粮外，其余 19 个年头靠的是吃统销粮。当时，曲周老百姓过得很穷困，吃的是红高粱加野菜，喝的是苦咸水，住的是漏雨的茅草屋。没有粮食，也没有经济来源，为了生存，人们只好把盐碱挖出来熬制成盐巴，然后用卖盐的钱去换一点儿口粮。

如果有人问，河北曲周当年的情况，只是个例吧？那就错了！在黄淮海大平原上，像曲周这样盐碱灾害严重、低产缺粮的土地，共有五千多万亩。从新中国成立初期到 20 世纪 70 年代，国家每年都要向这里调入救济粮 30 亿公斤，被称作“南粮北运”。黄淮海平原旱涝咸碱灾害给人民生活带来的苦难成为党和国家领导人心中的牵挂！新中国成立后，在党中央和政府的领导下，曲周也曾进行多次治碱改土活动，例如修台田、条田、围田、开沟、刮碱土等。虽然也取得一定的成效，但由于方法不科学，治标不治本，经不起任何自然灾害的冲击。

“一定要治理好北方盐碱地！”1973 年，抱病主持北方抗旱会议的周恩来总理作出了明确指示。同年 10 月，石元春、辛德惠、毛达如、林培、雷

图 3-3　淋“小盐”的盐土堆和盐地

图 3-4　盐霜和淋初的盐水在锅中熬制“小盐”

浣群、陶益寿、黄仁安等人组成的中国农业大学研究小组响应党和国家号召，来到了曲周最苦最穷的“老碱窝”——张庄大队，并在此设立了“旱涝碱咸综合治理试验区”，成为轰轰烈烈的黄淮海大会战的前沿阵地，开始了彪炳史册的、伟大的“改土治碱”事业。

根据当事人回忆，他们在这里住的是漏雨、漏雪、漏土的“三漏房”，吃的是粗高粱、粗盐粒、干辣椒混合成的“三合面”，但他们誓言不治好盐碱就不回家。为了攻坚克难，石元春与辛德惠等人开始就将旱涝碱咸综合治理试验区设在了盐碱灾情最重的张庄，可谓是“中心开花”之举。

当时曲周盐碱地上的庄稼长相很差，严重的地方已经荒凉得不见庄稼，只有绿色苦楝和盐碱蓬等植物点缀其中，地面上更是土丘沟壑纵横交错，满是白花花的盐粒，满眼望去，就像是一大片荒漠。明崇祯年间“曲邑北乡一带，盐碱浮卤几成废壤”的史料亦证实了这一带土壤盐渍化的久远历史。曲周北部的“四大碱”即以张庄为首的张庄、高庄、连珠村和史庄，也称“张高连史”，便是远近闻名的“老碱窝”。张庄村的社员说，麦收本是农村最忙最累的季节，可是这一带的农民却很悠

图 3-5　进驻后的最早住房

图 3-6　在张庄村里的住房

闲，不紧不慢。收麦子不用镰刀，只需背着一个大布口袋，在稀稀拉拉的麦地里，东揪一把、西揪一把地将麦穗放在布口袋里。一年收的麦子，只够年节包饺子吃。实际上，1973 年几位老师进村的时候，张庄每年要吃掉 7 万—8 万斤救济粮，领 2 万—3 万元救济款。

从地貌学上看，曲周位于滏阳河冲积扇扇缘，是一个地下水位浅、补给丰富的盐分强烈积聚带，属原生盐渍化区。不仅如此，这里还是滏阳河灌区上游，灌溉水源丰富，渠水渗漏量大，灌排系统不配套，水盐运行失调，人为因素造成的次生盐渍化也很严重。再者，在农业生产上，缺少肥料，耕作粗放，技术严重落后，经济和物质基础极差。更重要的还在于，当地群众对治碱没有信心，这次可能还会像以前应付地县工作组一样应付他们。技术因素、社会因素和农民心理因素都是对治碱工作的挑战。

幸运的是，当时正值狠抓河北平原旱涝盐碱综合治理时期，河北省委、邯郸地委和曲周县委三级领导都十分重视，国家科委也对河北黑龙港流域组织了地下水合理利用的科技大会战项目，所以大形势是十分有利的。作为黑龙港科技大会战中的一个分战场，农大师生在曲周的工作并不是孤军奋战。

石元春与辛德惠等人接连克服饮水、住房、饮食等难题，将“治碱”列为他们人生当中的第一使命。不久，科研组在水盐运动及其调节思想基础上初步形成了四条基本认识，即旱涝碱咸是个复杂的水盐运动系统，不能采取“头痛医头，脚痛医脚”的方式，必须实行综合治理；旱是水少，涝是水多，要灌要排也要蓄，灌排蓄要协调一体才不致引起土壤次生盐渍化；开采利用浅层地下水兼有抗旱、防涝、防治土壤盐渍化和促进地下咸水淡化四重功能，是调节区域水量与地下水位的中心；在浅层地下水为矿化度较高的咸水地区，还要突破咸水利用和逐渐淡化的这道“瓶颈”。

经过半年的不懈努力，曲周试验区旱涝碱咸综合治理工程的第一份报告《邯郸地区曲周县旱涝碱综合治理样方规划草案说明书》诞生了。这是师生们深入思考和大量调研的结晶，是曲周试验区综合治理旱涝碱咸的第一份蓝图，是对当地旱涝土地的宣战书！为此，科研组在曲周试验区通过深浅机井结合构成井组，提高抗旱、防涝、治碱和改咸能力；挖深沟 7000 米，深沟间距 1000 米，深 3—4 米，动土 15 万方，具灌、排、蓄三种功能；

修灌渠 8000 米，兼灌溉排咸双重功能；修浅排沟 18000 米，及时排除地面沥水；平地和压盐 2500 亩，每亩施有机肥 2—3 车，并推广良种良法，实行精耕细作。

1979 年麦收季节的一个早晨，联合国农业发展基金会副总裁来到了曲周实验区考察现场。这位外国人离开时，意味深长地说了一番话：“发展中国家的这类项目我考察过很多，一般总要半个多月，这次到你们这里来，半天就够了。我认为基金会要支持这个项目，相信回去向总裁汇报后他也会同意的。”在接下来不到一年的时间里，联合国农业发展基金会就与中国政府签订了近 3000 万美元的曲周旱涝盐碱综合治理项目贷款。贷款的到来使曲周实验区一下子由几百亩扩大到了 23 万亩。1983 年 2 月 22 日，曲周县北部 23 万亩综合治理的联合国国际粮食发展基金会（IFAD）项目正式签署生效，曲周一时声名远播。

自 1973 年建立曲周旱涝碱咸综合治理试验区到 1983 年的整整 10 年里，一个战役接一个战役，一个胜利接一个胜利。农大师生长期驻扎在曲周，

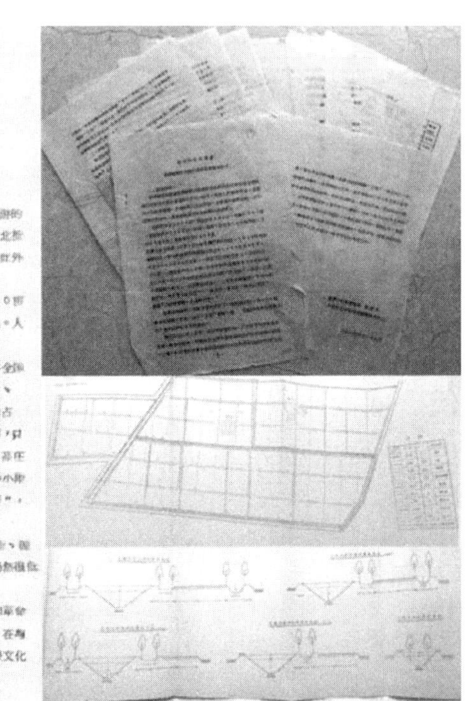

图 3-7　邯郸地区曲周县旱涝碱综合治理样方规划草案说明书

数年如一日，坚持不懈，实验区的土地一年比一年好，原来不能长庄稼的盐碱地都变成了良田。1972 年，张庄粮食亩产量只有 79 公斤，而到了 1978 年，竟达到了 500 公斤！农民开始向国家售卖余粮，彻底结束了吃国家救济粮的历史。曲周农村的生态环境一年比一年改善，农民人均收入大幅度增长，破土房变成了新砖房，农民愁容换新颜。张庄改土治碱的成功为黄淮海平原地区盐碱地的治理带来了希望。

曲周治碱大作战倾注了无数中国农大师生的青春与热血。曲周的经验是成功的，曲周的故事是动人的，他们足可以引以为傲，足可以功成身退，甚至是扬名立万，但这些师生从未如此想过，责任、担当和奉献才是他们永恒的追求，祖国正在召唤他们去开创更伟大的事业。2019 年，在新中国成立 70 周年之际，新华社、人民日报、中央电视台、光明日报、科技日报、农民日报、中国青年报等中央媒体以及北京电视台、河北电视台等地方媒

图 3-8　扎根河北曲周的农大人

体集中连续报道了农大师生扎根河北曲周、服务乡村振兴的事迹。

历史使命和祖国召唤他们，从曲周走向更广阔的黄淮海，去开创更伟大的事业。20 世纪 70 年代开始，针对黄淮海平原旱涝盐碱的综合治理和农业发展问题，国家组织了一场 28 年的科技大战役。虽然曲周试点和建试验区为黄淮海平原的治理奠定了基础，但要使全局性的科技大战役取得胜利，还有更长的路要走。1978 年，《1978—1985 年全国科技发展规划纲要（草案）》发布，国家科委继续将黄淮海平原中低产田治理列入“六五”“七五”国家科技攻关项目。先后有冀、鲁、豫、苏、皖五省和京、津二市的一百多个科研教学单位的一千多名科技人员参加了这次规模空前的科技大战役。

黄淮海科技大战役的目标是要寻求对黄淮海平原近 2 亿亩中低产地区进行旱涝盐碱综合治理和农业发展。一个试验区取得的成功治理和开发经验，一般只在它所代表的条件相近的同类型地区具有推广应用价值，而黄淮海平原的自然地理和农业生产条件非常复杂，那就需要针对黄淮海平原的主要中低产类型分别设置试验区，做到点、面的密切结合与匹配，方能百战不殆。为此，需要更多的实验、更多的实践、更多的数据和更多的辛苦，困难可想而知。中国农大的师生从不畏惧，不断挑战科学高峰，这正是他们孜孜以求的目标。星星之火，可以燎原。他们怀揣梦想，牢记使命，不忘初心，肩负国家和人民的重托，再次整装待发，继续投入到另一场更伟大的战役中去。

1978 年秋，农业部杨立功部长亲临曲周实验区考察。对实验区改土治碱的成效和做法给予了充分肯定，农业部拨款 400 多万元，推动试验区成果向曲周北部 6 万亩盐碱地扩展。第二年，张庄旱涝碱咸渍综合治理试验区科研组还获得了国务院嘉奖。各级政府和国内外专家认为，曲周治理盐碱地的综合治理经验具备引进外资、推广经验和进行大面积试验的基础。1982 年，农业部、河北省与世界农业发展基金会正式达成了“河北农业发展项目贷款协定”，批复金额 2294 万元。外资引进使治碱工作如虎添翼。1982 年 6 月在济南召开的“黄淮海平原农业发展学术讨论会”既是黄淮海平原发展历程中的一座里程碑，又是黄淮海科技战役的一次群英会和誓师会。针对这次济南会议，《人民日报》于 1982 年 8 月 25 日发表了题为《加快黄淮海平原农业的发展》的社论。

根据中央“全面安排，突出重点”的方针，国务院于1982年将1978年公布的《八年科技发展规划纲要》中的108项内容调整为涉及农业、电子信息、能源、交通、环保等8个领域、38个攻关项目，纳入国家“六五”计划实施。这个计划促进了黄淮海平原的农业发展，带动了经济建设，在国内外产生了良好的影响。与此同时，黄淮海课题“六五”科技攻关项目进展顺利，这就更加坚定了国家推进黄淮海治理与开发的信心和决心。1985年5月，农业部在山东济南举办“国际盐渍土改良学术讨论会”，来自美国、日本、加拿大、澳大利亚等14个国家的30多名外国友人与中国50多名专家一道，参观中国重点土壤改良试验区，开展科研交流。筹备这次国际会议工作的总指挥，正是曲周实验站负责人石元春，参观交流的首站也设在了曲周。

1986年，根据党中央的决定，分12个试验区和6个重大超前技术“两线作战”。整个攻关过程中，严格要求，强化管理，在综合治理、粮食增产、农民增收和科技研究上都取得了重要进展。1988年6月14日，国务院总理李鹏和国务委员兼秘书长陈俊生、中央农村政策研究室主任杜润生、农业部部长何康等领导专程到曲周县农业利用外资项目区进行视察。站在盐碱小土堆上，看着东西两边相差巨大的粮食生产状况，李鹏感叹：“你们干得不错！”对攻关试验区的盐碱地治理给予高度评价。

20世纪90年代初，盐碱地治理取得阶段性辉煌成绩之后，农大的科研团队没有功成身退，而是又开始了新的征程。他们根据曲周经验，向国家有关领导提出“农业农村发展三阶段战略”的农业开发建议，以此不断探索从传统农业向现代化农业的致富之路。“农业农村发展三阶段战略”实际是最早的农大版的乡村振兴规划战略部署。1996年，中国农大协助曲周县并以曲周实验站为核心，建成了以高新技术为先导，集科农工贸于一体的省级农业高新技术产业园区，大力发展特色经济，组建了26家农业产业化龙头企业，带动了全县经济跨越式发展。“十五”期间，还积极帮助曲周县编制了《绿色产业发展总体规划》，确立了“举绿色旗、走现代农业路”的战略方向，将曲周经济和现代农业发展推上了快车道。

在黄淮海科技大会战中，中国农业大学的师生们积极将旱涝碱咸治理成果推出曲周，造福黄淮海，成功推动了黄淮海平原、三江平原、黄土高原、北方旱涝和南方红黄壤等五大区域的农业综合治理与开发研究，促进国家投资近540亿元；实施了长达12年的全国性中低产田治理，涉及全国20个省、市，3.8亿人口和4.7亿亩耕地，使得国内农业开发区的粮食累计新增量占全国总产新增量的2/3，为中国区域治理和区域经济发展，扭转南粮北调格局，确保国家粮食安全，作出了突出贡献。

二、减肥增效助力质量兴农

进入新世纪以来，随着中国经济、社会的发展，农业需求与日益短缺的资源和环境的压力不断增长。曲周实验站所在的华北地区面临的同时保障国家粮食与生态环境安全的形势更加艰巨。如何走出一条既高产又高效的道路，成为农业发展面临的突出问题，尤其是党的十九大提出“加快生态文明体制改革，建设美丽中国，坚持走绿色发展之路。”为此，中国农业大学张福锁院士进行了不懈的努力，立志要让农作物摆脱“吃撑了”的窘境，走上绿色发展之路。

张福锁领导的科研团队对全国三十多年养分资源开发、化肥生产、农业施用以及土壤化学性状研究数据进行了系统分析。研究发现，从20世纪80年代到新世纪，全国农田土壤的pH值平均下降了0.5个单位。让张福锁痛心的是，土壤酸化不仅影响作物根系生长，甚至造成铝毒，导致作物减产，还会造成重金属元素活化、土传病虫害加重等一系列问题，严重威胁农业生产和生态环境安全。

2010年，张福锁团队的这些相关研究成果发表在《科学》(Science)杂志上。面对当时的一些质疑，他反复强调：“虽然农田土壤酸化会给农业生产和生态环境带来什么具体影响目前尚缺乏系统研究，但中国农田土壤显著酸化现象已经摆在我们面前，土壤酸化至少告诫我们，化肥本身是好东西，但一定要科学施肥，特别要管好氮肥。”解决了温饱的曲周面临着水资源紧张、农业生产资源环境代价大等一系列难题——这也是前进中的中国所面临的。以曲周为代表的华北平原作为传统农业主产区，能否再次为全国农业发展探索出一条绿色发展的新路？2009年5月，“中国农业大学、河北省曲周县万亩小麦玉米高产高效示范基地”在曲周县白寨乡揭牌。张福锁带领团队师生接过“曲周精神”的接力棒，与曲周人民同吃同住同劳动，一道为实现“作物高产、资源高效、环境友好”的绿色发展目标而努力。

从 2010 年到 2015 年，张福锁率领课题组在国内三大粮食作物主产区实施了共计 153 个点 / 年的田间试验，以大样本的田间实证研究来回答中国未来粮食增产的潜力及资源环境代价。研究团队发现，土壤—作物系统综合管理可以使水稻、小麦、玉米单产平均分别达到每公顷 8.5、8.9、14.2，实现了最高产量潜力的 97%—99%，这一产量水平与国际上同期生产水平最高的区域相当。同时，土壤—作物系统综合管理能够大幅提高氮肥利用效率。2014 年 9 月，张福锁团队又在《自然》（Nature）杂志发表相关研究论文《以更低的环境代价获得更高的作物产量》，杂志主编评价这一成果“解决了中国的问题，也解决了世界的问题”。这一研究成果实现了一种既可提高产量又可降低环境代价的种植模式，为农业可持续、绿色发展提出了新的思路。

nature

Home | News & Comment | Research | Careers & Jobs | Current Issue | Archive | Audio & Video | For Authors

Research > Letters > Article

NATURE | LETTER

Producing more grain with lower environmental costs

Xinping Chen, Zhenling Cui, Mingsheng Fan, Peter Vitousek, Ming Zhao, Wenqi Ma, Zhenlin Wang, Weijian Zhang, Xiaoyuan Yan, Jianchang Yang, Xiping Deng, Qiang Gao, Qiang Zhang, Shiwei Guo, Jun Ren, Shiqing Li, Youliang Ye, Zhaohui Wang, Jianliang Huang, Qiyuan Tang, Yixiang Sun, Xianlong Peng, Jiwang Zhang, Mingrong He, Yunji Zhu, Jiquan Xue, Guiliang Wang, Liang Wu, Ning An, Liangquan Wu, Lin Ma, Weifeng Zhang & Fusuo Zhang

Affiliations | Contributions | Corresponding author

Nature (2014) | doi:10.1038/nature13609

Received 20 May 2014 | Accepted 25 June 2014 | Published online 03 September 2014

PDF | Citation | Reprints | Rights & permissions | Article metrics

Agriculture faces great challenges to ensure global food security by increasing yields while reducing environmental costs[1,2]. Here we address this challenge by conducting a total of 153 site-year field experiments covering the main agro-ecological areas for rice, wheat and maize production in China. A set of integrated soil-crop system management practices based on a modern understanding of crop ecophysiology and soil biogeochemistry

Related audio

Emerging Microbes & Infections

"Lessons to be learned from the Ebola virus outbreak in West Africa" – Hans-Dieter Klenk

Editors' pick

LETTER

Producing more grain with lower environmental costs

图 3-9　研究论文《以更低的环境代价获得更高的作物产量》（Producing more grain with lower environmental costs）

在农大人的构想里，用绿色技术解决生产问题，用解决生产问题推动绿色发展，用绿色发展实现产业兴旺、生态宜居、乡风文明、治理有效、生活富裕，是他们要在曲周实现的终极目标。张福锁和他的团队沉下心，深入田间地头，扎根农村，先后在河北曲周和广宗、吉林梨树和通榆、内蒙古武川、陕西洛川、新疆和田、云南镇康、北京密云等地创建了科学家与农民深度融合、科技与产业紧密结合的精准扶贫新模式。经过10年努力，目前覆盖45种作物产业，示范面积上千万亩，培训农民20多万人次，同时与63家合作社和37家企业紧密合作，推广应用技术5.6亿亩，实现增产增收和环境保护共赢，为脱贫增收、转变发展方式和推动农村文化建设作出了突出贡献。2018年10月17日为第五个“国家扶贫日”，全国脱贫攻坚表彰大会在北京举行，张福锁荣获了全国脱贫攻坚奖创新奖。

三、“科技小院”里的扶贫事

2019年9月12日为中国传统节日中秋佳节，河北省邯郸市曲周县第四疃镇王庄村格外热闹，“科技小院”全体成员与村民共聚一堂，欢度佳节，庆祝丰收。晚上7点半，虽然天空中下起了蒙蒙细雨，但村民们的热情丝毫没有减弱，一支广场舞《不得了》让村里热闹起来，村民们用快板讲出自己的心声、用演唱红歌的方式抒发爱国情怀，多种多样的节目吸引了近200位村民前来观看。如此超高的人气离不开“科技小院”多年来为当地村民提供的科学技术支持。自中国农业大学“科技小院”在王庄村成立以来，通过“大学+地方政府+合作社组织”的模式，进行科学研究、农技推广、社会服务和产业推动。王庄村农民知识水平提高了，夏玉米产量创曲周历年新高，大部分田块实现了全程机械化，研究生包地进行技术集成示范得到了村民的认可，媒体的关注报道让王庄村走进了大众的视野。

进入新世纪以来，中国农业发展面临着保障国家粮食安全与提高资源利用效率、保护生态环境的多重挑战，而农业科研与实践脱节、农业科技人才培养与社会需求错位、技术人员远离农村实践等问题严重制约科技创新与成果转化。农民需要科技人员，但找不到他们；农业生产需要科学技术，但是真正满足生产与产业的科研又不够；国家需要热爱农业、有情怀的农业人才，但是每年几百万的大学生、研究生中真正有实践技能、有“三农”情怀的人少之又少。解决“三个脱节”问题的唯一方法，是专家与农民零距离、科研与生产零距离、育人与用人零距离，于是“科技小院”应运而生。

“科技小院”模式是一种低成本高效率的服务体系，对于解决粮食安全、绿色增产和精准扶贫等都有巨大的应用潜力。自2009年以来，中国农业大学先后与23个省区市的29家科研院所合作，建立了127个覆盖冬小麦、夏玉米、春玉米、水稻、甘蓝、棉花、黄瓜、苹果、葡萄、西瓜、辣椒、香蕉、樱桃番茄、芒果、枣、番茄、大蒜、菠萝、苹果等45个作物产业的“科技小院”。服务对象从一家一户小农业，到一户几十公顷的中等规模经营企业，从农户到企业，从企业到乡镇，为地方经济的发展提供技术支撑，拓宽贫困农民增收渠道，实现贫困群众增收长效机制，正所谓“一花独放不是春，百花齐放春满园”。

（一）“科技小院”里延续扶贫“大”历史

有这样一组令人思索的数据，每年中国农业科技成果有6000多项，其中在农业上使用的只有40%，而能够产生效益的仅有16%。这意味着，超八成以上的成果并没有被利用起来。那么，如何解决这个问题？有何新途径才能使这些科技成果真正用在农民的田间呢？张福锁院士率领研究团队转变以往以实验室研究为主的科研和人才培养模式，带领研究生深入农业生产第一线，开展科技创新工作。“科技小院”宛如一粒火种，从2009年在河北曲周县白寨村诞生开始，就将农业科研、技术推广、学生培养深深扎根中国广阔的土地与农民中间。

谈到“科技小院”，还要从20世纪90年代初说起。这一年，主攻植物营养专业的张福锁和李晓林先后从德国留学回国。当时在中国农业大学，相对于土壤学、农学、农经等传统学科，植物营养还是个新兴学科。经过十多年的潜心研究，到2000年的时候，张福锁团队已经发表了数篇富有成效的学术论文，开始在国内外产生一定影响。2005年，团队“提高作物养分资源利用效率的根际调控机理”研究获得国家自然科学二等奖，标志着中国农大植物营养学科在基础理论研究领域有了一席之地。2003年，张福锁发现国内高校基础研究与技术应用存在脱节现象。科研一定要和生产实际相结合，于是一方面专注于基础研究，另一方面开始承接地方的生产科研项目。2008年，团队获得国家科技进步二等奖，把理论向技术推进了一大步，并组建了以资源高效、作物高产为目标的“双高农业技术”研究团队。

此时的张福锁下定决心，兵分三路，一路前往黑龙江农垦建三江管理局，那里是重要的水稻产区；一路前往吉林省梨树县，那里是重要的玉米产区；还有一路前往河北曲周，那里是小麦—玉米轮作地区。张福锁之所以选择曲周，是因为曲周与中国农大有长期的合作历史。2006 年，曲周无偿拨给中国农大 300 亩地，作为“高产高效现代农业发展道路研究基地”。研究团队通过科学测土、配方施肥、选用良种、规范管理，很快摸索出了一套“粮食高产高效”理论指导和实践应用体系。

在当时，曲周已经建立了实验站。有了实验站作依托，技术推广似乎预示着应该一帆风顺。然而，接下来遇到的困难却远远出乎师生们的意料。他们到曲周后首先想做一个示范方，让农民用上中国农大获得国家奖的高产高效技术，用最少的肥料换得最高的产量。当时，县里举行了隆重的启动仪式，县领导表示要全力配合团队把高产高效万亩示范基地建好，然而农业局、土肥站工作人员虽然口头都说这事挺好，让农民增产增收，还少用肥，保护环境，但说归说，却一直按兵不动。经过多次接触后，师生们才发现地方推广部门根本没时间、没精力，也没有资金支持，于是张福锁、李晓林就开始自己在实验站周边寻找示范田。那时候，因为这里的土地盐分比较多，附近几乎全是种植的棉花。他们只好开着车四处寻觅，直到找到城南 5 公里的白寨乡，那里有 5 万亩成片的小麦地。虽然实验站在城北，但困于实际情况，只能将试验田选在城南的白寨村。研究团队在示范方里精心挑选了一块地，打造成核心示范方。

为了做好示范方，科研团队专门给农民开会布置，统一品种，统一肥料，统一接送。早上 5 点从实验站出发，天天到地头等着，督着农民把肥料称好弄到播种机上，但是接下来遇到的困难要远远超出想象，村民的不配合、分散种植的低效率等问题都严重影响着实验。最后，他们下定决心必须驻村。研究团队于是找到村支书，村支书提供了一个小院。这个小院原本是乡司法所在白寨村的一排房，已经荒废了很久，院里杂草丛生，地上全是狗屎猪粪。师生们把草铲了，把地打平，又买了桌子、椅子和必需品。就这样，中国第一个“科技小院”在曲周白寨村诞生了。

虽然叫小院，可院子里的人思考的是中国最根本的问题——如何解决“三农”问题，探索的是最有价值的路径——如何实现农业科研与生产实践、科研人员与农民、科研院所与农村的无缝衔接与互动，回答的是知识分子必须回应的时代命题——如何实现贫困地区百姓的致富之路。

（二）“科技小院”里蕴含扶贫“大”智慧

长期以来，小农户生产转型面临着种种难题：知识储备不足、信息和资源缺乏、服务支撑不够、土地产权制约、抗风险能力差等，科技进步难以转化为农户的生产力和农民收益。有了“科技小院”，师生们和农民同吃同住同劳动，十几项丰产技术全都应用到了生产中，示范基地的玉米平均亩产量比往年多了二百多斤。眼见为实，乡村干部和农民纷纷找到实验站，请求建同样的“科技小院”。实验站来者不拒，边学边干，从传统粮食作物到瓜果蔬菜，一个个不同类型的“科技小院”出现在曲周大地上。“科技小院”像一条纽带，连接着高校老师、在校研究生、农技推广者和广大农民，连接着众多热爱农业、想干些实事、致力于解决“三农”问题的有志之士。

2016 年 9 月 8 日，张福锁研究团队在《自然》杂志发表研究论文《科技小院让中国农民实现增产增效》（Closing Yield Gaps in China by Empowering Smallholder Farmers）的消息不胫而走，驻扎曲周“科技小院”的研究生在朋友圈里感慨道：“八年的时间，‘科技小院’从一个名不见经传的‘农家小院’走向了国际大舞台，不是‘科技小院’有多牛，而是有一群志同道合的‘农大人’在为信念而不懈地奋斗，努力去改变中国农业的未来！”2009 年以来，“科技小院”在曲周引进了测土配方施肥、小麦玉米精播、玉米机械追肥、小麦水氮后移、西瓜嫁接、苹果壁蜂授粉和反光膜增色等 25 项技术，在田间校验基础上进一步简化、物化和机械化，形成了适合曲周农业特点的小麦、玉米、西瓜和苹果等作物高产高效栽培技术模式。与此同时，还带领农村致富能手和带头人成立专业合作社进行产业开发，把“老营村（西瓜）”“今科富（面粉）”“相公庄园（苹果）”等一大批当地农副产品推向市场。此外，“科技小院”为曲周“吨粮县”建设提供了有力技术支撑，在入驻河北曲周 5 年后，当地农民知识水平大幅提高，高产高效技术采用率从 2009 年的 17.9%提高到了 53.5%。全县粮食单产实现了试验基地产量水平的 79.6%，全县粮食总产增长了 37%，养分效率提高 20%以上，农民收入增长了 79%，曲周一跃成为全国粮食生产先进县。

前衙村是曲周远近闻名的葡萄种植村，葡萄种植历史已经超过 30 年，种植面积达两千多亩，但由于常年的粗放式管理，裂果、烂果问题日益严重，葡萄产业的发展陷入“瓶颈”。无奈之下，村支书跑到曲周实验站请求帮助，多番争取之下，终于在2017年将传授农技知识的“科技小院”请到了前衙村。同学们到达前衙村后，首先对当地村民的耕种模式进行了了解，并对该村200个地块进行了土样检测。结果显示，前衙村村民们的葡萄施肥量是合理施肥量的2—3倍，同时土壤的氮磷钾含量也是葡萄生长所需量的数倍。针对这一情况，同学们与前衙村科技示范户贾要菊合作，建起了15亩示范田，将先进的水肥一体化、园艺地膜覆盖技术应用其中。应用科学的种植方式之后，每亩节省水费约300元，减少施肥费用500元，节省人工费约200元。粗略算来，每亩地节省成本达到1000元左右。同时，烂果、裂果少了，每亩地还能多收入1000元。全村2000多亩葡萄都能应用上这些技术，每年全村多收入400多万元。在“科技小院”的帮助下，前衙村葡萄特色农产品不仅品质有了提升，而且产量也得到了提高。现如今，曲周村民遇到农技问题，便会选择“小院”一下。

图3-10　王庄科技小院及其小麦生产技术田间示范

“科技小院”曾经组织了一场农民田间学校的入学考试。也正是这场考试，把村民耿秀芳难住了，一张试卷只写了一个字“耿”。原来，初中毕业后，耿秀芳一直在家务农，只认得少部分字，平时很少写字的她，一着急连自己的名字也写不出来。耿秀芳这样的情况在贫困地区不在少数。为此，“科技小院”建起了“科技课堂”，主动传播科技知识，讲授了小麦选种、水肥一体化、低蛋白鸡饲料使用等多项农业科技知识。同时，“科技小院”的师生们还利用业余时间在村中开办了识字班、舞蹈队、西瓜节、苹果采摘节、广场舞大赛、儿童英语培训等多种活动，拉近了师生与曲周农民的距离。

图 3-11　前衙科技小院及其照料的葡萄园

在祖国广袤的土地上，“科技小院”这粒科技帮扶的“种子”萌发生长、开花结果，在脱贫攻坚中发挥出更大作用。根据数据统计，“科技小院”先后在各地累计推广高效生产新技术应用 3770 万公顷，增加粮食生产 3300 万吨，减少氮肥用量 120 万吨。同时，小院还建立了多元化培训方式，在农民家里、村委会、农村街巷、田间地头，采用“科技长廊”“科技小车”“科技胡同”“田间观摩”等方式普及农业技术，让师生在农民身边进行技术指导，破解农民与科技人员脱节、科研与生产脱节难题。11 年来，小院积极编写各类农民培训教材，制作宣传展板，开展田间观摩，实施农技培训，接受培训的农民近 20 万人次。针对小农户知识不足、信息和资源缺乏、服务支撑不够等问题，先后与 29 家科研院所、63 家合作社、37 家企业开展合作，打造“科教专家＋政府推广＋校企合作”多元化扶贫模式。在河北曲周，协助地方开展招商引资，保证每家企业和项目背后至少有一所高校或科研院所作技术支撑。

（三）“科技小院”里传承扶贫“大”精神

“新时代，农村是充满希望的田野，是干事创业的广阔舞台。”习近平总书记给全国涉农高校的书记校长和专家代表回信，对涉农高校办学方向提出要求，对广大师生予以勉励和期望。中国农业大学依托“科技小院”，把研究生放在基层一线培养。他们是一群“不一样”的研究生，不是生活学习在繁华的城市，不是在冬暖夏凉的实验室里搞研究，而是扎扎实实住进了村子里，参与实实在在的生产。这里没有安静的图书馆，没有便利店、咖啡馆和快餐厅，没有招手即停的出租车，没有舒适、优越的条件。原来生活工作在象牙塔里的教授、学生，开始在这里生活、学习、工作，融入农民群众之中，成为农民的朋友。

在小院里，他们既是学生，又是教师。他们与农民同吃、同住、同劳动、同甘苦，了解老一辈农大人“改土治碱”的创业史和深入人心的“曲周精神”，提升自己“学农爱农、献身农业、服务三农”的情怀。“农村天地广阔，我希望将来能投身农业技术研发工作，将所学应用于农业产业一线，为农民解决问题，让更多农民受惠，也让自己的人生更有价值。”这就是“科技小院”研究生们的共同心声。他们天天都泡在田间地头，骑着三轮车走访村民，和果农一起给果树施肥剪枝、打药防病，和同学一起做农作物减肥增效试验。晚上还要写工作日志，记录一天的学习、生活。有的同学以前怕虫子，现在看到蜈蚣都不在乎了；有的同学不爱吃青椒，现在却可以吃得精光。在“科技小院”，学生们完成了人生许多新尝试，第一次自己做饭、第一次给农民上课、第一次教农民识字跳舞……“科技小院”丰富多彩的生活使他们很快忘却了条件的艰苦，完全融入了小院的大家庭中。虽然中国农大的“科技小院”遍布全国各地，但每一个“科技小院”进门处，“解民生之多艰，育天下之英才”的农大校训，总被写在最醒目之处。师生用自己的行动展现着农大人的家国情怀和责任担当。在这里，不仅仅看到了他们的家国情怀，更重要的是感受到了他们的精神风貌。他们是那样的充满激情、那样的阳光快乐、那样的自信满满！

“科技小院”建设初期，“校外研究生党员如何管理？基层党建如何创新？党员教育与实践锻炼如何融合？”为确保“党员教育不断线、组织生活全覆盖”，2010 年起，学校党委先后在曲周、梨树、建三江、乐陵、金穗和滦南“科技小院”成立研究生党支部，将党组织建到农业科学服务生产实践的最前沿。建立校外党支部是新生事物。学校提出，虽然这些支部离校远、所处环境不同，但党建标准要与校内支部一致，不能因为距离远而打折扣。每年 9 月，新驻村到“科技小院”的研究生党员都会在校院两级党委指导下，通过民主选举方式组建党支部委员会，支部书记及支委参加专门培训，明确分工，制订工作计划。10 年来“科技小院”支部陆续建立了党员学习、积极分子考核、联系群众、“三会一课”等制度及完整的支部运行机制，使支部建设既符合党章又切合实践基地具体情况。“科技小院”党支部的建立不但促进了在校外进行实训的研究生党员发展、培养和考察等工作及时有效开展，而且有针对性地组织生活会、思想教育、理论学习、实践学习，开展丰富的支部活动，成为学校研究生党建工作的重要抓手之一。与此同时，为使农民增产增收，小院支部在实践中探索建立了“十个一”模式，即一位研究生党员“住一个科技小院、办一所农民田间学校、培养一批科技农民、研究一项技术、建立一个示范方案、发展一个农业产业、推动一村经济发展、辐射影响一个乡镇、完成一篇论文、组织好一系列活动”。“科技小院”多元化农业技术示范推广体系逐渐形成，小院支部在当地影响力也不断扩大。

2017 年 4 月 27 日，为了进一步整合高校、科研院所、企业和地方政府等社会优质教育资源，中国农业大学牵头联合全国涉农高校专业学位研究生培养单位在自愿的基础上共同组建了非营利性联谊组织——全国涉农高校“科技小院”研究生创新创业教育联盟。“联盟”以“平等互利、优势互补、融合创新、开放共赢”为原则，构建产学研深度融合人才培养模式，助推涉农专业创新、创业型研究生培养，全面服务于国家创新、创业型人才培养计划，服务于国家创新驱动发展战略和三农发展。在联盟启动会议上，来自全国 37 所涉农高校代表选举中国农业大学为联盟理事会理事长单位，南京农业大学、浙江大学、华中农业大学、海南大学、西南大学、河北农业大学、河南农业大学、山东农业大学、吉林农业大学等 9 所高校当选为副理事长单位。

有人曾评价“科技小院”说:“校园无栏天为墙，田间变成大课堂。育人本领天天长，解愁分忧大栋梁。”的确如此，“科技小院”是培养人、改变人的好地方。小院把人才培养、社会服务和科技创新三方面有机结合起来，做到了实实在在的综合创新。中央电视台、人民日报海外版、光明日报、中国教育报、科技日报、农民日报等多家中央和省级媒体先后七十多次到访科技小院，报道科技小院先进事迹。其中，中央电视台河北记者站连续 7 次对“科技小院”进行跟踪报道,《人民日报》以“河北曲周县破解农技推广难题——科技小院作用大”为题对科技小院开展的农业技术服务情况进行了详细报道。《中国青年报》以“中国农业大学曲周‘双高’基地: 将论文写在大地上”为题，对这一独创的研究生培养模式进行了报道。不仅在国内，科技小院的成就也得到了国际的高度认可，先后有美国、德国、加拿大、澳大利亚、英国、日本等 13 个国家 27 批次专家前来考察和学习。

如果有人问“科技小院”的灵魂是什么? 那就是“实! 实实在在深入基层一线，与‘三农’紧密接触; 实心实意为‘三农’服务; 实事求是地去直面真正的问题，将大学教学和科研的责任使命与国家行动切实地结合在一起。”如果有人问“科技小院”的核心是什么? 那就是“只有到了地里才能真正找到当地农业生产的限制因素，才能真正解决农民的问题。”小院是一个全新的平台。在这里，中国农业大学进行着科研、应用、育人、服务社会的完美结合，学生认识了农村、服务了农民、成就了自身，农民提高了生产技能、提高了收入、完善了乡村治理、活跃了文化生活。

第二节　薪火相传的“曲周精神”

回望历史，以石元春、辛德惠等为代表的老一代农大人，积极响应党中央号召，奔赴条件艰苦的盐碱土地治理一线，以“不治好盐碱就不回家”的决心，呕心沥血、攻坚克难，让“只听耧耙响，不见粮归仓”的曲周“盐碱地”变成了“米粮川”。凝视当下，以张福锁、李晓林等为代表的新一代农大人，自觉投身农村广阔天地，与农民并肩作战，将“科技小院”建在田间地头，将论文书写在祖国的大地上。曲周精神正是中国农大师生们47个春夏前赴后继扎根燕赵乡村的实践结晶，是47个寒暑里无私奉献凝成的价值追求，更是激励人们在艰苦条件下披荆斩棘的精神动力。

一、“责任”来源于解民生之多艰的笃定信念

扎根曲周的中国农大师生们以听从国家的召唤，以破解农业科技难题、推动农业科技进步、助力农业农村现代化为己任。20世纪70年代，周恩来总理做出“北方干旱半干旱地区水力资源合理开发利用”的指示后，农大人义无反顾地奔赴曲周。如果不是以“解民生之多艰”为念，如果不是有强烈的爱国之心和报国情怀，他们如何能克服那些在今天人们已难以想象的困难。

二、“奉献”来源于不忘初心、牢记使命的传承

扎根曲周的中国农大师生想农民所想、急农民所急，为了曲周的事业，不求回报、持续接力、默默奉献、砥砺前行，用自己的言行生动诠释了共产党员的真谛和要求。刚到曲周之时，师生们水土不服、跑肚拉稀，但他们硬是以艰苦奋斗的精神扎下根来，为人民奉献自己的所有。辛德惠院士长期奋战在艰苦地区，坚持不懈地忘我工作，直到生命的最后一刻。1999年，辛德惠在宁波考察期间突发心脏病，永远地离开了他热爱的土地。在学校的追悼会上，农业部、科技部、教育部等部委同志悉数到场。辛德惠顽强毅力和坚持不懈为国家、人民忘我工作的精神，永远值得我们后辈去学习和传颂！

三、“科学”来源于对农业农村现代化的探索

扎根曲周的师生弘扬科学报国的光荣传统，追求真理、勇攀高峰的科学精神，勇于创新、严谨求实的学术风气，把个人理想自觉融入“三农”事业发展，在农业科技前沿孜孜求索，在重大科技领域不断取得突破。在长期扎实开展水盐调查的基础上，农大人提出了“从地下碱水入手，以‘浅

井深沟’为主体、农林水并举”的综合治理方案。此方案因为背离了当时的权威观点而遭到非难，但农大人坚持理论与实践并重，顶住压力坚持实验，最终取得了成功。新时期，中国农大师生创造了以“科技小院”为典型代表的科学研究与技术示范紧密结合的服务“三农”新模式，并把这一创新性成果发表在世界顶级期刊《自然》（Nature）上。

四、“为民”来源于无私的执着追求和家国情怀

扎根曲周的师生始终站在人民群众立场上，保持着与农民、与群众的密切联系，真心实意地为农民、为群众做好事、办实事、解难事，与曲周人民形成了水乳交融的亲情。1988 年 9 月 8 日，曲周县委、县政府主要领导和农民代表驱车前往北京农业大学树碑。2013 年，在曲周实验站建站 40 周年之际，村民在实验站立碑两块，上书“恩重如山”“鱼水情深”。2018 年 10 月，恰逢曲周实验站建站 45 周年，曲周百姓为中国农大师生编演了豫剧《天绿》，深入传承“曲周精神”。这是对一心“为民”最宝贵的回馈！

“曲周精神”是一种什么样的精神？中国农业大学党委书记姜沛民撰文阐述说：“曲周精神”是中国农大百年红色基因的继承发扬，她源自“五四精神”和“红船精神”，传承于“延安精神”和“南泥湾精神”，植根于“永久奋斗精神”和“创新精神”；“曲周精神”是农大师生积累的宝贵精神财富，它包含把责任扛在肩上、科学报国的爱国精神，把接力棒抓在手中、攻坚克难的奋斗精神，把担当刻在心头、敢为人先的创新精神，把力量拧在一起、胸怀大局的协作精神，把育人作为使命、扎根大地的务实精神，把初心融入生命、舍己为民的奉献精神。

第三节　实现粮食的“温饱”与“小康”

每年 10 月 16 日是世界粮食日，10 月 17 日是国际消除贫困日，也是中国的扶贫日。不知这是世界粮农组织与联合国组织的有意所为，还是无意中的巧合——让世界贫困日与世界粮食日连得如此紧密，这似乎是在告诉

我们，世界的贫困与粮食的贮量息息相关，消除世界贫困的首要一点就是解决世界人口的粮食问题。在中国，珍惜粮食、崇尚节俭更是我们中华民族的传统美德，自古以来就有“民以食为天”的说法，更有“粒粒皆辛苦”的古训，这足以证明百姓把粮食问题看的是多么的重要。

一、“盐窝窝”变成了“吨粮田”

提起吴桥，众人皆知它是驰名中外的杂技之乡，但吴桥、东光两县内的龙王河小流域，是个典型的低洼盐碱、旱涝多灾区。这里淡水资源极度匮乏，地下咸淡水交互分布，地形低缓容涝，盐渍土约占到土地的七成，粮食亩产不到200公斤，人均收入只有141元。1983年，王树安来到龙王河畔安营扎寨，在吴桥、东光两县承担“黄淮海平原综合治理”的子课题“夏秋粮均衡增产”的研究。在严酷的自然条件和落后的生产状况面前，王树安带领农大师生改变中低产区农业落后面貌的决心没有被打倒。

在地方政府的支持和当地科技人员的配合下，中国农大在范屯乡建立起农业实验站。王树安和师生们一道，深入田间地头，调查研究，绘制图表、采集标本。为了提高广大农民科学种田水平，他走遍了吴桥全县。每年种麦期间，他都要在吴桥讲五次课，分别是播种、越冬、返青、抽穗、灌浆。有人说，能给大学生上课的教授，不一定会对农民讲课。王树安自己也说：“在学校里是照教材讲，到农村要针对问题讲。”为了让农民都能听到他讲课，每次课他要分五个地方讲。在用来当作教室的场院上，坐满了老大爷、小青年、姑娘，从十几岁的娃娃，到八十来岁的老者。这些学生听得津津有味，有的人时不时还在小本本上记下什么。到后来，整个吴桥全县老百姓都成了他的学生。

在总结当地农民经验基础上，王树安指导农民在盐碱地上打机井，用井水冲淡土壤里的盐碱，同时开沟挖渠，组成完整的排灌网。紧接着，他又让农民在渠道上铺上塑料薄膜、夯土并用水泥加固。同时，提取地下盐水晒盐。这样做的结果是既降低了地下水位，又改善了盐碱地的盐碱程度。很快，全县小麦总产、单产就创造了历史最新纪录。自此，年年粮食增产，人们沉浸在丰收的欢乐之中。过去只有过春节才能吃上小麦的农民，变成了全年以小麦为主食，王树安也因此被当地农民尊称为“小麦王”。

图 3-12　中国农业大学吴桥实验站

小麦这种夏粮作物在贫瘠缺水的碱地上低产变高产，实现了夏秋粮均衡增产的第一步。作为一个科学工作者，王树安却感到不安，因为他发现当地农民普遍有一个最顽固的传统观念和偏见就是重夏粮、轻秋粮。对夏粮作物小麦不惜成本地投入，而对增产潜力很大的玉米等秋粮却冷眼看待，甚至出现以夏粮挤秋粮，牺牲秋粮保夏粮的现象。为了扭转这种局面，王树安又进行了试验，即将播种冬小麦的时间推迟 15 天左右，把这段日照、雨水充足的时光让给玉米，从而使玉米增产，达到提高秋粮产量的目的。经过在范屯乡试验区的试验，晚播 15 天的小麦亩产达到 400 公斤，生长期延长后的玉米亩产也创造了 550 公斤的高产纪录。

“白露早，寒露迟，秋分麦子正当时。”这句农谚几乎早已成为北方农民认定的死理。麦子要到寒露才播，比“正当时”的麦子整整晚了半个月。要说服当地农民改变这种耕作习惯，谈何容易！最开始农民们都同意按照王树安的方法播种，但一到真正播种的时候又背地里悄悄地在地里多撒些麦种。那些有文化知识的科技示范户按王树安的方法去做，麦子长得比别人要好，慢慢地越来越多的人信了，最后全县老百姓种麦都按照王树安的方法播种，由此而得来的是全县大面积的增产。到1985年，全县19万亩小麦单产达540斤。运用抗逆栽培三年小麦平均单产比常规栽培三年的产量翻了1.4倍，全县一年可节约种子200万斤，节省尿素化肥3400吨，减少用工58万个。1986年，140亩晚播小麦平均亩产385公斤，夏玉米平均亩产598.4公斤，全年亩产粮食983.4公斤，比全县平均亩产高出近1倍。就连当时的吴桥县委书记都感叹道："王教授在吴桥可比我出名，老百姓都认得他，把他当'财神爷'"。

低产变高产已经实现了，能不能做到亩产突破1000公斤呢？农大的师生们用事实证明是可以的！王树安率领师生对农民耕作小麦、玉米的每道程序进行仔细观察后，发现种小麦、玉米用的虽然也是优良品种，但没有经过精心筛选，籽粒饱瘪不一，播种深浅不匀，结果形成了苗期大量的弱株和小老苗现象。同时，浇水施肥方面也存在诸多不科学之处。1987年秋，在140亩试验田上，研究团队继续推行小麦寒露播种。播种时一律选用千粒重在50克以上的饱粒种子，严格掌握播种质量，播种深度在3—4厘米之间。次年春季，实行严格控制，拔节时才施肥，灌浆时才浇水，让肥和水的效力充分作用于小麦抽穗、扬花、灌浆。夏收时，这140亩地平均产麦800多斤。紧随其后，小麦刚刚开镰，研究团队就在试验田里采用"铁茬播种"方式播下了经过精心筛选的玉米种子。就这样，麦子收完的同时玉米也播完了。秋收时，这140亩地平均亩产玉米达到了1200斤。

1989年，农业部科技司和河北省科委联合召开"小麦、玉米两茬平播亩产吨粮的理论与技术体系研究"成果鉴定会，邀请国内知名专家、教授进行实地验收。实测结果显示，3000亩小麦平均亩产464.6公斤、玉米平均亩产571.8公斤，上下两茬合计亩产为1036.4公斤，真正实现了"吨粮"。在这样较大面积里实现"吨粮"绝不是凭着侥幸，而要依靠先进的科学技术和各种生产因素的配合。沧州"吨粮田"的成功，在社会上引起了巨大反响。时任国务院副总理的田纪云来了，农业部部长何康来了，河北省负责农业管理的干部来了，山东、河南等省份的科技人员也来了。"吨粮田"诞生在黄淮海平原的"盐窝窝"里，它至少说明黄淮海平原有六千多万亩耕地有条件实施"吨粮田"种植计划。这显然比单纯的农作物丰收更具有重要意义。它不仅使农民每亩可以增收300元左右，摆脱了贫困，而且为北方粮食高产、农民增收、实现脱贫致富创出一条新的途径。

“莫笑农家腊酒浑，丰年留客足鸡豚”，丰收之年的农村是一片欢悦的气象。春华秋实，十五载寒暑，“吨粮田”成功了，农民对脚下的土地爱得更深了，对农大的感情更亲了。在沧州大地上，正是因为有了农大师生这么一批热忱奉献的知识分子，土地才有这么多收获。吴桥的实践向人们证明，中国农业的发展最终还是需要培养高科技农业人才，这是中国农业走向未来的推动力。如今的吴桥到处是平整翠绿的麦田，郁郁葱葱的杨柳，田间机井成网，沟渠纵横交错。昔日那一片白茫茫的盐碱地已经不存在了。这实实在在的创举有力地证明了，有中国共产党的正确领导，依靠农业科技人员的聪明才智和广大农民的艰苦劳动，完全可以满足人民日益增长的食物需求，带领人民彻底摆脱贫困。

吴桥的成功为什么会在农业界引起巨大反响？因为这“吨粮田”是出在黄淮海平原的中低产田上。依据各种资料分析，黄淮海平原上至少有6000多万亩有条件实施“吨粮田”的种植计划。这项技术的推广将使这块土地粮食平均亩产增加300公斤至500公斤。正因如此，人们开始理解科技对于农业的含义。没有科技，就无法解释为什么吴桥可以成功。王树安认为：“科技不可能独往独来地获得如此巨大的成功，我们对吨粮田的经验，应作更周全的考虑。”事实上，“吨粮田”的成功之中，确有着多重复杂的因素。当吴桥试验区刚刚开辟时，盐碱地不要说搞“吨粮田”，就是搞“斤粮田”也不容易。从那以后，人们煞费苦心地改造土壤，逼退盐碱，这是土地的条件；吴桥几年来投资700万元修水利，把大部分旱地变成水浇地，这是水的条件；粮食市价连年上涨，吴桥为“吨粮田”定下“增产不增定购”的政策，这是市场的条件和政策的条件。总之，综合配套是吨粮田的最重要的成功之点。这无疑隐含着一个重大的转折，即从单纯靠某一种办法振兴农业到综合配套、全面开发。

二、节水高产的“吴桥模式”

“一切的成绩、荣誉和成就只是代表过去，而对于现在，我们需要创造新的辉煌，从而才能延续自己的辉煌。”王树安心中坚定的信念就是高产之后再攀高峰。在沧州吴桥率先实现每年两季亩产小麦、玉米 1000 公斤的“吨粮田”技术后，他并没有满足于此，而是立志要将此项技术推广到全国。他先后在京津冀等地区建立了 10 个示范推广点，推广面积达 100 多万亩，培训了 7000 多名技术人员，许多地区涌现出一批亩产吨粮村。

在推广吨粮田技术的过程中，王树安也看到了华北地区粮食生产持续发展所面临的主要问题是水资源不足。华北大部分地区常年降雨约 500—700 毫米，且主要集中在夏季，小麦生长期降水很少，而高产小麦需要补充灌溉。从长远发展来看，必须解决高产与缺水的矛盾。1990 年，王树安、兰林旺率领农大师生将节水和高产作为一个统一体进行攻关研究，主攻目标是小麦节水高产技术。华北地区一般麦田春季灌水三次，灌溉水几乎占总耗水的一半。王树安等人分析了这一传统灌溉制度的弊端，认为大量使用灌溉水的结果是大量降水渗入深层，汇入地下水或径流丢失，这既是水资源的浪费，又造成土壤氮的流失。如果把土壤有效水的利用率提高，则汛期降水便可全部保持土体中，从而节省春季灌溉用水，做到“伏雨秋用保小麦，秋雨春用保大秋”。因此，王树安等人提出了以充分利用土壤中有效水为主的新观念。经过五年的努力，通过调整土壤贮水，适当晚播减少前期耗水量，增加基本苗，增加基肥中氮素比重，集中施用磷肥，增大前、中期吸磷强度，把补充灌水时间推迟到拔节至孕穗期，选用早熟、多花、中粒型耐旱品种等一系列措施，使平均亩产达到了 404.8 公斤。

“少浇水可以多打粮”的消息不胫而走。1993—1994 年，示范面积扩大到 6000 亩。1994—1995 年，又实现了春季浇两水亩产 900—1000 斤，以适应华北灌溉条件好的麦区。到 90 年代后期，形成了春季不浇水亩产 350—400 公斤，浇一水 400—450 公斤，浇两水 450—500 公斤 3 种节水高产模式，以供不同水资源条件的地区选择应用。1995 年 11 月 30 日，农业部组织了专家鉴定。专家们在鉴定上写道：“这项技术是我国小麦栽培史上的一次重大变革，它更新了传统观念，成功地实现了节水、高产、高资源效益三者的统一。”

1996 年 6 月，沧州特意将当地的象征——后周广顺三年（953）沧州为抵御海啸而铸造的“镇海吼”做成石雕，赠予中国农大，以志永久纪念。在“沧州铁狮”揭幕仪式上，时任沧州市副市长的宋晓明曾深情地说了这

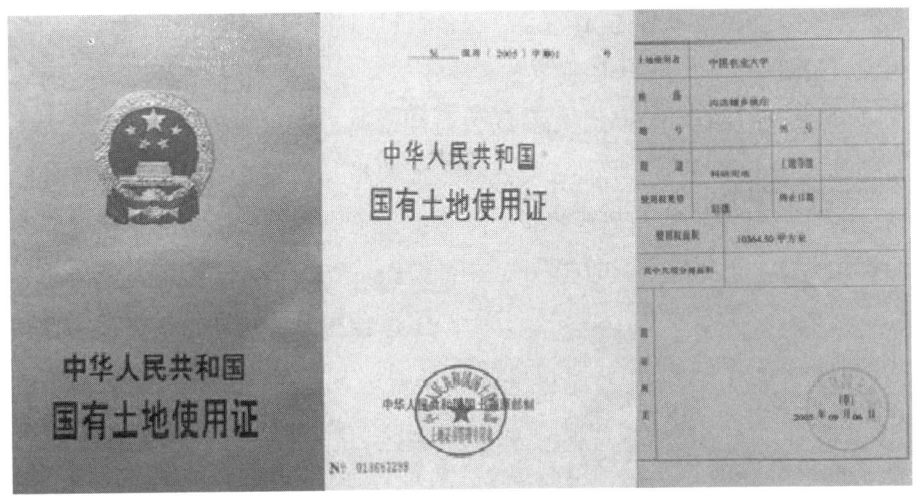

图 3-13　吴桥县政府无偿划拨 10500 多平方米土地产权给中国农业大学

样一段话：“并不是所有的事都载入史册，并不是所有的人都名垂青史，但是农大师生严肃认真的治学态度和以天下为己任的忘我精神，将永远铭记在沧州人民心中。愿农大师生创造的‘龙王河精神’永远发扬。”2005 年 9 月 12 日，在中国农大“百年华诞”来临之际，吴桥县政府将实验站 10500 多平方米土地产权无偿划拨给中国农业大学。这在高等院校与地方合作的历史中是绝无仅有的。

三、吴桥农业的新突破

进入新世纪以来，中国农业发展面临着保障国家粮食安全与提高资源利用效率等多重挑战。2008 年，中国农业大学吴桥实验站被批准成为农业部水资源野外观测实验站、河北省低平原区农业工程研究中心，进一步围绕国家和区域农业生产中的重大问题进行科技攻关，完善试验、示范、推广相结合的模式，为黄淮海地区农业农村现代化作出新的贡献。特别是将“节水麦技术”作为“吴桥模式”在黄淮海乃至全国进行示范推广，引领国内农作物农艺节水的科技创新与示范推广；开发“多熟农作制丰产增效技术”，在河南、山东、江苏、四川等累计推广应用面积 4462.8 万亩；建立与应用棉花化学控制栽培技术体系，稳定增加棉花产量 10%—15%，改善棉纤维的品质，在棉花主产区应用面积超过种植面积的 80%；推广“中药肉苁蓉的栽培、加工技术研究与应用”“绿色饲料饲草产业化生产技术体系”等，为农户拓宽经营和增收渠道提供技术支撑。

同时，由中国农业大学主持的公益性行业（农业）科研专项“北方主要作物抗旱节水综合技术研究与区域示范项目”在北京启动，河北省吴桥县成为这一项目的重要基地之一。此后，学校加大对吴桥实验站建设经费的投入力度，基地建设稳步提升。在各类经费支持下，实验站建设了地下根系观察池，重新翻建了姚庄实验站师生宿舍和考种大棚，新购了水分时域反射信和根系观测等大型科技仪器。同时，实验站生活条件也得到了改善，住宿间安装了电视、空调，信息室连接了宽带网络。在实验站的师生们表示，“这里告别了‘到站就想家’的时代”，能够舒心从事“野外”科研工作了。

在当地政府及有关部门领导下，实验站先后举办了多次针对不同层次科技人员和农民技术员的培训班。实验站与当地农技推广中心一道主抓“夏玉米万亩高产创建示范方”，小面积春玉米产量超 900 公斤 / 亩。在继续做好培训和技术示范、进行科技成果推广的同时，实验站通过公司和农民协会合作，联合进行科技服务与推广的新模式。通过与国欣种业、吴桥民泰隆种业的合作，已形成覆盖吴桥，辐射东光、沧县、德州的科技服务网络。中国农大吴桥实验站的师生经过几代人的努力，发明了只浇两水便能创高产的技术。一说就懂的技术要点背后，是中国农大师生三十多年的探索。正是依托吴桥实验站强大的科研推广、示范应用体系，吴桥县才能屡创高产，从缺水的盐碱地成为全国粮食生产先进县。

此外，吴桥实验站还取得了一系列代表性成果，包括：棉花化学控制栽培技术体系的建立与应用，该成果 2007 年获得国家科技进步二等奖，可以稳定增加棉花产量 10%—15%，改善棉纤维的品质，对环境和人畜高度安全，在我国棉花主产区年应用面积超过种植面积的 80%，棉花系统化控技术体系的建立，确定了中国棉花化控技术的领先地位。基于胺鲜酯的玉米大豆新调节剂研制与应用，该成果有效解决了玉米、大豆高产创建中的倒伏问题，为国内新形势下农作物大规模高产创建提供了重要的技术支撑。多熟农作制丰产增效技术，建立了气候变化与社会经济发展对多熟农作制影响的评估系统，明确了气候变化背景下我国一年两熟、三熟界限北移西扩特征，定量评估了种植界限变动可能带来的粮食产量变化及灾害风险，提出了农作制发展优先序与多熟农作制技术优先序，在河南、山东、江苏、四川等累计推广应用面积 4463 万亩，社会经济和生态环境效益显著。吴桥的农民在实验站教师的指导下建了沼气池，沼渣、沼液再用来施肥。在曹洼乡前李村的实验蔬菜种植专业合作社，21 个高标准大棚整齐排列，棚内的西红柿、辣椒、茄子生机勃勃。“去年一个棚收入就有 1 万多元，比种粮食赚钱多了”，合作社成员蔡志荣笑着说。

2019 年，中国农业大学与吴桥县人民政府共同签署了乡村振兴战略合作框架协议。双方在多年合作的基础上，扩展和提升实验站设施设备条件，扩大长期无偿实验用地面积，进一步围绕乡村振兴重大战略需要，深化高校与地方合作模式，建立校地结合、服务农业和农村现代化的新机制。

图 3-14　中国农业大学与吴桥县人民政府共同签署了乡村振兴战略合作框架协议

在不断取得科技成果的同时，吴桥实验站也非常重视对各层次农业科技人才的培养。事实上，吴桥试验站已经成为中国农大重要教学和人才培养基地，为国家和地方培养了一大批高级专业技术骨干。

据不完全统计，自建站之日起，吴桥实验站就设法吸引青年教师加入攻关团队。从“六五”国家科技攻关计划开始，每期都通过设立子专题的形式吸引青年教师加盟。吴桥实验站已经成为学校提升作物学科本科生与研究生实践能力不可或缺的校外教学实践基地之一。目前中国农业大学农学学科从事小麦、玉米、棉花、牧草及其它经济作物研究的教师都曾在吴桥实验站开展科研工作。如果把范围再扩大一些，中国农业大学农学院很多三四代教师的青年时期都是在实验站度过的，有些老师从研究生起，就没有离开过吴桥实验站。因此，实验站是青年教师成长不可或缺的重要组成部分。

实验站是研究生开展科学论文研究和实习的重要平台。自建站以来，毕业论文在吴桥实验站完成的研究生超过 200 人，每年到站工作的研究生超过 50 人，尤其是招收专业硕士研究生后，吴桥实验站作为专业应用型研究生培养基地的作用愈发明显。现如今，在大学生中，来自城市的比例越来越多，这就意味着有相当多的同学基本不了解甚至缺乏基本的农业常识，而传统教学是重理论、轻实践，原理和理论部分占用了大量课时。如何让大学生尽快了解农业、认知农村？自 2008 年起，吴桥实验站每年吸收近 100 名农学学科的学生进行小学期实习，为他们进一步夯实理论知识，提高实践能力，增强动手能力，强化学农爱农意识。在实习过程中，教师结合实验站多年形成的科研成果及主要科研工作，向学生介绍本学科在科技创新、实践人才培养及社会服务等方面的重要作用，加深学生对本专业在生产实践中发挥作用的理解；同时联合地方政府与新型农业经营主体，开展多样化的座谈与考察，拓宽学生视野，提升理论联系实际的能力；依托吴桥实验站，将学生混合编队，针对该区农业发展存在的问题，自己设计调查问卷并开展农户调研，让学生充分了解实验站周边农业生产规模、农业生产面临的主要问题及农民关注的焦点问题，并进行深入交流合作，提高其沟通交流能力、独立思考能力及团队协作意识。2018 年，实验站构建的农学专业实习实践教学体系获得北京市高等教育教学成果二等奖。

2015 年，教育部下达了《关于做好深化专业学位研究生教育综合改革试点工作的通知》，中国农大被教育部定为全国十所试点高校之一，批准实施“深化专业学位研究生教育综合改革试点”项目。农学院依托“全国农学院助力国家脱贫攻坚工程”项目，与中国扶贫基金会、黑土麦田公益以

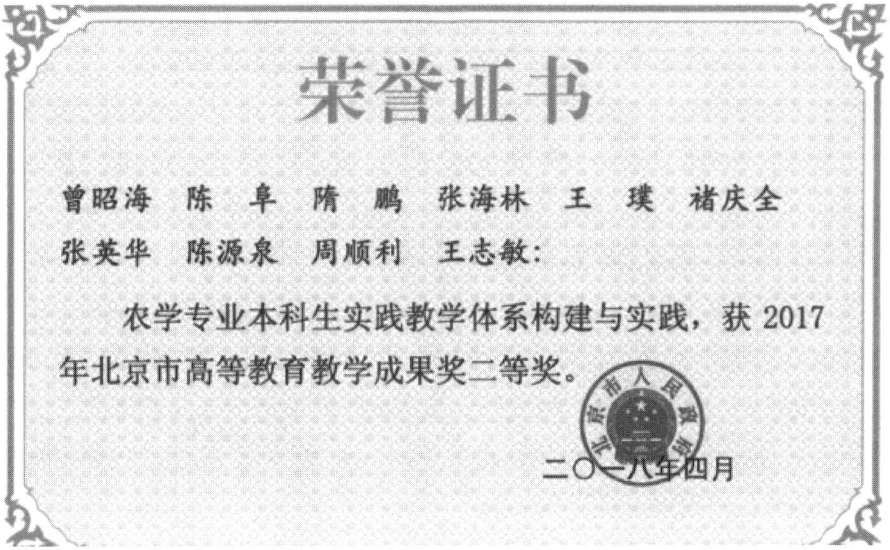

荣誉证书

曾昭海　陈　阜　隋　鹏　张海林　王　璞　褚庆全
张英华　陈源泉　周顺利　王志敏：

农学专业本科生实践教学体系构建与实践，获 2017 年北京市高等教育教学成果奖二等奖。

北京市人民政府

二〇一八年四月

图 3-15 《农学专业本科生实践教学体系构建与实践》获奖证书

及地方政府等开展精准扶贫与乡村振兴实践机制和模式探索，服务国家脱贫攻坚与乡村振兴战略部署，开启了研究生教育改革的序幕。2017 年起，学校在河北吴桥县启动“吴桥 1+3”专业学位改革专项。其中，“1”为中国农业大学吴桥实验站，“3”分别为地方政府、新型经营主体和科技示范户，尝试由中国农业大学农学院教师和地方实践导师共同担任研究生指导教师，制订了详细、可行、切合实际的培养方案，提出了明确的培养目标、培养过程和培养要求。

2018 年 6 月，学校专业硕士学位授权点接受专家组现场评估。专家组进行了现场考察，听取评估报告，同教师、校友以及在校生代表进行了座谈，随机抽查了相关文件及档案资料，最后经过专家组讨论，一致同意该学位授权点评估合格。专家们表示，该学位授权点构建了完善的人才培养体系，在招生选拔、导师遴选、实践教学、论文质量等环节制度健全，保障措施有力，学生的培养质量优良，受到了用人单位的广泛好评。

四、独具特色的“吴桥模式”

自 1983 年以来，几代农大人在吴桥进行了艰苦而富有成效的探索，在科技创新、服务“三农”建设方面积累了宝贵经验，形成了独具农大特色的“吴桥模式”。人们不能忘记，当年，被誉为“小麦王”的王树安，在院系行政工作缠身和坚持正常教学的情况下，每年都用六七个月时间下“海”到河北吴桥农村基点工作。在作物生长季节一蹲就是两三个月，长年累月都在超负荷工作，有时甚至不得不在一天之内往返于吴桥、北京。吴桥站是一个小站，从吴桥站上车常常只能买个站台票或无座车票，一站就是六七个小时。有一次他要乘夜里 23 时的火车返京，县科委主任留不住他，只好送他一个“马扎”。从此，他提着马扎上车，提着马扎下车。当地农民都称他为“马扎教授”。后来，“吨粮田”技术在华北中低产地区累计推广 9000 万亩以上，掀起了全国吨粮田建设的热潮，为 20 世纪 90 年代我国粮食总产跃升到 5 亿吨发挥了重要作用。

37 年来，从盐碱地里长出“吨粮田”，到“节水麦”的推广，再到水肥利用率提高 20%，农大师生对科研应用的探索从未止步。纵观 37 年的历史，吴桥模式的第一个特色，就是围绕国家和当地农业生产重大问题攻关创新。自建站以来，农大师生始终根据国家农业现代化建设重大战略需求，围绕制约当地农业发展的关键因素进行创新研究，特别是“吨粮田”技术、冬小麦节水高产栽培技术等重大科技成果对保障国家粮食安全和水资源高效利用发挥了重要作用。实验站累计取得 40 余项国家级、省部级科技奖励成果，并受到国家科委、国家计委、国家经委、财政部和河北省政府的表彰。同时，实验站注重示范、推广相结合，让农民参与其中，这是吴桥模式的第二个特色。实验站的教授、当地科技人员与农户共同参与，边研究边推广。实验站每年为吴桥培育技术骨干，并在推广过程中，结合当地情况，制定了冬小麦、夏玉米两个地方栽培标准。

可以看出，农大师生几十年如一日地默默奉献着自己的聪明才智，用真诚奉献和先进科学技术使吴桥大地一天天、一年年在变，变得越来越稳定，越来越富绕，越来越生机盎然。如今，来到河北吴桥县的人常常露出惊奇的目光，因为展现在他们眼前的是平整翠绿的麦田、郁郁葱葱的杨柳，田间机井成网，沟渠纵横交错。

第四节 跨越半个世纪的校地不解情缘

河北省地处黄淮海的中北部，是国家重要的粮食产区之一。近半个世纪以来，中国农大师生瞄准国家重大战略需求，在黄淮海战役中把河北农村作为教学科研基地，长期坚持深入农村第一线，结合农业生产实践教学，开展科学研究和技术推广，他们的足迹深深印在河北大地上，把科技的火种播洒在广大农民心中。

有人说，农大师生“把汗水洒在河北大地上，把成果用在河北大地上，把论文写在河北大地上”。事实的确如此。自 1973 年以来，中国农大的师生们扎根河北。他们以科学的态度和辛勤的劳动，在曲周、吴桥等十余个县建立了农业综合开发区或农业高新技术试验区，攻克了一批农业发展中的技术难关，示范推广了“盐碱地治理”“沙地开发”“冬小麦节水高产栽培”等多项科研成果，2/3 获得国家级与省部级奖励，成果覆盖面积占到了全省耕地面积近一半。

“春天白茫茫、夏季雨汪汪、只听楼声响、不见粮归仓”的昔日盐碱荒滩变成了“沟渠成网、土地成方、绿树成行”的米粮川，从此结束了吃国家救济粮的历史，农民愁容换新颜。吴桥改土治碱的成功为黄淮海平原盐碱地治理带来了希望！同时，师生们把节水、高产、高效、持续发展放在首位，在沧州大地上又创造了“春浇一次水，亩产 800 斤”的节水小麦高产配套技术体系，使农民们少浇水多打粮的梦想成真。除此之外，陶益寿主持大名改沙工作，解决了前人长期以来未能解决的重茬花生死苗问题，改一年一茬（春花生）为一年两茬（小麦、花生），使大名沙区实现了绿色植被覆盖，改善了生态环境，粮棉大幅度增产；张仲威承担的“燕山东段半干旱农业生态优化组合技术经济”攻关课题，5 年新增收 2.5 亿元；刘巽浩对河北省农业发展战略进行了深入研究，为河北省的科学决策提供了重要依据。

2015 年 5 月，河北省政府与中国农业大学达成共建协议，以中国农业大学涿州科技园区（省级）为基础，在涿州开发建设国家级现代农业高新技术产业示范区。该示范区以建设国内领先、世界一流的“农业硅谷”为目标，服务京津冀协同发展，承接北京非首都功能疏解，推动经济结构调整。两个月后，由中国农业大学牵头，联合北京农林科学院、北京农学院、天津市农业科学院、天津农学院、河北省农林科学院、河北农业大学、首农集团、大北农集团等单位，以中国农业大学涿州基地为载体，发起成立了“京津冀现代农业协同创新研究院”，为国家农业现代化提供技术支撑，打造“中国农业硅谷”。

目前，中国农大与河北唐山、涿州、邢台、承德、沧州、邯郸、张家口等市开展深层次合作，共同实施国家科研院校农技推广服务试点工作，以小麦玉米和北部生态区特色产业为试点，建设试验基地、示范基地、乡镇推广站三级推广服务体系，支撑产业发展。同时，中国农大联合中国农科院、河北农业大学等科研机构和河北省相关地市，承担《河北省实施国家科研院校开展重大农技推广服务试点项目》，开展农技推广服务试点，探索创新农业技术推广的体制机制。在中国农大 27 所校外实验站中，位于河北省内的就有 9 所，已经达到总数的三分之一，位居所有省市第一。总之，中国农大在推进京津冀一体化过程中承担着一份责任，与河北省保持着良好的合作关系和深厚的历史渊源。

表 3–1　中国农业大学校外实验站一览表（河北省）

序号	实验站名称	级别	批准时间
1	农业部作物高效用水吴桥科学观测实验站 中国农业大学吴桥实验站	部级 校级	2011
2	中国农业大学河北高邑实验站	校级	2012
3	中国农业大学临漳果树实验站	校级	2004
4	中国农业大学河北鸡泽实验站	校级	2020
5	农业部河北北部耕地保育科学观测实验站（涿州）	部级	2011
6	农业部草地生态环境科学观测实验站 河北沽源草地生态系统国家野外科学观测研究站	国家 部级	2005 2011
7	中国农业大学丰宁实验站	校级	2012
8	中国农业大学曲周实验站	校级	1973
9	中国农业大学涿州农场	校级	1973

备注：数据截止日期：2020 年 6 月。

近半个世纪以来，中国农业大学与河北深情牵手，凝心聚力，同心向前，共绘出一幅校地合作发展的动人画卷。从历史中走来，在现实中奋进，向未来处眺望。以京津冀协同发展、雄安新区建设为契机，燕赵大地迎来一系列新的发展机遇。中国农大将继续聚焦国家重大战略需求，进一步发挥自身优势，新征程中，展现新担当，实现新作为，助推校地合作再上新水平、再迈新台阶，共同谱写校地情缘的崭新篇章！

第四章　援边篇

——情暖边陲　真诚永驻

有一种情怀，叫作走向边关；有一种奋斗，叫作在那遥远的地方，绽放生命之美。漫漫援边路，悠悠育人心。无论是在浩瀚苍茫的沙海戈壁、人迹罕至的雪域高原，还是在广袤无垠的塞外草地，中国农业大学师生们迎朝霞，负晚风，用双脚丈量大地，用热情绘制梦想的蓝图，用爱心播撒扶贫的种子，在平凡的工作岗位上创造着不平凡的业绩，为边远地区的发展贡献了重要力量，划出一条条靓丽的风景线。

“寂冷多少月，浓情满边关。”自新中国成立，中国共产党就针对边远地区尤其是少数民族聚集区的特殊性，持续开展了一系列的支援帮扶工作，并不断完善政策以提高帮扶援助的实效性。进入新时代以来，援边工作凸显出越来越重要的战略意义，成为打赢脱贫攻坚战、全面建成小康社会的迫切需要，成为实现边疆社会稳定和长治久安总目标的重要举措，成为促进各民族交往交流交融的重要载体，成为彰显社会主义制度优越性的重要实践。在这一伟大进程中，中国农业大学以对国家和人民高度负责的使命担当，积极响应国家号召，以农大人特有的质朴与坚韧，扎根边疆，承载光荣与梦想，传递力量和希望，将技术、人才和服务带到当地，共同演奏出了一场铿锵有力、震撼人心的交响乐。

“喜看稻菽千重浪，遍地英雄下夕烟。”当初倾心浇灌的小苗现在早已枝繁叶茂，中国农大也与受援地区人民共同见证了丰收的喜悦。在这里，经济社会条件明显改善，确保如期实现脱贫攻坚目标；在这里，高校人才培养质量快速大幅提升，学科建设实现跨越式发展；在这里，教师队伍结构不断优化，从根本上提升了高校综合实力。流逝的时光带走一批批农大人的青春，也苍老了一代代农大人的容颜，却为当地可持续发展注入了源源不断的活力，泽被久远。

第一节　引得“春风”度玉关

“羌笛何须怨杨柳，春风不度玉门关。”唐朝诗人王之涣这样形容西域的荒凉。一百多年前，清朝大将、时任陕甘总督的杨昌浚到新疆筹办军务，在河西走廊和新疆沿途看到一排排的杨柳莽莽苍苍，郁郁葱葱，遮天蔽日，为大西北干燥的戈壁带来习习凉意，当他得知这一浩大功绩是同乡左宗棠所为后，不由感慨万千，于是写下了一首脍炙人口、流传至今的诗篇：“大将西征人未还，湖湘弟子满天山；新栽杨柳三千里，引得春风度玉关。”

一百多年后，以习近平同志为核心的党中央高瞻远瞩，绘制蓝图，提出“一带一路”倡议，新疆成为国家西向开放的桥头堡和丝绸之路经济带的核心区，而全力打赢脱贫攻坚战是实现这一战略和当地经济腾飞的伟大壮举。脱贫攻坚的胜利必将增强新疆各民族群众的凝聚力、向心力和团结力，有利于夯实社会稳定和长治久安基础，意义非凡。

出征的号角已经吹响。作为农林高等院校，中国农业大学的师生们情系乡土，为实现中国人千百年来的温饱和富庶之梦不遗余力，在这一场轰轰烈烈的扶贫攻坚战中自然责无旁贷！奋进的农大人策马扬鞭，带着人才、带着科技、带着热情，向着边疆，勠力前行，在新疆这片美丽的土地上播种脱贫的希望。

一、支援彰显真情，结对筑梦前行

新疆是中国面积最大、陆地边境线最长、交界邻国最多的一个省区，也是一个多民族聚居的省区。随着西部大开发战略的稳步推进，脱贫攻坚以及全面建设小康社会步伐的加快，新疆经济呈现加速发展的态势，也使高等教育面临重要的机遇和挑战。经过1998年以来的扩招和经济稳步发展，新疆高等教育的总体规模日益扩大，师生比快速提升，从而使高校现有办学条件和潜力得到了充分发挥。但是规模的扩张更加突显了原本十分紧张的投入。一些学校的基本办学条件未能达标，师资队伍不稳定，仪器设备和图书资料无法满足发展需求。

一边是地处边疆，高校师资队伍、学科建设和科研能力的低水平运行已经影响了西部大开发的进程，一些待开发项目无人问津；一边是在内地，一批国家重点建设的高校里却是人才聚集，正在期待和寻求着新的发展空间。如何在东西部高校间搭建一座桥梁、借力东部优质资源增强西部高校自主发展能力以至带动中国高教整体水平的提升，已是摆在国人面前的一项重大课题。

在党中央和国务院的关怀和部署下，2001年教育部启动了“对口支援西部地区高等学校计划”，在西部院校与内地院校间建立一种稳定的帮扶关系。从此，一个涉及102所高校的“对口支援”大幕徐徐拉开。因为对口支援西部高校计划被视为国家实施西部大开发战略的有力支撑。所以不少学者将这一计划与美国独立战争后通过创办州立大学、“赠地学院”、社区学院、大力发展西部疆域高等教育相提并论。

支持新疆经济社会发展、支持新疆高等教育事业发展，是中国农业大学义不容辞的责任和光荣的政治任务。中国农大作为参与对口支援的高校，陆续与新疆农业大学、塔里木大学和石河子大学建立对口支援关系，以学科专业建设、师资队伍建设、学校治理能力提升为重点，开启了不遗余力而又富有针对性的人才援疆、智力援疆征程，并与新疆人民结下了深厚友谊。

作为首批参与对口支援的高校，中国农业大学与新疆农业大学建立起“一对一”对口支援关系。接到支援任务后，中国农业大学第一时间传达中央精神，落实具体分工责任，签署对口支援协议，拟订了对口支援任务。在具体的扶贫工作中，中国农大结合自身特色，不断派出政治素质过硬、业务精湛、责任心强的优秀教师和管理干部，通过“传、帮、带”，为新疆农业大学培养了一大批专任教师和党政干部。同时，不折不扣落实与新疆农业大学学科建设框架协议，深入研究确定受援需求，开展师资交流培训、学生联合培养、专业课程建设、项目申报合作及农技服务推广等，围绕新疆区域、民族特色经济社会和农业科技发展重大需求，培育和提升双方教师承担国家重大和重点研发专项项目能力，共同设立科研合作基金，鼓励和支持开展联合攻关，为申报国家、新疆维吾尔自治区各级重大（点）项目做好预研准备。

根据新疆农大当时的状况，为提升师资队伍水平，增强“造血”功能，双方签署了“高层次人才培养博士专项合作协议书”。根据新疆农业大学人才实际需求，中国农业大学在畜牧学、兽医学、农业工程、机械工程、农林经济管理、园艺学、食品科学、生物学、作物学、农业资源与环境、草学、公共管理一级学科范围内为新疆农大教师以同等学力方式申请博士学位提供支持，每年接受新疆农大符合条件的专项学员。

2005 年，为深化对口支援工作，优化新疆地区高校学科结构，促进学科建设，教育部启动实施了“援疆学科建设计划”，中国农业大学对口支援新疆农业大学农业工程、农业资源利用、畜牧学、生物学学科建设。为此，中国农业大学以学科建设为突破口，充分发挥优势和特色，积极开展学科共建，提升新疆农业大学的办学实力，取得了积极的进展和良好的效果。这些行动，充分体现了中国农业大学对国家、社会、西部地区的社会责任，体现了中国农业大学作为教育部直属、国内知名的综合性大学对欠发达地区高校的支持和扶助。

2010 年 8 月，为贯彻落实中央新疆工作座谈会，创新对口支援模式，提升对口支援能力，推进新疆高等教育跨越式发展，教育部对新疆重点支持的三所高校作出重要部署，以中国农业大学为协调组组长单位、浙江大学和华中农业大学为副组长单位、北京化工大学和东华大学为成员单位的高校团队对口支援塔里木大学，使得中国农业大学支援新疆的范围进一步拓展。此后，中国农大与其他高校一起科学制订和实施对口支援规划，统筹推进教师和干部支援，统筹推进教学和科研支援，形成了全方位的对口支援工作格局。

作为协调组组长单位的中国农业大学，与塔里木大学签订了《中国农业大学—塔里木大学青年教师科研合作培育专项协议》，出资四十余万，用于支持双方的青年教师联合开展科研工作。依托教育部“对口定向培养硕

（博）士研究生单独招生项目”和“西部少数民族地区骨干教师研究生培养计划”政策，仅“十二五”期间，就为塔里木大学定向培养博士 22 名，少数民族骨干研究生 46 名；实施了“中国农业大学—兵团高层次人才培养专项”，为塔里木大学教师提供了在职攻读博士学位的机会。为提升塔里木大学研究生导师队伍水平，双方开展了博士生联合培养行动，形成了塔里木大学师资队伍培养的新格局。在此基础上，中国农大还策划实施了中国农业大学—新疆生产建设兵团“硕士专项”联合培养教育项目，开展研究生“1+1+1”联合培养，塔里木大学教师被中国农业大学聘为兵团专项硕士研究生导师，成为培养和提升研究生导师队伍水平的新途径。在中国农业大学的积极协调下，国家留学基金委每年为塔里木大学单列出 10 个“青年骨干教师出国研修项目”名额，拓展了塔里木大学教师公派出国的渠道。

对口支援工作开展以来，塔里木大学综合实力大为提升，专任教师数快速提升，高级职称比例由 30% 提升至 50%，教师承担的省部级以上科研项目逐年增加，从根本上提高了塔里木大学的办学实力。如今，塔里木大学逐步成为新疆尤其是南疆经济社会发展的智力中心和人才中心。

2018 年，为支持和提升中西部高等教育发展，教育部又启动了部省合作共建工作，即采用部省合建的新机制、新模式，在尚无教育部直属高校的 13 个省区和新疆生产建设兵团，按“一省一校”原则，重点支持河北大学等 14 所高校的建设发展。中国农业大学积极参与首批部省合建工作。2019 年 10 月，中国农业大学与新疆石河子大学等 4 所地方高校签署了部省合作共建协议，助力石河子大学农业工程学科建设发展，援疆支援工作再上台阶。

二、到最艰苦的地方，到最需要的边疆

艰苦的基层、遥远的边疆，能够锻炼一支政治坚强有力、经得起风浪考验的高素质干部队伍。在对口支援过程中，中国农业大学通过与新疆农业大学、塔里木大学互派挂职干部，用挂职干部丰富的管理经验、新颖的管理理念、明确的管理思路、科学的管理方法，为受援学校发展注入了新鲜活力。

为响应援疆号召，根据中央统一安排，中国农业大学派遣张建华、王

涛、钱学军、杨红建、申琳、毛培胜、陈青云、王堃、康定明等到新疆农大挂职，派遣侯书林等到塔里木大学挂职。其中，陈青云连续参与了第七批和第八批两批援疆工作，侯书林连续参与了第八批和第九批援疆工作。与此同时，中国农大还先后接收8名新疆农大干部到中国农大挂职锻炼，加强了干部交流。这些干部为新疆高校带去内地高校发展的好经验、好思路，促进了新疆高校发展观念的提升。

中国农业大学的援疆干部肩负着支援边疆教育、服务新疆社会稳定和发展的历史使命，无私奉献，砥砺前行，出色完成了各项任务。在新疆农业大学，他们通过与其他知名高校协商，陆续派出教师前去进修，为高素质教师队伍建设提供了有力支持。2006年，与中国农大联合成立了奶牛研究中心。2007年，教育部国家级动物生产动物医学实践教学基地落户新疆农大。同年，又成功申报“草业科学”国家级重点学科，实现了零的突破。农学院也成功申报作物学博士后流动站，可谓双喜临门。2015年10月，新疆农业大学葡萄与葡萄酒学院正式揭牌，这是新疆高校首个特色学院，填补了新疆本科层次葡萄与葡萄酒专业教育的空白。成就斐然的背后，无不凝聚着援疆干部的心血和汗水。

一名援疆干部就是一面旗帜。多年来，挂职干部把新疆当作第二故乡，克服困难，勇于担当，与当地人民手牵手、心连心，结下了深厚的情谊，用智慧和汗水树立了良好的干部形象，赢得了信任和尊重，对新疆帮扶和社会事业发展作出了积极贡献。一分耕耘，一分收获。在教育部召开对口支援西部高校工作10周年工作总结大会暨典型经验集体和突出贡献个人表彰大会上，中国农大被授予典型经验集体荣誉称号。陈青云被中共中央组织部、中共中央统战部评为“全国对口支援新疆先进个人”，侯书林被新疆生产建设兵团党委评为“第八批中央和国家机关、中央企业优秀援疆干部人才”，钱学军被新疆维吾尔自治区党委评为“第八批中央和国家机关、中央企业优秀援疆干部人才”。他们的表率和付出彰显了农大人的优秀品质与个人风采。

三、“培”出人才新希望

从乌鲁木齐到北京有3000公里之遥。阿布力米提·克力木沿着这条路，从新疆到中国农业大学，完成了被他称之为“永远值得珍藏”的求知之旅。从 1992 年至今，如阿布力米提·克力木一样的 4372 名少数民族科技骨干，通过新疆少数民族科技骨干特殊培养工作（简称“新疆特培工作”），向内地高校、科研院所汲取养分，反哺新疆。这是国家着眼于加强西部人才队伍建设作出的一项重要决策和部署，是落实西部大开发战略的重要举措，是“边远贫困地区、边疆民族地区和革命老区人才支持计划”的重要组成部分，更是西部地区经济社会发展目标和人才队伍建设的需要。

对于地处边陲的新疆来说，制约发展最重要的因素就是人才。自 2002 年开始，为了服务西部建设、促进边疆民族区域经济发展，中国农业大学开始接收新疆特培学员，成为承担国家培养任务较早的学校之一。学校认真贯彻民族宗教政策，将特培工作做实做细。目前，已有 167 名少数民族科技骨干特培学员来到中国农大学习。其中包括来自新疆大学、新疆农业大学、新疆农业科学院以及各地区服务站的学员 106 人，涵盖农学、林学、水利、畜牧、兽医等专业，他们与导师、同学们一起学习，互帮互助，取长补短，取到了共同的进步。

学员们虽然远离家乡，但来到中国农大后便会感受到家一般的温暖。在报到前，学校有专人主动联系学员，提前安排好学员入校后的食、住、行，购买意外伤害保险；入校后，各部门通力合作，实现了学员“一站式服务”，积极帮助学员联系知名教授担任导师，为学员的进修学习保驾护航，让学员们安心投入学习和研究。2017 年，学校在上级政策要求的基础上提高了生活补助的标准，增设学员活动费用，增强集体凝聚力。同时，学校特别注意对学员的人文关怀。新一届学员见面会上，会为学员发放校徽，中秋节前夕会送上特别定制的“校徽”月饼；每逢古尔邦节等重大民族节日，都会送去学校的问候和祝福。从 2018 年开始，学员离校时，学校为学员设计制作“校友卡”作为“农大人”永久身份象征，也希望这段学习时光成为学员一生难忘的记忆、宝贵的财富。

习近平总书记在第二次中央新疆工作座谈会上指出：要多解决一些各族群众牵肠挂肚的问题，让各族群众切身感受到党的关怀和祖国大家庭的温暖。总书记的重要讲话令人深受鼓舞、倍感振奋。为此，中国农大始终强调学员实际能力的培养，努力给学员创造各种机会和条件，采用新教材、案例和实验手段，使学员能够及时掌握新理论、新知识、新技术、新方法。在方式上，实行“导师制”，根据学员工作岗位、专业方向和语言水平的不同，为每位学员量身定制培养和实习方案，有针对性地采取一对一、开放式、个性化的培养。通过专题研修、岗位锻炼、集中培养、技术考察、实验操作、专家讲学、现场指导等多种形式，提高学员的专业技术水平；通过导师责任制，促进导师和学员建立联系，帮助导师摸清学员的思想动态；明确导师指导的目标和培养方案，提高学员的学习成效。导师们还通过多种形式促进学员更快地融入团队，无偿提供实验场地及试剂材料等学习所需，引导学员积极参与导师的科研实验、项目课题，极大地解决了学员的顾虑，真正做到引领、领学。学员除了平时跟随导师开展业务学习以外，还要参加学校组织的学习活动。学校会定期邀请校内知名专家、学者，为学员讲党史、上党课，讲农业经济、教育管理、科学前沿等；组织学员参观校内外实验场站、加工中心、机械工程训练中心等，开阔学员视野，促进专业知识交叉融合交流，学以致用。

“我们将带着农大情怀与农大精神，回到工作岗位上继续策马扬鞭，捷报频传，不断加强地方和学校的合作，与学校、导师保持长久联系，以高度的责任心和使命感为祖国和家乡建设与发展贡献力量。”在学习期满考核会上，全体学员发出了内心的感谢和建设新疆的决心。学员们带着研究方向和研究课题来到中国农大学习，学成离校后，学校采取跟踪管理的方式，与学员工作单位合力强化培训效果，不能让学员成为“断线风筝”。目前，一些学员已成为单位的业务骨干，一些学员成为名校的博士研究生。他们有的回校后晋升副教授职称，有的拥有了多项适应新疆生产条件的发明获得国家专利，有的人还被评为自治区优秀专家和自治区优秀科技工作者。不仅如此，他们还与农大的导师结下了深厚的友谊，建立了长期稳定的联系。行走在新疆大地上，无论是农业领域还是支柱产业，都会发现特培科技骨干的身影，他们为新疆发展出新招、出实招、出重招，滋润着天山雪松，温暖着民族感情。

新疆特培工作为培养新疆地区人才特别是少数民族人才开辟了一条有效途径，促进了新疆的科技进步和技术创新。2019 年，人力资源和社会保障部向学校发来感谢信，感谢中国农大对特培工作的投入与付出，感谢导

人力资源和社会保障部 专业技术人员管理司 留学人员和专家服务中心

感谢信

中国农业大学：

新疆、西藏少数民族专业技术人才特殊培养工作是党中央、国务院着眼于加强两地人才队伍建设做出的一项重要决策和战略部署，由人力资源社会保障部、财政部、国家民委、科技部、教育部、农业农村部、卫健委和新疆、西藏自治区人民政府共同组织实施，对促进边疆少数民族地区经济社会发展、民族团结、民生改善和长治久安有着重要意义。

2019年，我们迎来了新中国成立70周年。70年来特别是党的十八大以来边疆民族地区的面貌日新月异、少数民族群众的生活蒸蒸日上，各民族像石榴籽一样紧紧拥抱在一起。2019年新疆、西藏特培工作圆满完成，赢得了特培学员和选送单位的普遍赞誉，这离不开贵单位相关领导、管理人员和特培学员导师等同志鼎力支持。你们以高度的政治责任感和强烈的历史使命感，关爱学员、精心施教、手足相亲、守望相助。这充分体现了贵单位对特培工作的高度重视、对民族同志的关心爱护，体现了管理人员和特培学员导师高度负责的职业素养和甘于奉献的敬业精神。在此，人力资源社会保障部专业技术人员管理司、留学人员和专家服务中心，特对贵单位领导和有关同志给予的大力支持和做出的突出贡献，表示衷心感谢和崇高敬意！

在即将到来的2020年，让我们一起深入学习贯彻习近平新时代中国特色社会主义思想，全面落实党中央、国务院的决策部署，密切合作、共同努力，推动新疆、西藏特培工作再创佳绩，为决胜全面建成小康社会做出贡献。

人力资源和社会保障部
专业技术人员管理司

人力资源和社会保障部
留学人员和专家服务中心

2019年12月30日

图 4-1　人社部留学人员和专家服务中心向中国农业大学发来感谢信

师对特培学员的精心培养。学校部门、学院和导师以高度的政治责任感和强烈的历史使命感，关爱学员、精心施教、手足相亲、守望相助，体现了高度负责的职业素养和甘于奉献的敬业精神，赢得了特培学员和选送单位的普遍赞誉。

四、浇灌“科技合作”之花

大美新疆，辽阔万里，她独有的地理环境和特色资源，为当地开展科学研究提供了很好的基础条件，而中国农业大学拥有较为先进的实验设备和高水平研究人员，因此双方联合开展科研项目申报、技术攻关和成果转化的前景十分广阔。事实也证明，这是一项利在双方的“双赢”举措，它在对口支援的协作机制中所发挥的作用已经越来越重要。作为支援的一方，近年来，中国农业大学以参与各级科研课题联合申报、自然科学基金项目申请指导、学科平台建设等多种对接形式支持新疆高校的科技创新工作。

2011年，设施园艺领域专家陈青云作为专家型干部来到新疆。与沉浸在实验室的理论研究者不同，他始终坚信“没有调查就没有发言权”，最好的素材一定来自实践。刚刚来到新疆，他就冒着零下二十多度的严寒，考察了乌鲁木齐县水西沟、昌吉州、石河子市、吐鲁番地区的设施农业。次年4月，春寒料峭，作为自治区科技成果转化项目的验收专家，他又驱车万余里，亲自到喀什（疏勒县、伽师县）、和田（墨玉县、和田市）、阿克苏（阿拉尔市、阿克苏市、新河县、库车县）、吐鲁番（吐鲁番市、鄯善县）以及塔城等地考察设施农业项目实施情况。2013年，他又利用元旦假期赴阿勒泰地区的北屯市调研高寒地区日光温室的生产状况。走遍天山南北，他对新疆的设施农业有了非常深入的认识和了解。

通过长时间的考察与比较，陈青云发现阿克苏市良种场的设施农业别具特色，且技术水平、劳动生产率和经济效益俱佳。一批来自四川、重庆等地的农民用他们的智慧、勤奋与诚信品格创造了设施农业的高效业绩，于是他决定深度挖掘整理这里的技术诀窍与经营理念。为此，他组建团队多次进入该场与当地农民、技术员、干部进行深度交流，并将调研成果写成专著——《戈壁奇葩——新疆阿克苏市良种场设施农业礼赞》。该书一经出版，便引起热烈的社会反响。新疆农大邀请自治区主要媒体和阿克苏的农民来到新疆农业大学，举行了首发式暨新疆设施农业发展研讨会，《新疆日报》则几乎用整版篇幅以“北京教授与阿克苏菜农的故事”为题做了专题报道。如今，“戈壁奇葩”已然成为激励一批又一批青年学子学农爱农、献身设施农业的强劲动力。

不仅行走在田间，陈青云还特别关注教学项目的创新改革。他组建了一个由新疆农大各系主任组成的教学研究小组，并以“农学院创新型实践教学体系研究与构建”为题申报了教改项目，为此，还组织课题组成员到中国农大、北京大学进行考察学习。2015年，陈青云又承担了新的教改课题“林园学科本科培养模式优化改革研究”，带领课题组成员利用参加在疆内外召开的各种会议机会，充分调研其他高校的办学经验。同时，又在疆内广泛调研企业对毕业生的能力要求。在此基础上，陈青云提出了新的优化培养模式，并在此指导下修订了专业培养方案、课程设置等内容，为学科专业建设开辟了新的航向。

“诚心诚意、尽心尽力、积少成多、聚小成大”，这是陈青云始终秉承

图 4-2　陈青云（右二）在《戈壁奇葩》首发仪式上赠书

的理念。他用自己的行动扎扎实实做着实实在在的事，为新疆农业大学的发展作出了自己的贡献。由于在援疆工作中表现突出，在新疆维吾尔自治区进行的 2012—2013 学年自治区教育对口支援工作评选活动中，陈青云被授予 2013 年度“新疆维吾尔自治区优秀支教教师”称号。2014 年，又被授予第七届首都民族团结进步先进个人称号。

大家都知道，新疆的棉花享誉中外，无论是品质还是产量皆独冠全国，而能够让其保持绿色环保生产的，离不开中国农业大学侯书林长期以来的专注和执着。20 世纪 80 年代前，新疆生产建设兵团棉花生产整体水平很低。之后，兵团农八师石河子垦区陆续引进地膜覆盖技术，探索解决当地气候条件下的保墒、保温、保苗问题，效果确实很好。不久，地膜植棉机械化就推广开来。现在新疆棉花实播面积 3000 多万亩，绝大部分都应用这种地膜覆盖技术；如果加上其他农作物，新疆（含生产建设兵团）覆膜种植面积超过 5000 万亩。覆膜种植大面积应用，虽然带来巨大经济效益，但由此而来的地膜残留问题，即“白色污染”，始终困扰着新疆的农业生产。从 1996 年开始，中国农业大学与新疆农科院、农垦科学院等单位合作，共同研发棉田残膜回收机系列产品，为新疆减少农业环境污染立下了汗马功劳。

绵羊是新疆的另一张名片，而如何更好地实现品种资源的改良一直是科学家们孜孜以求的事业。2020 年 6 月，一篇关于绵羊种质资源的研究成果在国际知名期刊《自然·通讯》（Nature Communications）发表，引起了包括科技日报、新华网、人民网、光明网等国内知名媒体的关注；与此同时，论文的通讯作者之一、中国农业大学教授李孟华也进入了人们的视线。

熟悉他的人都表示，他能取得今天的成绩绝非偶然。时间回到 2011 年 10 月，刚刚归国一个月的李孟华就与新疆的绵羊结缘。一个偶然的机会，他遇见了来自新疆的两位专家，他们谈到了新疆绵羊遗传育种的辉煌历史、我国培育的第一个毛用细毛羊品种——中国美利奴羊以及新疆丰富的地方绵羊品种，李孟华被他们对新疆以及新疆绵羊事业的情怀深深地打动。几天之后，他就踏上了新疆这片热土。9 年的时间里，他与新疆畜牧科学院、新疆农垦科学院和塔里木大学等新疆研究绵羊的科研院校建立了良好的合作关系。从 2012 年开始，他八十多次深入新疆，足迹遍及草原、荒漠。从北疆的阿勒泰山脉到南疆的塔克拉玛干沙漠边缘的策勒，从有着“塞上江南”美誉的伊犁到有着“火州”之称的吐鲁番，都留下了他深深的脚印。从李孟华的身上，我们看到了中国农大与新疆科研院校开展科研合作的又一典范，同时也看到了共和国一代代科学家的优秀品质。

“明月出天山，苍茫云海间”。在中国农业大学长期援助过程中，双方在学术交流、学科建设、人才培养、科技项目合作等方面的资源共享和优势互补，提升了各自的学科水平和科研实力，可谓相得益彰。中国农大与新疆人民也成了兄弟。此份情谊，山高水长，永远珍藏在心间！

第二节　真情倾注在雪域高原

西藏是一个神秘而神圣的地方，这里有灿烂的阳光、洁白的云朵、纯净的天空、稀薄的空气、连绵的雪山、清澈的湖泊，然而作为中国唯一的省级集中连片特困地区，西藏是深度贫困地区脱贫攻坚的主战场。高质量完成“三区三洲”脱贫攻坚目标任务，对如期打赢全国脱贫攻坚战具有战略意义。

中国农业大学与西藏自治区的历史渊源，可追溯至新中国成立初期。新中国成立后，为迅速恢复国民经济和改善人民生活，逐步把我国从落后的农业国建设成为先进的社会主义工业国，党和国家对发挥农业科技的积极作用提出了迫切的要求。在第一个五年计划（1953—1957）中明确提出着眼克服农业落后于工业的矛盾，“对农业进行初步的技术改良，提高单位面积的产量”“逐步地以至宽广地实现农业机械化和其他技术改革的事业”，并强调“在财力上和技术上尽可能地扶助少数民族地区的畜牧业的发展”。

当时国家百废待兴，还没有像今天这样的扶贫政策，然而农大师生怀着对新中国建设事业的满腔热忱，以共和国高等农业教育“长子”的责任担当，剑指西藏高原，脚踏边陲乡土，拓荒农牧科技，义无反顾地投入了一场近 70 年的科技扶贫和教育扶贫攻坚战，留下一幅长长的壮美画卷。

一、“先生到我家乡去吧”

解放前的西藏，由于长期受到封建农奴制度的桎梏，农牧业发展始终处于极其落后的状态，在科研方面更是一张白纸，1951 年以前根本没有服务于农牧业生产、科研的机构。1951 年西藏和平解放，在《中央人民政府和西藏地方政府关于和平解放西藏办法的协议》中，明确有“依据西藏的实际情况，逐步发展西藏的农牧工商业，改善人民生活”的愿景。美好的前途从当下出发，中央及时派出农牧业科技人员赴藏开展科技帮扶，调研解决农牧业生产和群众生活中的各种技术问题，在一穷二白的摊子上因地制宜展开科研工作，终于打开了西藏农牧业通向科技进步的大门。

当时的条件极其艰苦，但土壤学家、农业教育家、时任北京农业大学教授、土壤农化教研组主任的李连捷毅然担起了西藏工作队农业科学组组长的重任。当组织上征求他的意见时，他毫不犹豫地说：“只要国家需要，我就去！”组织上还是让李连捷先生考虑几天再决定，他说：“用不着考虑几天，几分钟也不用！”就这样，李连捷和农业科学组的各位专家随着十八军进藏，不畏艰难，开启了一次科技扶贫的伟大“长征”。

1951 年首次赴藏时，农业科学组共 9 人。到 1952 年 6 月再次进藏时，人员已增加到了 13 人，包括北京农业大学教授、草地科学家贾慎修，北京

图 4-3　考察西藏地区的李连捷教授

农业大学作物栽培学家郑丕尧、土化系专家夏荣基，还有园艺系青年教师、蔬菜育种栽培专家张纪增和农大校友、林木育种学家侯治溥、畜牧工作者李致勤等以及相关单位多学科专家，可谓超强阵容。他们带着党中央的殷殷嘱托，千辛万苦深入藏区，无私奉献，作出了开拓性、奠基性的贡献，共同为西藏农牧业科研事业树立起了一座座丰碑。

虽然早有心理准备，但李连捷率领农业科学组进藏期间，还是遭遇到了许多难以想象的困难，有反动农奴主的捣乱，有国民党特务和残匪的破坏，还有高山阻隔、交通不便等恶劣环境的阻碍。由昌都至拉萨要翻越海拔 5000 米以上的山梁 18 个，面对艰难险阻，李连捷硬是赶着牦牛跋涉，带领同事们走了 48 天。后来，人们回忆这次西藏农业考察的情景时说，他们每天在一望无垠的雪山中穿行 35 公里，但其实垂直距离要远远大于 35 公里！

遇到悬崖峭壁，只好拉着马尾巴上山；抵达高山顶峰时，却又常感觉呼吸困难，只得含一块水果糖缓一缓；雨天不能埋锅造饭时，只能以饼干充饥……有时半夜帐篷被大雪压塌，有时大雨把人马浇成落汤鸡，有时遇到冰雹人只得藏在马肚子底下……一天当中会面临四个季节，遇到原始森林，蔽日遮天，林海苍茫；遇到寒冷气流，则风雪交加，寸步难行。因高原反应，不少同志头脚浮肿，而有的眼皮肿得把眼睛都盖上了。对此，李连捷曾说："这段路程是艰苦，但我却认为是'金不换'。我是科学工作者，当年不用说坐飞机，就是坐汽车，我们也不会看到西藏自然和社会的真实情况，更无法得到艰苦的锻炼。"一席话道出了老一辈科技工作者坚韧不拔、甘于奉献的风骨和高尚情操。

在异常困难的条件下，他们考察了主要农牧区，采集到了500多个土壤标本、2000多号植物标本、800多个作物蔬菜地方品种种子与标本、100多个畜产标本，摄制照片约6000张、录像900尺，测绘相关地形图40幅。不仅如此，他们又通过举行农业生产座谈会、开办畜牧兽医培训班等形式，为当地农牧民传授技艺，普及知识。当时，阿沛阿旺晋美亲自出任第一期畜牧兽医培训班的校长。这些都成为西藏农牧科技史上的创举。

科技进高原，群众笑开颜。广大农牧民过去生产方式原始，靠天吃饭，特别是家畜疫病每隔几年必流行一次，人民群众损失巨大，又没有什么好的办法，往往谈“疫”色变。北京来的专家们一方面对于青藏高原与农牧业生产有关的自然环境、农林牧资源和农牧业生产情况进行综合考察，一方面又利用各种机会帮助诊断解决农牧民遇到的实际问题，送医送药、倾囊相助，其中，随队医生沿途诊治病人就达560人次。淳朴的藏族同胞一次次找到专家并对他们说：“先生到我家乡去吧！”透过群众渴盼的眼神，专家们真切感受到藏区是多么需要农牧业科学技术和帮助！

此时，贾慎修也参加到西藏农业考察的行列，走上献身西藏农业的道路。他由拉萨赴后藏，经曲水、李宗、大隆、郎嘎子到江孜、帕里、亚东，沿年楚河到日喀则，沿途协助曲水、江孜、日喀则等地区解决农牧生产上的问题；继而由日喀则西行，经通梅溪卡、梅康萨溪卡，北行越念青唐古拉山入藏北羌塘牧区，东行经雅巴格牧区、查藏沼泽区、岳加错至先扎宗、佳林错，途径新格尔牧区（即今日新津）、囊如宗南部牧区至囊错（即腾格里海）；经古陵拉雪山口，复越念青唐古拉南行，沿古陵河经洋景桑巴（即羊八井）返回拉萨；后又东返，经太昭循尼阳河南行，向东入雪卡牧区，转则拉宗，经德木拉入波密区，经倾多、松宗，渡怒江至八宿，调查八宿牧区，再至恩达；再北行入青海二十五族区，经类物齐囊谦至玉树（结右），调查玉树藏族自治州草原及畜牧情形，并南行至邓柯，调查拉多牧区情形；东渡金沙江至林冲，经康候、竹箐而返甘孜。真可谓是凭着一腔热血踏遍牧区，通过万里征程播散科技的火种，令人无不动容！农业科学组专家们的工作在藏区产生了热烈反响，用实际行动展示了纾困解难与服务人民的决心和意志，汉藏人民的心更加紧紧地贴在了一起。

“星星之火，可以燎原”，培养西藏本地的农业科技人才是根本所在。

1952年7月1日，为了纪念中国共产党成立31周年，中共西藏工委决定在专家们的帮助下，在拉萨西郊诺堆林卡创建西藏第一个专业科研机构——七一农业科学技术试验场（简称“七一农场”）。1953年1月5日，在原七一农场的基础上，又正式成立了拉萨七一农业试验场（简称“拉萨农试场”）。

在拉萨农试场，由西藏军区生产管理局组织，正式举办了首届农业技术干部培训班，来自西藏各地的63名学员进行为期4个月的学习。培训涉及植物学、农业气象、土壤肥料、遗传选育、作物耕作栽培、果树园艺、农产品加工、造林学、森林管理与利用、兽医学常识、畜牧概论、农田水利学、农业生态学等十几门课程以及每周三天的实习活动，内容丰富，方式灵活，收到了良好的效果。在培训班结业典礼上，李连捷深情地勉励大家，不仅要把技术送给西藏人民，还要“不断学习，力求进步，密切联系农牧民，把技术送给千家万户，让更多的藏族人民掌握农牧生产知识和技能，在发展西藏农牧业生产中发挥应有的作用”。

事实证明，这批学员学有所成，不负众望，可谓西藏农牧业科技的“黄埔一期”。其中，有20多人留在拉萨农试场，包括罗良臣、陈大维、陈彬、白英珊、雷兴儒、李维恩等，成长为科技骨干；40余人分赴各地试办农场和指导生产，不断带动壮大西藏农牧业科技人才队伍。曾任墨脱县县委副书记的冀文正是这个培训班的一名学员，他为“西藏高原孤岛”墨脱县引进了一批水稻、玉米、蔬菜、红薯等良种，并不断改进和推广先进的耕作栽培技术，还举办了门巴族和珞巴族农业技术培训班，传授技艺，使当地粮食产量增长了10%以上，一时传为佳话。

1953至1954年，在李连捷、张纪增、庄巧生等专家的悉心指导下，各种作物引进品种和从当地搜集的作物试种试验陆续展开，为农牧业科技的试验研究打下了根基。其间，拉萨农试场的科学试验揭示了西藏农牧业生产的巨大潜力，如试种冬小麦完全成功，有的品种亩产高达1000多斤，多年生苜蓿蔓子长2米，甘蓝（莲花白）最大个体28斤，西红柿单个1.3斤，大萝卜单个42斤……对于这样的成绩，李连捷并没有满足，他说：“我相信这个成果还是初步的、低水平的，经过继续试验、探索、改良耕作栽培方法，获得更高的产量、创造出更多的世界之最，我是坚信不疑的。”在夏秋季节里，远近的老乡们经常到农试场来参观，要种子，问技术，很是热闹。这些科研工作者给广大农牧民带来了对改善生产生活的希望，激发了群众对新中国、新社会的向往，同时也给西藏农牧业科研事业留下了宝贵的精神财富。

由此，现代农牧业科技从无到有、从小到大，在藏区逐步扎下了根，顽强地成长和发展起来。后来，拉萨农试场一步步壮大、发展，成为西藏拉萨农业科学研究所、西藏自治区农业科学研究所。1981 年，又组建为西藏农牧科学院，成为高原特色农牧业科技的高地，为科技振兴西藏贡献了重要力量。

20 世纪 50 年代的探索卓有成效，农大师生在高原特色农牧业科技领域的研究工作不断深入。1954 年 10 月，李连捷再赴西藏的后藏江孜、康马、亚东等主要农区，对农区和草地土壤进行实地研究。1956 年后，农大植保系林传光在西藏日喀则冷凉条件下，深入探索马铃薯的种薯种性问题，以求增强抗病性和提高产量，取得重大科研成果。1958 年，贾慎修用第一手调查测定资料完成论文《西藏农牧业生产概况调查》，为西藏农牧业事业的改进提供了坚实的科学支撑。1958—1959 年，农大兽医系师生在青海等牧区进行藏系绵羊寄生线虫的驱虫试验，并着手调研和防治“马热病”。1959 年 3、4 月间，农大兽医系师生赴青海河卡草原，开展牦牛、藏系羊生理、牦牛的杂交改良和饲放管理及传染性结膜炎的研究工作。他们不畏艰难，勇于探索，在不断的实践中，走出了一条饱含重视藏区科技扶贫深情、保持科技扶贫传统以及与调查、科研相结合的特色帮扶之路，弥足珍贵。

二、为了让农牧民群众“吃饱吃好”

让老百姓吃饱、吃好，始终是农业科技扶贫的重大战略目标。如何在西藏践行，增加小麦面积和产量是首选。在解放前，西藏小麦种植面积小，产量低，鸡蛋面条是只有活佛才吃得上的“贵族食品”，老百姓一年都未必能吃一次。新中国成立后，随着高原农牧业科技从无到有的发展，积极探索研究高原小麦种植技术日益成为科技扶贫攻关的现实课题。其实，1958 年 6 月，李连捷主持完成的《西藏农业考察报告》，就以科学数据提出了“在低湿而肥沃的土地上，本地小麦品种极易感染锈病，试验场应注意引种抗锈病品种并进行选种”的建议。

20 世纪 60 年代初，农大师生积极响应国家号召，发挥科技优势支援西藏农牧业建设。1965 年春，北京农业大学农学系小麦组唐伯让、植保系王富顺，选调支援西藏，到自治区农科所工作，架起了中国农大与西藏农科所的科技桥梁。他们坚信“农大人永远向前”，既在研究所搞科研、积极发表科技成果，又经常“扎点”做技术推广，手把手教会藏族群众条播、蓄肥、选育优良青稞小麦、除草防虫害等科学种田技术。他们甚至还做“识字先生”，运用自己的科技知识，为西藏农业生产的发展和小麦走上藏族群众的餐桌付出辛勤努力，无怨无悔，无私奉献，一干就是近 20 年时间，直到 20 世纪 80 年代初才回京。

终是苍天不负有心人。唐伯让等完成的“藏春 17 号春小麦品种”、王富顺等完成的“豌豆害虫的研究”“青稞抗条锈病材料的鉴定”“西藏农作物地下虫害的研究”等成果多次荣获西藏自治区科技进步奖。1978 年全国科学大会上，西藏农科所集体完成的科研成果“西藏高原推广种植冬小麦促进了耕作制度的重大改革和生产发展”使西藏首次获得“科学大会奖”，极大地激励了全区的科研工作者。后来，西藏农科所又选送部分少数民族技术干部到北京农业大学进行了三年的专业学习。

1983 年 5 月，唐伯让和西藏农科所又联合撰写并出版了《中国小麦品种及其系谱》，该成果获 1987 年农牧渔业部科技进步一等奖。1985 年，唐伯让撰写的《谈谈我区春麦育种工作中的几个问题》、王富顺等撰写的《青稞条锈病和抗锈鉴定小结》《我区五种金龟子发生规律的研究》入选自治区农牧科研成果论文选。另外，1989 年，王富顺在《西藏农业科技》杂志上发表《谈谈我区农作物病虫害的动态》《西藏农作物病虫害》等学术论文，为西藏高原特色农牧业的发展再添智慧。

水是农业的命脉，是西藏农牧区发展的希望，也是解决人们吃饱饭问题的关键所在。北京农业大学、北京农业机械化学院培养了诸多优秀毕业生投身高原种业、水利等科技事业，孙英杰就是他们的杰出代表。他在校学习期间曾任校学生会副主席、系分会主席，学习成绩全优，1966 年于北京农业机械化学院农田水利专业毕业后，作为学生党员带头报名去西藏工作。民主改革后的西藏发展急需水利相关专业科技人才，1967 年初孙英杰被分配到拉萨市水电局，很快于1969年就深入到尼木县水电建设第一线，和民工同住在工地的帐篷，设计、指挥、施工、巡堤、破冰样样都干，硬是建成了尼木县第一个水电站，使全县告别油灯、结束了没有电的历史。

在第一个水电站正常运转后，孙英杰又马不停蹄投入到了尼木县东风水渠等的工程建设。1978年3月，他在尼木县主持修建了大型水利工程12项，耕地保灌面积达到98%，使尼木县成为西藏自治区最早实现水利化的县，一举摘掉了原来水浇地少、粮食产量低、靠吃返销粮的帽子。时光飞逝，他在尼木县一干就是18年，业绩一直非常突出，曾被评为全国水利战线先进工作者、西藏自治区先进科技工作者、国家优秀公务员等。由于长期积劳成疾，孙英杰于1996年10月不幸病逝。1999年，当西藏自治区“尼木县春青稞万亩千斤高产栽培技术研究与示范”项目取得重大成果时，人们难忘的是孙英杰为尼木作出的贡献。

随着农业丰产丰收和社会的发展进步，包括藏族在内的人民群众，不仅是吃饱，而且越来越重视吃好的问题，而这需要多学科的共同应对。实际上，早在1995年，新合并组建的中国农业大学已经不断选派从事畜牧、兽医、农学、园艺、资源环境和草学等方面研究的专业人才，深入西藏及其他藏区进行挂职帮扶与科技推广服务。他们以李连捷、贾慎修等老一辈农大人为榜样，坚持不懈地传承和弘扬老西藏精神，最终形成了多学科、多专业科技帮扶西藏农牧业发展的新局面。西藏农牧业科技问题、农牧民群众的食品营养与健康问题也成为农大师生们聚力科研攻关的重要领域。

中国农业大学吴常信院士将“畜禽高原低氧适应的分子机理”列为研究方向之一。2002年8月赴藏考察后，量身定制地提出了“矮小鸡引种与高产节粮型藏鸡培育”项目，主编出版了《藏鸡高原低氧适应生理与遗传基础》。在吴常信院士的带动下，团队先后主持完成国家标准“藏猪”制定、“藏猪特色性状基因筛选、克隆与功能分析”“藏鸡高海拔低氧适应相关基因表达与网络分析”“迪庆藏猪高原低氧适应关键基因的筛选、克隆及表达调控研究”“藏鸡低氧适应HIF-1关键靶基因的鉴定及其表观遗传调控机制研究”“藏鸡高原极端环境下的基因组变异及其低氧适应的分子机制”等一系列重大课题，在高原动物特色性状功能基因组学的研究方向上耕耘出了一片新的天地。

食品科学与营养工程学院任发政院士，从 2001 年 8 月起，十几年来带领团队成员不间断前往甘肃甘南、西藏拉萨、四川阿坝与云南中甸等藏区考察，深入高海拔牧区，开展牦牛泌乳基础研究，建立了中国牦牛乳数据库，制订了牦牛乳产业相关管理规范，实现了高原牧区牦牛乳规模化加工利用，并开发了高品质牦牛乳曲拉酪蛋白产品，把牧民生产的生鲜乳最大限度地变成商品，牦牛乳高值化与奶酪国产化相关研究分别获得 2010 年和 2013 年国家科技进步二等奖。此外，资源与环境学院科研团队接连开展“青藏高原优质牧草产业化关键技术研究与应用示范”“西藏中低产田人工牧草种植关键技术研究与示范”“西藏紫花苜蓿根瘤菌空间分布规律及其活性研究”“青稞农田杂草事务多样性与管控关键技术研究”“西藏河谷农区草产业关键技术研究与示范”等系列涉藏重大科研项目工作，还参编国家版权局“西藏紫花苜蓿栽培管理专家系统 V1.0”……进一步将营养科学推向了更加综合、前沿的阵地。

2005 年以后，科技日新月异，西藏的变化亦是如此。按照国家科技部《关于进一步加强科技援藏工作的若干意见》，这个阶段的中国农业大学在坚持和发扬农牧业科技援藏好传统、好作风的同时，积极推广适合西藏的农作物种植和特色畜禽养殖技术，并发展西藏特色农牧产品精深加工关键技术，以提高农牧业生产水平、增加产品附加值。这些都为锻造高原特色农牧业和脱贫攻坚找到了新的动力方向，助力实现小康。

三、谁说高原万里遥，牦牛青稞入梦来

党的十八大以来，习近平总书记反复强调，摆脱贫困、改善民生、实现共同富裕，是社会主义的本质要求。党中央和国务院始终把西藏、四省藏区作为扶贫攻坚的一大主战场。总书记强调：在高原上工作，最稀缺的是氧气，最宝贵的是精神。一代代共产党员舍弃常人所拥有的、放弃常人所享受的，深深扎根雪域高原，矢志不渝，艰苦奋斗，不断为“老西藏精神”注入新的内涵。今天的中国农大师生就是要做“老西藏精神”传承人，要秉承李连捷等老一辈专家的精神和信念，将牦牛梦、青稞梦融入农大梦，与“中国梦”紧密地联系起来，激励广大师生再谱高原科技新篇章。

拉萨市尼木县是脱贫攻坚重点帮扶县，中国农业大学教授、国家蛋鸡

产业技术体系首席科学家杨宁却看准了高原藏鸡这个世界独特的高原品种资源，立志以科技之力让原始“土鸡”变成富民的金字招牌，造福当地。杨宁有一位叫袁经纬的博士生，在校期间就参与了藏鸡的开发研究工作，2017年博士毕业后毅然去了西藏，担任藏鸡研究院院长，从事地方品种保种和育种工作，为西藏扶贫事业添砖加瓦。

在鼓励自己的学生不断冲到扶贫一线的同时，2016 年以来，杨宁自己也带领体系专家、站长深入贫困山区和养殖一线，完成了西藏拉萨白鸡等地方鸡种的挖掘保护工作。在杨宁的建议和指导下，尼木县制订了《尼木藏鸡产业扶贫三年行动计划（2018—2021 年）》，采取“企业 + 养殖小区 + 贫困户”的产业扶贫模式，以西藏德青源农业科技有限公司为龙头，以养殖小区为载体，按照政府、财政、金融、企业、贫困户“五位一体”扶贫联动的原则，不断推动实施精准扶贫工作，拓展创新，收效显著。

2017 年 6 月，中国农业大学西藏扎囊教授工作站正式建立，这是中国农大多年来科技援藏实践的一个提升和创新，也是全国高校在西藏建设的第一个教授工作站。扎囊县是重点生态扶贫区域之一，扎囊县教授工作站依托中国农业大学工学院生物质资源与利用实验室、西藏山南市扎囊县人民政府和厦门市江平生物基质技术股份有限公司三方共建，旨在聚焦关键环节、深度贫困问题，为扎囊县的现代农牧业、循环农业、生态农业建设提供技术服务，以科技利剑斩断贫困的代际传递，助推扎囊县与全国同步建成小康社会。

在教授工作站的帮扶下，扎囊县开始大力推广应用组织培养、智能温室等先进技术，着力建设一批现代化、规范化、智能化的高标准设施大棚，努力把农业园区打造成县域经济发展新的增长点。其中，草莓种植已经发展起来，教授工作站的专家从大棚温度、湿度控制到土壤改良、病虫害防治等各个方面为当地草莓种植技术人员讲解示范，耐心解答各种疑难问题。有的农牧民看在眼里、美在心里，不由得高兴地说：“等明年草莓种植技术学成熟了，我准备贷款也建个大棚自己种草莓！”

农牧民对美好生活的向往就是师生们面向青藏高原科技攻关和社会服务的奋斗目标。2019 年 2 月，中国农大工学院草业机械实验室高原捡拾车项目团队师生千里迢迢、风尘仆仆来到平均海拔 4700 米的西藏，怀揣对藏区的热爱与热情，深入牧民的生活当中，将一批批不断改进的高原捡拾车送进当地贫困牧民家中。实际上，早在 2011 年，师生在深入高原牧区进行社会创新实践时，就了解到牛粪在当地有煨桑、烧火、装饰、烤饼子等作用，是生产生活的宝，然而捡拾牛粪是一项繁重的体力劳动，会降低牧民的生产生活效率和质量，因此，他们萌发了发明高原捡拾车的念头。

图 4-4　中国农业大学西藏扎囊教授工作站

于是，他们将高原捡拾车作为研究牧区机械化课题的组成部分，开始了不懈的研发工作。随后 7 年里，团队师生数次到高原实地调研、开展试验，进行了一场长达数年的“科技长跑”。他们在四川阿坝州开展实地调研，对藏区农牧民的家庭情况和生活规律进行了解，掌握了藏区地形地貌和牦牛粪便的观测情况，从而确定利用齿形铲或剪刀铲完成牛粪捡拾两套方案，并在此基础上申请发明专利。接下来，团队又赶赴甘肃夏河地区进行牦牛粪便的实地捡拾试验。为使捡拾车满足藏民实际需求，又更改铲形、增加抛送铲支架、去除横梁、适当增大车轮……进一步优化了样机。最后，又分别在甘肃、四川等地进行了捡拾车试验，并依试验结果将捡拾车进一步优化。至此，捡拾车得以基本定型，配套的脚踏式牦牛粪便捡拾车技术手册也随之形成，使每天清晨牧民身背几十斤重的竹篓频繁弯腰捡拾牦牛粪便成为了历史。

在学校大力支持下，团队在当雄县还进行了小批量无偿捐赠的尝试。2017 年，北京建藏援藏工作者协会提出了“牛粪换小车”的新思路，在选择建档立卡扶贫对象时，发动他们给就近的小学或集中养老点捐两袋牛粪，充分调动了扶贫对象自主脱贫的积极性，让受益的贫困户同时成为爱心的传递者。截至目前，在北京建藏援藏工作者协会的志愿协助下，已经累计捐赠高原捡拾车近 2100 台。从高原捡拾车在脑海的轮廓到如今在青藏高原的实际应用，几年间，从四川到甘肃、从青海到西藏，团队坚持用足迹在这些有捡拾需求的地方书写华章。可以说，高原地区脱贫攻坚在路上，农大人也永远在路上。

“山，快马加鞭未下鞍。惊回首，离天三尺三。”这是毛泽东主席《十六字令 · 山》中的词句，字里行间洋溢着革命人的乐观豪迈和英勇顽强精神。新中国成立后，中国农大的扶贫征程，就是从远征西藏高原的翻山越岭开始的。时间虽然过去了近 70 年，然而师生们奋斗的脚步未曾停歇，恰如毛主席所说的“快马加鞭未下鞍”，如今回首望去，已经数不尽翻过多少座山、走过多少里路……紧紧围绕高原特色

图 4-5　便于运输的 9JS-50 手推式牦牛粪便捡拾车

农牧业发展，一辈辈农大人和兄弟单位携手同行，与西藏、四省藏区的农牧民群众共同铸就起现代农牧科技的高原。

四、让优质教育资源在雪域高原生根

习近平总书记在中央第六次西藏工作座谈会上指出，“改变藏区面貌，根本要靠教育”。作为重要的边疆民族地区，现代教育的发展不仅关系到西藏各种人才的培养，更关系到国家的长治久安。如何发展西藏教育？高等院校之间的对口援助与交流，便是提高西藏科技文化水平与居民素质的有效方法。

自“十一五”以来，中国农业大学两次作为教育部选派的教育对口单位支援西藏农牧学院。中国农业大学全校上下对这份信任格外珍惜，并沿着李连捷等先辈的足迹支援西藏农牧学院，开启了教育援藏、互惠共赢的新征程。一批批援藏干部扎根雪域高原，展开更深层次的合作交流，一批批农大师生助推西藏农牧业现代化，助力乡村振兴和精准脱贫，推进西藏长足发展和长治久安。这充分体现了中国农大的政治站位和农大人的责任担当。

为保证支援工作顺利开展，2011 年 9 月，中国农业大学与西藏大学农牧学院正式签订《中国农业大学对口支援西藏大学农牧学院协议书》。根据协议，中国农大将在接收西藏大学农牧学院教师和管理干部来校进修、本科生联合培养、研究生学术交流、优质教育教学资源共享、国际交流合作以及结合自治区经济社会发展需求联合开展科研项目合作等方面重点开展工作。

7 年之后的 2018 年 11 月，校长孙其信带队赴西藏农牧学院调研，又签署了新一轮对口支援框架协议。在致辞中，孙其信就进一步做好新时期对口支援西藏农牧学院的工作，提出要进一步转换思路，突出重点，以一流专业与研究生学位授权点建设为重点，推动西藏人才培养，带动高原特色农业发展、探索服务地方经济社会发展新模式，确保对口支援各项工作扎实开展、再立新功。

按照教育部“对口支援西部地区高等学校计划”部署，中国农业大学先后选派田见晖、陈明勇、杨富裕、赵梁军、李鹏、李彦明、吴志刚、严一川七批，共 8 名援藏干部赴西藏大学农牧学院挂职。援藏期间，他们继承和发扬“老西藏精神”和“两路精神”，远离舒适的内地生活、优越的自然和经济条件，恪尽职守，无私奉献，把自己所学的专业知识、工作方法、思想理念传递到西藏，为提高藏区自主建设和发展的根本能力，促进各民族共同发展和国家稳定贡献力量。面对自然、家庭和工作的多方压力，他们依旧坚守理想信念，践行最初的承诺、完成家国使命，援藏精神震动人心，回响大地，正所谓“一次援藏，终生难忘；一次援藏，终生援藏”。

教师人才是高校的造血库、永动机，中国农业大学一直致力于帮助改善西藏农牧学院师资队伍的质量。中国农大派出专家学者和管理干部近 60 人次赴西藏大学农牧学院访问交流，作学术专题讲座。通过接收西藏大学农牧学院管理干部来校进修以及选派干部赴西藏大学农牧学院挂职，加强两校间管理干部交流。与此同时，为了提升西藏边疆少数民族地区专业技术人才的能力素质，2009 年党和国家作出一项重要决策和战略部署，开始实施第一批西藏少数民族科技骨干特殊培养工作（“西藏特培工作”），特殊培养、特殊使用，采取选派学员赴内地培养锻炼，培养一批专业技术人才，为两地发展提供人才保障和智力支持。

对于西藏特殊培养工作，中国农业大学非常重视。自 2009 年起已经接收培养了四十余位西藏特培学员，成为北京地区接收学员较多的高校之一。考虑到特培学员基本来自西藏基础教育一线的特点，在选派导师时既要求高的学术水平又要求有丰富的实践指导经验，这当中不乏院士、知名学者等。在进修期间，鼓励学员多听各类讲座，拓宽视野；充分利用图书馆丰富的文献资源，让学员们了解基础教育发展前沿；邀请特培学员参加西藏班学生的各项活动，与他们交流西藏的教育教学；邀请专家讲授党课、学习党的十九大精神，以增强学员爱党爱国爱校情怀；举办农业科技、食品健康与安全、人文经济等科普讲座，参观各学院、教学科研实验场站等，以开阔学员视野，助推西藏教育走上“快车道”，造福雪域高原。

第三节　塞外草原捷报传佳音

天苍苍，野茫茫。辽阔无边的大草原像一块天工织就的绿色巨毯，铺盖在从东北到西北的广袤大地上。碧草蓝天相接，牛羊追逐嬉戏，牧人举鞭歌唱，古往今来，人们无不传颂着“风吹草低见牛羊”的美妙牧歌。中国是世界草原资源最丰富的国家之一，草原总面积将近4亿公顷，占全国土地总面积的40%，为现有耕地面积的3倍。广阔的草原是维护国家生态安全的重要屏障，是牧区畜牧业发展的重要物质基础和农牧民赖以生存的生产资料。然而，长期以来，受持续人口增长、高强度国土开发建设活动、自然资源大范围开发利用等因素影响，约90%的天然草原发生了不同程度的退化，生物多样性减少，草原固碳储碳等生态功能减弱，极大地制约了草原的可持续发展。

习近平总书记从生态文明建设的宏观视野提出了“山水林田湖草”是一个生命共同体的理念。“山、水、林、田、湖、草”，一个不可分割的整体。人的命脉在田，田的命脉在水，水的命脉在山，山的命脉在土，土的命脉在树与草。草是覆盖国土面积最大的植物，精心呵护着中华大地，保护着人类的生存环境。草的功能强大，具有涵养水源、改良土壤、保持水土、防风固沙、调节气候、维护生物多样性等诸多重要生态功能和产草产畜等生产功能。因此，草在山水林田湖草生命共同体中扮演着越来越重要的角色。

怎样充分发挥草在山水林田湖草系统治理中的作用？为了响应党中央和国家的号召，中国农业大学师生扎根内蒙古草原，深入农牧交错带，几十年如一日地开展调查研究，积极为草原“疗伤”，让退化的草地诞生出一个个的“朝阳产业”，为打赢脱贫攻坚战增添了浓墨重彩的一笔。

一、草原上的“萨日朗”开的红红火火

俯瞰祖国大地，由东北纵贯西南，在高原、山地牧区和平原、丘陵

农区之间有一条狭长的农牧交错带，或称之为“生态脆弱带”“生态危急带”“生态环境敏感带”等，它是农牧业交汇过渡地带，也是中国生态环境和地域经济的一个重要分界地段。多数学者把农牧交错带的空间范围界定为内蒙古高原东南缘、东北西部半干旱地区和黄土高原北部。农牧交错带气候干旱，丘陵沟壑遍布，生态环境脆弱，自然条件恶劣，经济相对落后。显然，随着农牧交错带生态脆弱性问题越来越严重，这里已经是“农牧结合”科技扶贫的战略空间。

针对这样的交错地带，中国农业大学张英俊带领师生提出“草畜平衡牧民致富”核心技术研发、集成与示范模式，在草原上展开了自己的科研之旅。他们与呼伦贝尔农垦集团合作建立了“呼伦贝尔草地农业生态系统试验站”，以任继周院士的草地农业生态系统理论为主要依据，以牧户为基本单元，从草地改良、人工种草、精准饲养和控制放牧等方面进行技术研发，推动实现草畜的平衡。师生们深入调研，研发了天然草地恢复改良、优质高产人工草地牧草生产、饲草料调制加工、天然草地可持续放牧利用、羔羊全舍饲育肥、羔羊放牧补饲育肥、母羊繁育羔羊成活率提高、高附加值专用有机肥生产、节能环保圈舍应用、设施设备智能化管理等十余项配套技术。经过不断的试验和实践探索，草原上绵羊的生产性能较传统的放牧模式提高了15%，并在呼伦贝尔农垦集团各生产队进行了有效推广。研究团队建成优质高产人工草地300亩，促进技术成龙配套，对牧民开展技术培训累积500余人次，为当地牧民草畜生产提供了一个示范样板。

或许你不知道，在农牧交错带上存在着一个著名的阿鲁科尔沁草原游牧系统，它是国内蒙古族游牧文化的最后栖息地和唯一活化石，被确定为全国重要农业文化遗产。从阿鲁科尔沁旗人决定大力发展沙地节水苜蓿产业开始，水肥管理和“节水”难题就进一步突显出来。

2001年起，农大师生开展苜蓿安全越冬理论和技术研究，提出了中国草都紫花苜蓿安全越冬技术方案，促进了紫花苜蓿越冬返青状况的大幅改善。对于阿鲁科尔沁旗的节水灌溉，团队进行了深入调查和细致研究，终于捕捉到一个喷灌机“行停模式”科技攻关环节，即只要将中国草都喷灌机的行停模式由通行的“走10秒停20秒”调整为“走10秒停70—100秒”，节水效果就能立竿见影。紫花苜蓿灌溉技术体系、紫花苜蓿测土施肥技术体系、紫花苜蓿末次刈割技术体系等一项又一项科技成果的推出，对阿鲁科尔沁旗百万亩优质牧草基地建设起到了积极的支持作用。草原植被覆盖率由原来不足 10% 恢复到 90% 以上，从而实现了牧草种植促进生态治理、产业发展和牧民致富的三重目标。

内蒙古大草原上还有很多明珠，武川便是璀璨的一颗。这里的人们自古“以穹庐为舍，逐水草迁徙”，是典型的游牧民族。但近现代以来，随着人口的增多和过度放牧，致使草原沙化，逐渐趋于贫瘠。1985 年 8 月，中国农业大学资源与环境学院旱作农业课题组进入内蒙古武川县开展研究工作，建立了武川试验站。

作为中国农业大学最早在校外建立的野外试验站之一，2005 年武川试验站被批准为“农业部呼和浩特农牧交错带生态环境重点野外科学观测试验站”，成为农业部首批野外台站和学校重要的教学科研基地之一。建站 35 年来，中国农业大学、内蒙古农牧业科学院、武川县等单位精诚合作，围绕旱作农业前沿科学问题与国家需求，先后承担国家科技攻关或支撑计划、“973”、“863”、公益性行业、农业部成果转化、国家自然科学基金、内蒙古自治区自然科学基金、科技攻关等近 50 项，先后有气象、农学、土壤、生态、农经、畜牧、农村发展等不同学科的 50 多名科研人员、教师和 100 多名研究生来试验站工作与学习，共获得省部级以上科技成果 20 多项，发表文章近 300 篇，在旱地农业理论与技术、半干旱地区生态建设、气候变化影响与评价等方面取得了一批重要成果，为区域农业、生态与社会经济发展做出了积极贡献。

“武川试验区旱地农业综合发展技术体系研究”“北方旱区农业综合增产技术体系的研究”“内蒙古阴山北麓坡耕地改造与建设稳产基本农田研究”等项目获得原农业部丰收计划一等奖、国家科技进步二等奖等奖项。据不完全统计，各项成果应用推广新增经济效益累计达 20 亿元。当前，武川试验站已经从单个项目、单向技术发展到多个项目、综合技术的研究，研究成果与研究区域已辐射到整个内蒙古、农牧交错带乃至北方地区。

如何在保护好生态环境的基础上发展好农业生产，是当前内蒙古迫切需要解决的重大科学问题。这其中，农田水分适度合理利用理论与技术是关键，构建“生态优先、绿色发展”的农业生产模式是新时期内蒙古农业可

图 4-6　武川试验站 30 周年暨半干旱区旱作农业可持续发展研讨会（2015 年）

持续发展面临的重大课题。以河套地区为例，灌区控制面积 1500 万亩，有效灌溉面积约为 1100 万亩，其中 98.2% 为引黄灌溉，每年从黄河引水 45 亿立方米。近年来，华北地下水位不断下降，大型引黄灌区中广泛存在着可供水源短缺、水分利用低下、土地盐渍化、湿地萎缩、土地沙化、水环境污染等问题。

针对上述科学和实际生产中的问题，中国农业大学先后在内蒙古河套灌区开展了 20 多年的科学研究，取得了一系列的理论和技术成果，为灌区农业水资源高效利用、生态环境保护与农业的可持续提供了科技支撑。中国农业大学与武汉大学、内蒙古农业大学、巴彦淖尔市水科所四家单位共同建设了河套灌区沙豪渠试验站，依托河套灌区曙光和长胜试验站建设了中国农业大学河套灌区产学研基地，与内蒙古农业大学共建了灌区退水湖泊乌梁素海水生态环境观测站。3 个试验站以及蹬口、临河、杭锦后旗 3 个气象站和灌区渠系输配水观测网络、300 多个地下水观测站点构成了覆盖整个河套灌区、布局合理的综合科研站点网络。

目前，在河套灌区已经完成国家自然科学基金项目计划、“863”计划和中以科学与战略研究开发专项基金项目等项目十余项，在灌区节水灌溉理论与新技术、土壤水盐运移监测与模拟、盐碱地改良技术、灌区节水改造的生态环境效应、灌区面源污染发生与控制、生态型灌区建设模式等领域开展了大量卓有成效的研究工作。随着中国农大内蒙古黄河河套教授工作站的建立，针对河套灌区农业、农村和农民所亟须解决的问题，教授工作站成员除开展农田节水控盐减排项目以外，还组织以色列专家对新农村建设中的新型农民进行推广培训，向他们传授农业节水灌溉及水肥一体化技术。同时，教授工作站还不定期地组织在站硕博士研究生参加科技下乡活动，向农民传授灌溉、施肥及田间管理经验，赢得了当地群众的欢迎和赞许。

随着产业的不断升级，内蒙古的绿洲农业发展也开始寻求国际合作。以色列国家农业与农村发展部负责人就现代农牧业发展、沙漠综合治理、节水灌溉技术交流等内容来到内蒙古，并与中国农业农村部、内蒙古自治区人民政府、巴彦淖尔市人民政府共同签署了《关于建立巴彦淖尔中以现代农业产业园的合作谅解备忘录》，将在巴彦淖尔市共同建设“中以现代农业产业园”，并以产业园为基础开展节水灌溉、果蔬与小麦种植、畜牧养殖、绿色有机高端农畜产品生产加工、保鲜、生鲜仓储及人才培养等合作，以实现双方农牧业资源、技术和市场优势的对接。中国、以色列的国际合作，托起了沙漠绿洲农业发展的新未来。

二、对口支援“朋友圈”再扩大

为了支持西部地区高等教育的发展，教育部启动实施了“对口支援西部地区高等学校计划”，指定中国农业大学对口支援内蒙古农业大学。2001年10月和2005年4月，中国农业大学与内蒙古农业大学两次签订对口支援协议，开展了一系列对口支援工作。

2001年10月26日，中国农业大学与内蒙古农业大学正式签订了对口支援协议，开启了两校之间的互通之门。一份薄薄的协议书把相隔千里的内蒙古农大与中国农大师生连接在一起。自协议约定以来，中国农业大学党政领导把对口支援内蒙古农业大学当作一项重要的政治任务，按照教育发展规律，拟定对口支援的目标、任务和近远期的工作计划，在资金、实验室建设和师资队伍建设等方面对内蒙古农大进行了最大的帮扶，为国家西部地区人才培养和师资队伍建设作出了积极贡献。经过各方不懈努力，内蒙古农业大学一级学科博士授权点由原来的 1 个增加到 6 个，二级学科博士点由 7 个增加到 33 个，新增博士后流动站 3 个、国家重点学科 1 个、教育部重点实验室 2 个，学科建设步伐逐步加快，办学条件明显改善。2003 年 2 月，由教育部、中组部、国家发展计划委员会等部门联合召开的全国学校对口支援工作经验交流暨表彰会议上，中国农业大学被授予“全国学校对口支援工作先进单位”。

近二十年以来，中国农业大学针对内蒙古农业大学的实际开展了一系列具有针对性的支援行动。中国农大援建内蒙古农大生物技术试验研究中心和食品安全检测中心，两校共同申报了结合内蒙古自治区资源特色和民族特色的国家级和有关部门的重大、重点项目，共同完成了“冰草、苜蓿、高羊茅抗旱、耐盐基因工程育种”国家重大科技专项。草业科学是内蒙古农业大学的国家重点学科，但始终没资金建立属于自己的智能温室。由于天气寒冷，培育新草种时“一年只能干半年的活儿”，必须连续试验的牧草品种在冬天只能拿到海南继续试验，费钱费力。2003 年 6 月，由中国农业大学捐赠 100 万元建立的智能温室投入使用，使育种时间缩短了一半，并培育成功多种牧草新品种。

作为支援高校，对内蒙古农业大学在物质上的支持是有限的，但在办学理念、意识观念等方面进行“软投入”的潜力是巨大的。为帮助内蒙古农业大学提高办学质量，经过全校范围遴选教师，学校派出了多名教学经验丰富、学术水平高的骨干教师去内蒙古农业大学任教，讲授了“分子生物学”“植物遗传学”“地理信息系统”“土壤学”“植物营养”和“土壤地理学课程”等课程。他们在内蒙古农业大学工作期间，以丰富的教学经验、渊博的专业知识、前沿的学术水平、严谨的治学态度、科学的工作方法和乐于奉献的敬业精神，全面参与和指导内蒙古农业大学的各项教学改革活动，教授们全新的教育教学管理理念、教学改革思路以及对高等教育建设与发展的理论认识和实践经验，对内蒙古农业大学教育教学思想观念的转变起到了积极推动作用，对内蒙古农业大学人才培养、课程设置、学科建设等诸方面产生了深远影响，他们的言传身教给内蒙古农业大学广大师生留下了深刻印象。

针对内蒙古农业大学优秀人才相对缺乏的困境，中国农大在干部培养、教师培养、科学研究、学生交流和产业开发等方面加强支援和合作。无论是在中国农业大学进行短期培训、是前往中国农业大学攻读博士、硕士学位，还是到中国农业大学重点开放实验室进行高级访问和研究，他们都能踏踏实实的学习，在导师的指点下，迅速提高业务能力和知识水平，并将所学的知识和先进的理念带回内蒙古农大，为学校的发展做出积极的贡献。

图 4-7　内蒙古农业大学教师在中国农业大学进修或挂职锻炼

2009 年 11 月 26 日，在原有工作基础上，双方制订了《关于加快推进对口支援工作的实施方案》，并组建工作小组负责组织落实相关工作，标志着中国农大对口支援内蒙古农大的工作迈入了新的阶段。中国农大以实现内蒙古农大人才培养、师资队伍、科学研究和服务社会、管理水平上的“四个显著提升”为重点，精准对接需求。在之后的十年岁月里，内蒙古农业大学各项事业呈现出良好发展态势。学校办学规模不断扩大，学科与专业建设取得前所未有的突破，逐步形成了多学科多专业协调发展的格局，在重点学科、重点实验室、对外交流、科研工作、设施规划等工作有了突破性的进展。

随着内蒙古农大综合水平的快速提升，根据国家区域协调发展战略的深入实施，中国农业大学的对口支援工作出现了变化。根据《教育部办公厅关于调整部省合建高校对口合作安排的通知》的要求，中国农大开始对口河北大学（生物学学科）、贵州大学（植物保护学科）、石河子大学（农业工程学科）与海南大学（作物学学科、园艺学学科、植物保护学科、食品科学与工程学科）。尽管对口支援内蒙古农大的工作已经完成，但两校的感情依旧，对于内蒙古农大提出的合作需求，学校依然是一如既往地支持。

每每谈到中国农业大学对内蒙古农业大学的对口援助，内蒙古农业大学从校领导到教师无不感慨万千，他们深情地说："中国农大与内蒙古农大的关系源远流长，是朋友更是兄弟，友谊之光永存！"

第四节　留住石羊河的每滴水

石羊河流域是甘肃省三大内陆河流域之一，面积 4.2 万平方公里。它是西北内陆干旱区人口最密集、水资源开发利用程度最高的地区之一。近年来，随着社会经济的迅速发展，流域水资源过度、无序开发利用，区域生态环境一度急剧恶化，"一年一场风，从春刮到冬"就是恶劣生态环境的真实写照。这里的人们对缺水的敏感程度比任何地方都显得更加强烈。特别是民勤绿洲北端的青土湖，在 20 世纪 50 年代就已经干涸见底。因此，石羊河流域下游地区已成为中国四大沙尘暴的发源地之一，地下水因矿化度剧增，当地部分群众因无法生存而背井离乡，沦为"生态难民"。

石羊河流域生态环境的严重恶化引起了党中央、国务院、国家有关部委及社会各界的高度重视与关注。2001 年，温家宝曾多次作出重要批示，指示"决不能让民勤成为第二个罗布泊，这不仅是个决心，而是一定要实现的目标。这也不仅是一个地区的问题，而是关系国家发展和民族生存的长远大计"。2013 年 2 月，习近平总书记在甘肃视察时强调：确保民勤不成为第二个罗布泊。

图 4-8　沦为“生态难民”的石羊河

一、绘制节水蓝图

早在 1993 年，中国农业大学康绍忠院士就曾来到石羊河下游的青土湖一带进行考察。一到当地，康绍忠就被眼前的情景惊呆了：土地龟裂、水干沙起，湖面成了盐碱地，到处都在喊“渴”。在民勤东渠乡大号三社，因为没有水，很多人远走他乡，原来 134 口人的村子只剩下 21 口人。康绍忠率领团队在多次考察后，发现石羊河水资源配置不合理，上中游灌溉面积无序扩大和不科学的农业用水浪费了大量水资源，导致下游水资源匮乏。康绍忠深深地意识到，农业科学用水在这里太重要了。也就是从那一刻起，一个想法在康绍忠心中愈发坚定：必须要为这里做些事儿。于是，师生们先后在民勤小坝口、武威沙漠公园、民勤薛百农技站和邓马营湖等地开展农业节水试验，他跟当地的村民一起住简陋的小平房，自己拉车取水，自己做饭，睡土炕。

2004 年，中国农业大学石羊河流域农业与生态节水试验站揭牌，来自中国农业大学、清华大学、北京师范大学、西北农林科技大学、北京林业大学、甘肃农业大学等高校的近百名师生常年在这个偏居西北的小小试验站进行科学研究，美国、英国、澳大利亚、瑞典、以色列等三十多个国家的节水专家学者前来参观考察，使得石羊河实验站不断成为“人气最旺”的实验站。

“沙进人退，没有水，村民们挑一个担子就离开了，成为生态难民。”康绍忠以科学家的敏锐眼光和责任担当，把科技攻坚的主攻方向锁定在“西北旱区流域尺度水资源转化规律与节水调控模式”上来。西北内陆干旱区是中国资源型缺水区，要想更好地解决“缺水”与“农业发展”“生态健康”之间的矛盾，基于流域生态健康的水资源科学配置就是关键。说到底，就是要通过深入细致的科技攻关，建立起一套完整的科学体系，找到可控制的节水途径，从而实现“留住每一滴水”的目标。

二、治出生态美景

康绍忠带领科研团队开展了一场旷日持久的“石羊河科技会战”。他们在石羊河上、中、下游布置了大量的野外试验点，围绕流域里各种农作物、生态植被的需水过程是怎样的，有限的水资源应该如何配置，生态配水该占多少比例、农业配水又该占多少比例等一系列问题展开研究工作，积累了上百亿组珍贵的基础科学试验数据，并结合流域农业种植结构调整的实际需求，揭示了流域内 13 种主要农作物、4 种防风固沙植物的耗水规律，获得了大田粮食作物、酿酒葡萄、温室蔬菜、膜下滴灌棉花等 4 类作物的经济需水指标，为流域水资源合理配置、种植结构调整和科学灌溉提供了定量的依据。

师生们在摸清基本情况之后，一方面以石羊河为实验区，科学谋划和构建全流域“水资源科学配置模型”，将水资源形成转化与消耗的试验数据、空间遥感数据与各种专业模型进行综合集成，开发了具有径流预测、灌区管理、水资源信息管理及决策等功能的流域水资源管理决策支持系统，不仅为水资源管理和灌区管理部门提供快速查询、辅助决策功能，也为西北旱区流域尺度水资源转化规律与节水调控模式的综合研究提供了共享数据平台。另一方面，开始系统研究、应用、推广水肥一体化技术，把节水、节肥、节药、节省土地的现代农业技术，加快转化运用到河西走廊等干旱地区农业发展中，帮助农民提高规模化生产能力，有效解决劳动力稀缺等问题。

他们的故事在石羊河传为美谈。多少个日子里，科研人员从田间取样、测样，回到实验室中一次次分析测定、整理资料；放下仪器和资料，他们又像农民一样满脸灰尘、一身汗水地在荒漠地上摸爬滚打。实践证明，这条科学治水的路子走对了，在甘肃河西走廊研究的膜下滴灌制种玉米水肥一体化技术模式，每公顷可节水1935立方米，节肥109.5公斤（折纯量），水分利用效率可以提高76%。为了让当地老百姓眼见为实，试验基地的师生们连续举办了"农民开放日"，吸引了石羊河流域干旱区、井灌区、河灌区等不同区域的广大农民群众体验实际观摩互动活动。

试验站的师生们带领乡亲们参观田制种玉米、小麦等粮食作物，大田膜下滴灌马铃薯、沟灌番茄、微润灌溉番茄、辣椒等特色经济作物以及一些大型称重式蒸渗仪、涡度相关仪、波文比—能量平衡观测系统、通量塔等实验仪器，还为大家发放节水技术手册，使农民群众逐步了解"节水"技术。参加活动的农民群众也纷纷咨询自己关心的高效节水技术、农作物种植问题、病虫害防治等问题。有了"群众路线"这个法宝，师生们的科技成果不断推广到远近农村，越来越成为老百姓听得懂、用得上的"节水经"。

从2010年起，农大科研团队与武威市政府联合举办了十多期"现代节水灌溉技术"培训与示范观摩活动，当地农业技术骨干两千余人从中受益。在"请进来"的同时，还要"走下去"，年轻的师生们深入红崖山灌区、环河灌区等6个灌区的20个乡镇，开展节水技术宣讲，普及了适合在当地重点推广的膜下

图4-9　如今的石羊河成为西北地区一颗耀眼的明珠

滴灌技术、温室大棚滴灌技术、隔沟交替灌溉技术和调亏灌溉技术等农业节水技术。在这些扎实工作的基础上，无论师生还是基层农技人员和农民广大，心往一处想，劲往一处使，紧紧围绕农业合理节水问题，大规模技术推广开展了起来。2017 年夏天，210 余名基层水利技术人员及种植大户，走进石羊河实验站参加“滴灌水肥一体化技术培训”，系统学习马铃薯、春小麦滴灌水肥一体化技术，玉米节水节肥提质农艺栽培技术，滴灌水肥一体化系统设备与运行管理等，把节水灌溉理念与农业新技术学到手、带回去，进一步辐射带动当地 160 万亩农田节水灌溉工程的可持续发展。

正是因为有了农大师生在石羊河的科技攻坚和治水之举，人们突然惊喜地发现，石羊河的来水量增加了，生态环境质量也悄悄地发生着变化。随着石羊河中游下泄水量逐年增加，民勤盆地地下水位持续缓慢回升，曾一度消失的青土湖，如今在沙漠深处奇迹般恢复了波光粼粼的美景。农大师生们还将继续把科技攻坚搞下去，把一滴滴挥洒的汗水化为碧波，直到人们听得见石羊河“水”之欢歌。

第五章　助滇篇

——定点云南　同心同向

“苍山不墨千秋画，洱海无弦万古琴”。这里有一座座山峰耸立，一层层峰峦叠翠，一朵朵鲜花怒放，一条条飞瀑流泉，美轮美奂。这就是彩云之南——无数人为之神往的地方。今天，旅行家、探险家、摄影家、艺术家、作家……慕名前往，流连忘返。但又有多少人知道，由于地处祖国西南边陲，多山地高原，这里的很多地方自然资源匮乏、耕地面积稀少，交通不便、信息闭塞，生存环境恶劣，加上历史的原因，至今仍处于贫困状态。

摆脱贫困是云南各族人民世世代代的梦想。自 20 世纪 70 年代末改革开放政策实行以来，云南始终致力于经济和社会的全面发展，在全省范围内实施了以解决贫困人口温饱问题为主要目标的有计划、有组织的大规模扶贫开发，倾力帮扶特困民族、散居民族和边远少数民族群众脱贫致富。春秋几度，花落花开，在党和政府与全国人民的关怀和帮助下，经过几代人的努力拼搏，云南扶贫工作迎来了历史性的突破。

2019 年 4 月 30 日，一个平常再不能平常的日子，但对于云南省临沧市镇康县的百姓来说，却是个永生难忘的好日子。下午 3 点整，云南省人民政府召开新闻发布会，庄严宣布包括镇康县等 33 个县成功实现脱贫，退出贫困县序列。这是云南脱贫攻坚工作取得的又一个阶段性成果，压在这些县域百姓头上的穷帽子终于摘掉了。2020 年 5 月 17 日，再传捷报，临沧市贫困县全部完成脱贫摘帽，取得了决战脱贫攻坚的决定性成果。现如今的临沧与镇康，与百姓生产、生活息息相关的基础设施得到全面改善，村村通上了柏油马路，家家喝上了洁净水。眼前一幢幢小楼依山而建，一条条马路宽阔整洁，一片片坚果林、咖啡林、甘蔗林向山顶延伸。百姓做梦都想不到，自己也能从狭窄破旧的老房子搬进舒适漂亮的小洋楼。

在云南扶贫的道路上，中国农业大学从来不是缺位者。早在 2001 年，中国农大就开始在云南承担多项科研合作项目，成为较早参与云南农业发展的高校。2013 年，中国农业大学成为帮扶临沧市的牵头单位，定点扶贫镇康县。学校举全校之力，按照“精准施策、精准推进、精准落地”的“三精准”原则，以“真情真意”的关怀、“真抓实干”的举措、“真金白银”的帮扶，打造出了一个深层次、立体式、全方位扶贫工作的模式，书写了脱贫攻坚的“高校样本”，给临沧人民、镇康百姓交上了一份满意的答卷。

第一节　协作之花绽放在云岭大地

在历史的长河中，全面建成小康社会，犹如一个时代的分水岭，标志着中国人在严酷的自然和复杂的经济环境中向着未来前进了一大步。云南经济社会发展是实现中国梦不可或缺的组成部分。正如习近平总书记所言，要“正确认识和把握云南在全国发展大局中的地位和作用”。云南是国家“一带一路”的重要组成部分，也是全国少数民族数量最多的省份。这里贫困人口多、贫困程度深。其决胜全面建成小康社会的进程，必然影响到全国决胜全面建成小康社会的进程。

中国农业大学与云南的合作与帮扶由来已久。早在 2001 年，双方就开展了多项科研合作项目。其中“云南烤烟烟叶钾含量提高的关键措施”研究项目，解决了云南烟叶种植中提高钾含量的重大科技问题，并在烟叶质量控制的研究方面有了新的发现，为进一步提高云南烟草种植水平和品质打下了良好基础。此外，中国农大承担的“陆稻新品种引进试验”“鲜切花保鲜运输及贮藏技术示范”“云南省畜禽主要寄生虫病综合防治技术试验示范”“运用分子遗传标记辅助选择提高撒坝猪高仔数”“蚯蚓系列农用生化产品开发”等项目，都为云南农业现代化、产业化的发展发挥了积极作用。

同时，还完成了“稻瘟病菌诱导性水稻基因的克隆及其功能研究”，建立了分离稻瘟病菌诱导性基因的 mRNA 差异显示法，完成了 6 个稻瘟病菌诱导性水稻基因的注册。

2003 年 9 月 30 日，被云南省政府誉为“省校合作典范”的中国农业大学与云南省的成功合作再吐新芽——共同建设云南红河国家农业科技园区。该合作项目依托红河州丰富的自然资源、民族文化、政策环境等条件，依托中国农大的学科优势、人才资源和技术支持，将“云南红河国家农业科技园区”打造成中国西南部地区的“农业硅谷”，从而促进云南农业产业化、现代化，推动经济结构战略性调整，实现云南经济快速、健康发展。特别是通过园区项目的示范，带动区域 5 万亩蚕桑、5 万亩枇杷、5 万亩小枣、3 万亩灯盏花、2 万亩出口蔬菜的种植，促使桑葚、乳鸽、蔬菜花卉、亚热带特色水果等产业形成和发展，加快全州农业结构的调整和农民增收的步伐。

同年 10 月，根据中央的部署，时任校长助理、科技处处长龚元石肩负着学校的责任和重托，前往云南红河哈尼族彝族自治州担任挂职副州长。同时，经管学院朱俊峰挂职担任个旧市副市长，理学院何雄奎挂职担任弥勒县副县长，理学院李国辉挂职担任泸西县副县长，水院黄仕伟挂职担任建水县副县长，农学院徐志强挂职担任石屏县副县长。他们把学校的科技成果

图 5-1 挂职红河州干部合影

引入当地，同时也为学校科技成果转化提供基地，成为学校和云南红河州技术合作的桥梁。

春风一夜化丝雨，越来越多科研项目在红河开花结果。红河州南部坝区海拔低于1200米，冬季热资源优越，具有发展花卉种植的优越条件，中国农业大学科研团队将非洲菊等花卉新优品种与生产技术成套引入红河州，协助建立了“开远高效现代农业园”，并指导园区建立统一的采后处理中心和冷链物流集散中心，还为生产企业及周边农户提供定期技术、保险服务和线上咨询，成功实现了产品采后处理的标准化和可追溯性。此外，团队深入云南省红河哈尼族彝族自治州、文山壮族苗族自治州、普洱市景谷傣族彝族自治县等边疆少数民族深度贫困区域，协助当地政府建立国家级花卉产业园1个，省级产业园4个，总面积达到52000余亩，并为园区企业提供全产业链技术服务，以保障园区的快速发展。由此，带动花农13700余户，其中建档立卡贫困户2946户，解决贫困人口就业6700余人，人均年收入22000余元。现如今，云秀花卉等10余个合作示范企业已经成长为云南花卉产业的标杆，引领云南花卉产业快速发展，科研合作成果丰富，扶贫成效更是喜人。

临沧市地处云南省西南边陲，四季如春，年平均气温17.2℃，山区面积超过97%，是世界种茶的原生地之一、著名的“滇红之乡”，也是中国佤文化荟萃之地。这里有着丰富的水能资源，是重要糖酒业基地之一，全市年入榨甘蔗超过500万吨，入榨面积超过百万亩；这里是昆明通往缅甸仰光的陆上捷径，与缅甸接壤国境线长290公里，有3个国家口岸和17条通道，地理位置十分重要。虽然拥有丰富的资源且区位优势明显，但是长期以来，临沧的生产总值、财政收入、人均收入均低于全国平均水平，丰富资源没有得到有效开发，尤其是在实现传统农业向现代农业转型，促进农业增产增效、农民增收致富，建设小康社会过程中，亟须得到先进技术支持和智力引导。位于临沧市南汀河下游和怒江下游南北水之间的镇康县，东与永德接壤，南与耿马县毗邻，西与缅甸掸邦第一特区果敢县相连，北与保山市龙陵县隔怒江相望。独特的地理位置造就了迤逦的自然风光和独特的人文景观，然而作为拥有18万人口的边境县，被标识为集中连片特殊困难地区，脱贫攻坚任重而道远。

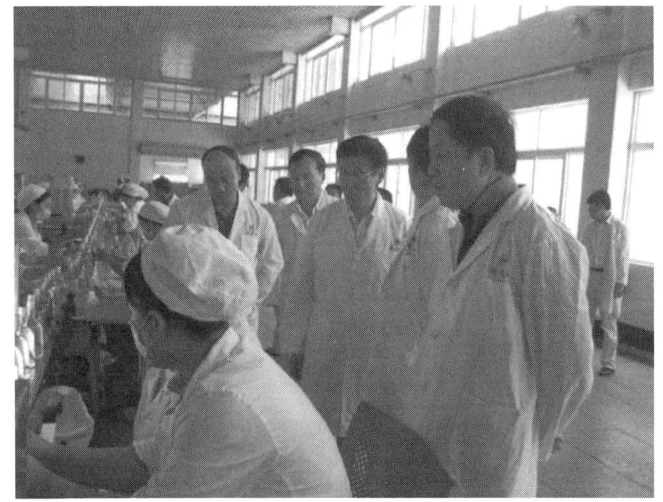

图 5-2　与临沧市进一步加强合作：签署市校农业科技合作协议

为加强市校农业科技及产业的全面合作、实现优势互补、共同推进现代农业发展，2009 年中国农大与临沧市签署了市校农业科技合作协议，双方依据“资源共享、优势互补、互惠互利、合作共赢”的原则，将临沧市和镇康县作为农业新品种新技术成果试验推广基地，开展科学研究、成果转化以及农业干部素质提升培训、继续教育、专题讲座、农业教育指导等服务。此外，中国农大还指导建立临沧咖啡研究院，支援大理学院进行食品安全管理学院建设、加强学科建设、研究生培养、技术培训、科学研究、师资队伍建设以及教育信息化建设等，为临沧市的农业发展和社会主义新农村建设提供强有力的人才和技术支撑。

2009 年 9 月 9 日，在第 25 个教师节来临之际，临沧市民族歌舞团携精品剧目《山情水韵》来到农大校园，为广大师生们带来了一场富有浓郁民族风情的艺术之夜。第一次领略到佤族风情的农大师生们，充分感受到了临沧民族文化的魅力，也感受到了临沧人民的深情厚谊。

第二节 跨越千里的“深层次”扶贫之路

2011年，国务院提出了新的扶贫目标和扶贫战略，将连片特困地区作为扶贫开发的主战场，把更多低收入人口纳入扶贫范围。随后召开的全国扶贫开发工作会议，则决定把全国14个集中连片特殊困难地区作为未来10年扶贫攻坚的主战场，并确定了部委定点联系片区的工作机制。

按照党中央、国务院的部署，教育部负责定点联系滇西边境山区，并作为牵头部门重点做好滇西片区的扶贫开发工作。这是一项光荣而艰巨的任务，教育部高度重视，随即将滇西扶贫作为一项重要的政治任务来抓，制订了《教育部定点联系滇西边境山区工作总体方案》，力争将滇西边境山区建设成为人力资源开发扶贫示范区。2012年，伴随着国家新一轮扶贫开发工作重点县的确定，根据党中央以及教育部的安排，在已有11年合作基础上的中国农业大学成为帮扶临沧市的牵头单位，并定点扶贫镇康县。至此，中国农业大学来到了镇康，开启了一段新的扶贫征程。

2013年，经过密集调研，学校制订了《中国农业大学定点扶贫工作实施方案（2013—2020年）》，从推动教育扶贫、人才扶贫、智力扶贫、科技扶贫、信息扶贫及学科扶贫等六方面提出明确规划和可操作性实施办法。此后，校领导分别带队前往镇康考察指导帮扶工作，并成立定点扶贫工作领导小组，由校党委书记、校长担任组长，与对口支援办公室合署办公，为定点扶贫工作提供有力组织保障和机制保障。

为及时掌握镇康社会经济发展情况，学校领导率先垂范，每年多次率领相关部门负责人深入镇康进行调研，认真分析，不断调整学校定点扶贫政策，了解扶贫前线最新需求，为脱贫致富把脉献策。2013年7月，时任校长柯炳生带队赴临沧市，签订多项合作协议，考察位于中缅边境的特色工业园区和咖啡种植基地，了解镇康县特色农业产业发展情况。2016年、2017年，学校6次党委常委会对定点扶贫工作进行研究，将定点扶贫工作调整到校党委。2016以来，党委书记姜沛民、党委常务副书记张东军多次率队前往镇康调研，考察并指导定点扶贫工作。2019 年 6 月，校长孙其信亲自带队前往镇康，对脱贫摘帽后如何加快乡村振兴工作进行专题调研。

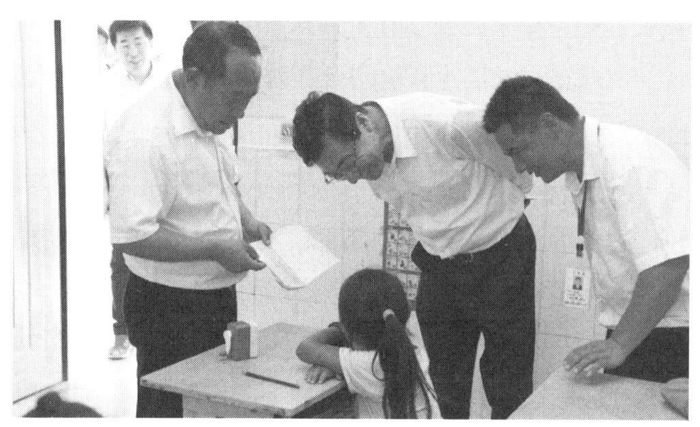

图 5-3　学校领导赴云南镇康调研定点扶贫工作

2018 年，党委书记姜沛民率队前往云南省临沧市镇康县调研考察定点扶贫工作，并看望在镇康工作的支教学生和挂职干部。他提到“数代农大人情系乡土，忧患苍生，为实现中国人千百年来的温饱和富庶之梦不遗余力，这种与祖国和人民保持着最紧密的血肉联系的传统，在践行‘两学一做’学习教育、助力脱贫攻坚中不断得到继承和升华。”2019 年，校长孙其信与在镇康县参加扶贫支教工作的中国农大师生座谈时说道：“看到同学们在这里得到了锻炼，收获了成长，感到很欣慰。同学们通过这样的社会实践，必将加深对国家的了解，增强对自身所肩负的时代责任的深刻认识，努力为镇康县、为国家的乡村振兴作出自己的贡献”。

临沧市及镇康县主要领导也频繁回访，多次率队赴中国农大开展研讨交流，开出了定点帮扶的“需求清单”。根据镇康县列出的“需求清单”，学校部门及学院负责人无缝对接，任务被一一“领走”。由新农村发展研究院牵线，两家企业与镇康县就生产基地建设一事进行商谈；信电学院在镇康设立农业信息化教授工作站，在当地开展理论培训，建立镇康农业物联网；继续教育学院在镇康设立了远程中心教学点。中国农大以实际行动，体现出了“根据镇康之所需、尽学校之所能”的工作理念，展示了定点脱贫攻坚的决心和力量。校地同心，共克难题，中国农业大学师生与镇康人民群众的情谊也日益深厚。

脱贫帮扶的纽带把中国农大和临沧市及镇康县紧紧地连接在一起，同呼吸共命运。自定点扶贫临沧市镇康县以来，学校高度重视定点扶贫工作，快速建立了校地双方沟通、年度工作报告、定期工作交流、校内专项工作经费支持等多项机制，明确合力攻坚方向。学校党委书记、校长等班子成员、中层干部、专家教授200余人次深入镇康县开展脱贫攻坚专题调研，先后签订了中国农业大学与临沧市合作协议、定点帮扶镇康县框架协议等多项协议，整合多方资源，创新工作举措，持续精准发力，提供全方位精准支持。

7年间，学校领导深入一线亲历指导，定点扶贫工作领导小组统揽全局，校地互访交流频繁，校内三十余个单位主动请缨，11名挂职干部扎根当地，累计培训1500余人次，培训基层干部500余人次，建成2个教授工作站、1个科技小院，累计对口帮扶资金、物资近1000万元，引入帮扶资金2300万元，直接购买农产品619余万元，帮助销售农产品近903万元……一串串数字是学校尽锐出战、精准施策、深层次定点扶贫的见证。

第三节　一张“立体式”定点扶贫的药方

战略落地，人才先行。中国农业大学积极打造纵向到底，市、县、村立体式帮扶体系，选拔优秀管理干部赴临沧市、镇康县、乡村挂职，调动学校农林、畜牧、水利等不同领域的专家教授，整合科技资源，产学研共同发力，建设临沧市教授工作站、镇康县教授工作站、木场村科技小院等科技平台，形成了“教授到乡村，学生住乡村”的新局面。

一、用实际行动把“担当”写在临沧大地上

“挂职不等于称职，从挂职到称职需要一个过程。我们将珍惜机遇，牢

记使命，深入实践，求真务实，尽职尽责，为滇西人民群众多干实事，努力为当地发展服务。”这是中国农业大学现任党委常务副书记张东军在 2013 年作为挂职干部代表在教育部首批赴滇西挂职干部岗前培训班开班仪式上的承诺。

选派干部赴滇挂职，是学校根据党中央、国务院、教育部关于扶贫工作决策部署，做出的一项重要举措。在临沧市，2013 年，张东军担任临沧市副市长。2014—2015 年，赵竹村、段刘伟先后担任临沧市政府副秘书长。在教育部首批赴滇西挂职的 54 名干部中，张东军是高校选派的唯一一位副校级干部，这体现了中国农大对扶贫工作的高度重视。

表 5–1　中国农业大学赴滇西挂职干部信息表

姓名	挂职时间	挂职岗位	校内时任职务
张东军	2013.4—2014.4	临沧市副市长	党委副书记
刘尚民	2013.4—2014.4	镇康县副县长	信息与电气工程学院分党委副书记
赵竹村	2014.4—2015.4	临沧市政府副秘书长	党委统战部部长
张　浩	2014.4—2015.4	镇康县副县长	动物科技学院副教授
陈英义	2015.4—2016.4	镇康县副县长	信息与电气工程学院副教授
段刘伟	2015.4—2016.4	临沧市政府副秘书长	校办产业办公室副主任
李克江	2016.3—2018.7	驻村第一书记	工会副主席
卜洪震	2016.4—2017.5	镇康县副县长	科研院科研项目处处长
刘　军	2017.5—2019.7	镇康县副县长	研究生院综合办主任
荆忠海	2018.7—至今	驻村第一书记	党政办公室科长
陶宪盛	2019.7—至今	镇康县副县长	继续教育学院副院长

备注：统计截止至 2020 年 6 月。

挂职期间，张东军组织召开了临沧市金融座谈会，谋划全年金融工作，并按季度召开金融联席会。在市委、市政府领导下，和班子成员齐心协力，完成涉及贷款项目 61 个、贷款金额 296 亿元、授信 10.5 亿元；不断创新方式，推动政银企合作，全市落实协议项目 522 个，协议金额 141.05 亿元。同时，根据临沧的产业特点，扎实推进咖啡产业发展，并通过谋篇布局，确定市县咖啡产业目标任务，帮助出台相关扶持政策，激发和调动农户种植咖啡的积极性和主动性，累计种植面积达 55 万亩，面积排全省第二位，提前两年完成“十二五”规划的目标任务。此外，张东军还积极联络出版

图 5-4　中国农大与临沧签订市校合作协议，临沧教授工作站挂牌启动

协会，为临沧市捐赠了近 40 万码洋的图书；邀请中国光华科技基金会到临沧考察调研，落实对临沧师专、临沧儿童福利院及有关中小学价值 835 万码洋的图书、20 台电脑的捐赠；争取到了中国教育基金会对临沧市教育事业 1200 多万元的帮助支持。

作为校地之间的合作联系桥梁，在张东军的牵线搭桥下，学校十余位教授来到临沧，考察、指导高原特色农业及畜牧业的发展。2013 年 11 月，张东军又带领学校专家、教授工作组，签署了信息与电气工程学院与镇康县人民政府的合作协议。根据协议，学院牵头正式启动了教授工作站。临沧教授工作站成为市校合作的重要依托，也是中国农大在云南建立的第一个基层教授工作站。

随着临沧咖啡业迅速发展，种植面积已达五十余万亩，但政府部门并不满足于此，他们还希望能对咖啡在全市的地理分布、种植区（庄园）的管理有一个宏观的了解，为政府规划产业发展提供可靠依据，于是“临沧咖啡智慧种植庄园物联网”项目应运而生。

2013 年 12 月，中国农业大学的 16 名教授、专家、研究生抵达临沧，正式启动临沧市咖啡种植庄园物联网建设项目。实际上，物联网是信息与电气工程学院利用卫星遥感、视频通讯、传感器等先进技术为临沧农业局开发的集全市咖啡种植状况管理及咖啡庄园种植管理于一体的现代化智慧管理平台。该项目分为两个部分，一是利用卫星遥感数据，结合实地勘测，绘制临沧咖啡种植的地理分布图；二是利用现代传感器、视频、通信技术对咖啡庄园的咖啡生长与营养、咖啡园环境信息等进行实时监测，并提供智慧决策管理平台。这对于特色管理种植区、保证咖啡产量、促进优质生产具有十分重要意义。此后，学校累计派出教师和研究人员 30 余人次，研究生 20 余人次，与当地养殖人员吃住在草山上共 70 余天，共同讨论项目实施方案。

中国农大助力临沧市实施农业物联网建设的举措，改变了临沧市农业干部和科技人员的理念，增强了他们用现代信息技术装备农业的信心，同时也扩大了临沧的影响力，令人刮目相看。

二、将扶贫满意“答卷”交到镇康百姓手里

《孟子·离娄下》有云：“子产听郑国之政，以其乘舆济人于溱洧。”孟子曰：“惠而不知为政。岁十一月，徒杠成；十二月，舆梁成，民未病涉也。君子平其政，行辟人可也，焉得人人而济之。”子产是春秋时代的名臣，主政郑国时用自己所乘的车辆帮助百姓渡河，一时传为佳话。然而孟子却认为只有把桥梁建成了，才能从根本上解决百姓渡河之难。

这个故事对中国农业大学的扶贫干部启发很大。2013 年开始，学校选派拥有丰富工作经验的刘尚民、张浩、陈英义、卜洪震、刘军、陶宪盛等干部挂职镇康县副县长等职务。挂职期间，他们充分发挥校地之间的桥梁作用，精准掌握基层党员群众情况、精准掌握建档立卡贫困户情况、精准掌握当地支柱产业情况，量身定做脱贫方案，培养基层党员群众、带动农民增产致富、让建档立卡贫困户直接获益，充分发挥示范、引导、带动和辐射作用，从而更快、更好地实现脱贫致富目标。中国农大挂职党员干部在打赢脱贫攻坚之路上，只争朝夕，不负韶华，可谓新时代的基层领路人。

2013年10月，中国农业大学镇康教授工作站协议签约暨授牌仪式在镇康市举行。根据工作站的运行机构与职责，镇康县副县长（挂职干部）担任站长，政府办主任、农业局局长担任副组长，农业局、林业局、工信局、教育局等单位为成员单位。自教授工作站挂牌以来，师生用心、用情、用智极力帮扶镇康，做到身到、情到、责任到，为镇康县的发展注入了新活力，为提升镇康县传统农业、加速农牧业现代化进程作出了积极贡献。

在镇康扎根的不仅有教授工作站，还有“中国农业大学镇康教授服务团”。他们依镇康产业发展特点选择对口专业教授，进行专属技术服务，开展实用、适用的农业技术示范推广和新品种引进活动，以培育镇康高原特色农业产业，取得了明显的成效。仅2016年、2017年，服务团就提交产业报告4份，引进技术7项、蔬菜新品种45个，培训农技人员、致富带头人160人次，培训农民300人次以上，现场指导农民1000人次以上，辐射带动2000亩以上。与此同时，教授服务团不断深入镇康县调研农业生产，助力精准扶贫、积极落实对口扶贫目标。调研组先后到镇康县南伞镇、木场乡、军赛乡、勐堆乡，实地察看了土肥站建设、中草药种植、肉牛与生猪养殖等实际情况，并根据当地拥有的资源和条件，建议发展适合高原特色的农业，加强对资源开发规划工作，合理开发利用，注重环境保护，做好测土施肥。另外，他们还来到了勐堆乡帮东村，指导农户进行黄精试验性种植，协调组织企业进行收购，待模式成熟后将进一步扩大种植规模，并建议加快肉牛品种改良、做好肉牛养殖技术的示范与推广，获得更好的收益。

专家们在一线注重解决实际问题，受到当地农民和基层农技人员的热烈欢迎。专家服务团来到镇康后，不辞辛劳，第一时间就来到田间开展技术指导。在南伞镇蔬菜种植基地，蔬菜专家与菜农零距离沟通，了解农民开展大棚后产量收益状况，仔细观察棚室的温湿度及植株的长势情况，推广“番茄整枝打杈”“黄瓜吊蔓落蔓”“蔬菜嫁接育苗”等实用技术。临别前，教授们约定将为基地免费提供高产黄瓜、番茄新品种试种。在马鞍山茶园，专家则仔细查看茶园土质、茶叶生长状况，细致了解当地有机防控技术现状，对有机茶叶的发展提供参考建议。在调研甘蔗和坚果节水建设项目中，专家还现场分析缺水原因，仔细查看节水项目建设和实施情况后，提出了山地或缺水地区提高农业产量、实现提质增效的技术线路。在调研马鞍山茶园、咖啡智慧庄园和王氏坚果庄园过程中，专家们着眼地方利用环境优势发展特色农业产品的发展态势，表达了将协调国内企业与县域对接的意愿。

三、甘作乡村扶贫路上的铺路石

镇康县的帮东村、木场乡和忙丙乡是中国农业大学定点扶贫的重点乡镇。在帮东村，挂职干部李克江、荆忠海先后担任勐堆乡帮东村第一书记。在忙丙乡，农大师生把脉马鞍山村茶叶发展，提升了农产品附加值，增加了农民收入。在木场乡，农大师生建成“科技小院”，推广示范高原特色农业新技术，致力于解决小农户增产增收的问题。

2016年，“中国农业大学镇康科技小院”在木场乡建立，通过选派博士、硕士研究生，进行农业技术示范与推广、人员培训，点对点实打实地做好定点扶贫工作，这也是首个扎根国家级贫困县的科技小院，真正实现了“学生住乡村”。

科技小院成立后，中国农业大学发挥多学科优势，组织相关专业领域师生共同参与和充分研讨，最终选择了冬桃、重楼、蜜橘、澳洲坚果和甘蔗等支柱产业给予重点技术支撑，并采用“科技小院+政府+贫困户”的模式，依托小院，引入种植技术，完善园区与产业规划，打造种植园示范园，让建档立卡贫困户从中直接获益，带动乡村产业高质量发展。

在这里，他们建立了“木场乡道地中药材示范园”，推广了“林下种植中草药”与“黄精种植与栽培”等技术，种植重楼20亩、草果5亩、火镰菜及树头菜10亩、滇黄精2亩、大百合2亩、山茶8亩、三七1亩、香花椒2亩，辐射周边农户731户2907人，包括建档立卡贫困户423户1546人，为园区内及周边农户带来每年每户2000—5000元的经济收入。此外，2010年开始，木场乡开始种植冬桃，面积从100多亩发展到2000亩，但冬桃品质差、价格上不去，许多种植户甚至有弃种冬桃的想法。科技小院落户镇康木场乡后，学校派驻科技小院的教师和研究生针对生产问题展开科学研究和技术创新，广泛开展技术培训及田间指导，为农民提供“保姆式”服务。目前，木场乡累计发展冬桃5000亩，挂果1200亩，实现经济效益1344万元，农民人均增收1400多元；科技小院的师生还对当地的其他农业

图 5-5 “科技小院”落户木场乡参与定点扶贫

产业进行了帮扶，经过科技培训和提高管护技术，山茶亩产值7000元以上，增幅1000元以上，村民的收入提高了，生活改善了。

好的创意总是来自实践。根据木场乡独特的乡村旅游条件，“科技小院”的师生经过考察调研，还帮助策划乡村旅游项目，优化乡村旅游模式，将科技与乡村旅游相结合，助推一、二、三产融合，木场乡村旅游得以蓬勃发展。

在木场乡桃花岛景区，“科技小院”成了木场乡村旅游名片。游客游玩桃花岛的同时，都会到科技小院来参观庭院中药材种植园，并购买木场乡特色中药材重楼、黄精、三七等，带动了周边农户的经济收入。“科技小院”农户及周边农户开设的农家乐，推出“全药宴”的特色旅游餐饮，吸引了周边县和乡镇的大量游客，推动乡村旅游全面发展。同时，“科技小院”结合木场乡提出的“一村一品”“一乡一业”现代特色农业构想，参与策划木场乡共享庄园项目，将产业发展与乡村旅游紧密结合，让游客参加采摘体验活动。

木场共享庄园规划占地面积161亩，涉及农户49户。共享庄园的主题是“收入共享”，原来这里的农民每亩土地的收入大约每年2000元左右，现在将土地集中流转，农民的租金为第一收入，待庄园建成后，返聘农民入园务工，务工收入为第二笔收入，整个庄园交由第三方合理经营，在按收入的比例反馈村级经济组织为第三笔收入，最终达到政府、承包人、农民、市民共享发展成果的良好格局。据估算，庄园建成后，每年给 49 户租地农户户均增加不低于 2 万元收入，实现村级集体经济收入 5 万元以上，带动 300 多户 1575 人共同致富。

临沧日报

LINCANG DAILY

我省三地普洱茶品牌价值达612亿元

打造幸福和谐新家园

为临沧跨越式发展提供人才支撑和智力保障

坚决打赢脱贫攻坚战

石山洞：脱贫路上策马扬鞭

中国农业大学“科技小院”坐诊镇康冬桃产业

双江县以讲促学谋发展

图 5-6　临沧日报《中国农业大学“科技小院”坐诊镇康冬桃产业》

为提升脱贫攻坚的科技含量，“科技小院”的师生又聚焦影响当地农业主导产业高产高效的关键制约性因素开展科技攻关。经过测土配方施肥、实行果树精准滴灌以及给幼桃套袋等科学管理。仅一年，村民们就尝到了甜头，运用新科技种植管理的冬桃个头大、甜度高、卖相好，最低每斤卖到 5 元，而传统方法种植的桃子最高每斤才卖 3 元。木场乡养牛户陶有华多年坚持传统养殖，可他家的黄牛越养越瘦。于是，科技小院师生请来了国家产业肉牛技术体系首席科学家曹兵海教授。曹兵海现场为陶有华家制订“山繁川育”养殖模式，并开出低成本饲料配方。2 个月后，牛肥了、毛亮了、肉质感增强了，陶有华尝到了甜头，看到了致富的希望，于是进一步扩大养殖规模。这样的消息一传十、十传百，周围乡村养殖户、技术人员，都来学习，询问饲料配方。

“科技小院”在研究高产、高效技术解决农户增产、增收问题的同时，还高度重视当地干部与农民的培训，做到推广技术与提升科技素质的紧密结合。他们住在小院随时找得到，行在地里随时看得见，下到田里随时解难题，实现“零距离、零门槛、零费用、零时差”的科技指导，提供“手把手、面对面”的技术服务，解决了农民与科技人员脱节、科研与生产脱节、农业发展与后备人才培养脱节的问题。与此同时，为了能够培养出“永久牌”科技人才，“科技小院”的师生探索建立了多元化农民科技培训方式。利用科技小院、农民家里、村委会、农村街巷等不同地点采用面对面讲课、田间观摩等多种方式，向农民普及农业技术，建立了科技扶贫的长效机制。

如今的木场乡发生了天翻地覆的变化，“两不愁、三保障”的目标已全面实现，百姓已从过去追求物质满足，转变为现在的追求生活品质，对美好生活的向往越来越高。2017 年 11 月，木场乡木场村退出贫困村。2019 年 5 月，木场乡累计脱贫退出 7 个行政村六千余人。贫困发生率从 37.94% 下降为 0.79%，建档立卡贫困户从 1571 户 6211 人减少到 38 户 129 人。

这个“科技小院”只是中国农业大学师生以学科特长助力脱贫的行动之一。你也许不知道，虽然骄阳似火，但一大批农大师生在祖国各地开展形式多样的暑期社会实践活动，立志解民生之多艰；你也许不知道，在镇康乡村这片精准扶贫的热土上，有众多学子们依托“博士服务团”项目，为了当地经济社会的发展倾注了大量心血和汗水。

勐堆乡地处滇西南边陲，与缅甸果敢接壤，是云南省高峰黄牛保种基地，拥有丰富的水能、地热和矿藏资源，其主要作物有甘蔗、核桃、坚果、烤烟、玉米和水稻。由于甘蔗产量低、人工成本高，乡里逐渐在扩大玉米种植以替代甘蔗，然而玉米种植管理比较粗放，播种前不翻耕土地，平时施肥仍采用表面撒施的方式，导致玉米缺肥现象严重，穗小、粒小、产量低。针对这些问题，博士服务团调研后，建议种植玉米前对土地进行翻耕，合理安排好种植密度，尽量采用人工除草，减少使用除草剂。在施肥期采用垄沟追肥的方式，在玉米苗高 30 厘米时、玉米大喇叭期、授粉前后分别施一次化肥，并尝试推广以玉米为主的间作套种技术，这种模式可在原来作物基础上增收 200—250 公斤 / 亩。

在凤尾村、大坝村、大寨村、岔沟村和忙耿村，随处可见烟叶清秀整齐的新绿身姿，一群群忙碌的身影在田地里往返穿梭，然而由于田间管理不精细、打顶抹茬不到位、废弃烟叶丢在田中、施肥过量等原因，烟叶贪青晚熟、根腐病和赤星病等病害严重。博士团深入到村子进行调研，针对烟叶种植问题，博士服务团带着从田间带回的病株给岔沟村 120 多个烟农做了专题培训。从普遍发生的两大病害入手，讲解了病害发病的条件和原因。村民非常朴实地说道：“我们特别希望你们大学生能多给我们讲讲课，跟我们交流，帮我们解决问题，欢迎你们常来我们岔沟村。”

在大坝村，博士服务团在调研过程中还发现，少数“网红”村民已经开始通过“抖音”宣传自己生产的农产品。为了帮助农户更好地使用电子商务平台，博士服务团在大坝村以“如何借助实用工具推动农产品营销”为题，讲解了如何利用“抖音”进行农产品营销，并就如何发布抖音短视频进行展示。这样主题的培训吸引了很多村民前来，很接地气，很有实效。

脚踏实地，硕果累累。中国农大自 2017 年连续 3 年派出博士服务团深入镇康开展“博士镇康行”科技服务活动，累计已有 16 个农业相关学科的 40 多名博士生和导师走遍镇康县 7 个乡镇。他们用自己的专业知识对接生产一线，为镇康县农村举办中草药栽培、甘蔗栽培与病虫害防治、蔬菜栽培与病虫害防治、柑橘病虫害防治技术等各类培训和指导。从实践到理论，更是博士服务团的天然优势。经过长期的观察和思考，撰写了《云南省临沧市镇康县木场乡调研报告》《甘蔗产业的下一个春天在哪里》《多举措助推镇康优质农产品走出“滇”门》等 30 余篇高质量调研报告，为镇康高质量发展把好脉。与此同时，在镇康开展讲座近 30 次，培训村干部 100 余人，农技人员 300 余人，现场

图 5-7　博士生开展特色培训，助力镇康精准扶贫

中国农业大学教授到镇康县开展技术扶贫工作的感谢信

中国农业大学：

镇康县地处祖国西南边陲，位于云南省西南部，临沧市西部，县境东邻永德县，南接耿马县，西与缅甸果敢自治区山水相连，是一个集“边、山、少、穷”四位一体的国家级贫困县。自脱贫攻坚工作开展以来，镇康县始终把产业精准扶贫作为统揽经济社会发展的重中之重，全力推进精准脱贫工作。为了进一步提升我县的高原特色产业技术水平和作物病虫害防治工作，我县有幸邀请到贵校的班丽萍教授及其团队的刘艳琪、李瑾博士于2020年1月6日-9日到我县进行了坚果、烤烟等产业种植技术和病虫害防治指导，班丽萍教授一行的现场指导，对提升我县高原特色产业发展技术水平、病虫害防治和产业精准扶贫起到了重要作用。特此表示衷心感谢，望中国农业大学一如既往关心帮扶镇康。

镇康县人民政府

2020年1月11日

图5-8　镇康县政府特发来感谢信，以表达对博士服务团工作的充分肯定和支持

指导农民5000余人。

师生们的活动与付出得到了当地政府的高度认可。2019年，镇康县人民政府为此特别送上了一封感谢信，以表达对农大师生的充分肯定和支持。脱贫攻坚阔步走，山乡旧貌换新颜，师生们为推动当地经济作物持续发展、助力当地脱贫攻坚和乡村振兴贡献了科技智慧。就这样，一个个鲜活的助农、惠农实例在农村大地上生根发芽，开花结果，谱写出一首首扶贫的赞歌。

第四节　打出“全方位”定点扶贫组合拳

2013年以来，中国农业大学针对临沧市特别是镇康县实际，坚持以智力扶贫和人才扶贫为重点，充分发挥学校的教育、人才、智力、科技、信息及学科专业优势，服务和推动当地经济社会发展和自我发展，积极推进各项工作，打造出了横向到边、全方位帮扶的新格局。

一、以党建为引领，探索特色扶贫路

自定点扶贫工作变动以来，中国农业大学把党建与脱贫攻坚有机融合，坚持“党建带扶贫、扶贫促党建”，广泛发动学校党员教师积极参与定点扶贫工作，通过“指导技术生产、帮带基层党员”，建强组织筑牢堡垒，促进

党建与精准扶贫深度融合，培养了一批“懂农业、爱农村、爱农民”的基层党员，发挥党员模范带动作用，带动区域农业产业发展，全方位推进定点扶贫。

在学校党支部发挥自身优势实施行之有效的定点帮扶措施之外，学校党委研究决定捐献党费200万元，设立党建扶贫项目。集中学校的资金、人才、技术优势，采取“基层党支部+合作社+建档立卡贫困户”的方式，与镇康县委政府一起帮助忙丙乡和木场乡的建档立卡贫困户实现稳定脱贫。在此期间，学校两次派出专家教授到镇康县党建扶贫项目所在的忙丙乡和木场乡帮助策划实施党建扶贫项目，并召开党委常委会，专题研究论证镇康县党建扶贫项目实施工作，学校党委书记姜沛民亲自带队到镇康考察落实项目实施情况。

学校与乡党委、村党支部精准对接，结合实际需求，坚持现场指导和就近培训原则，深入田间地头，开设“微型党课”，“围绕一个支柱产业、选择一位党员教授、宣讲一项国家时政、推广一批适用技术”，打造脱贫攻坚新平台，开拓脱贫攻坚新路径。在忙丙乡，中国农大还成立了“科技小院”校外党支部，落实党员学习、“三会一课”等制度，保障“科技小院”党员发展、培养和考察等工作及时有效开展。与此同时，校地支部联合开展红色“1+1”活动，组织党员宣讲党的十九大精神、开展党史竞赛、农业知识竞赛等活动，既深入宣传党的基本理论、方针政策，又广泛传播农业科技知识。

二、用特色产业支撑，打造强本扶贫路

俗话说“授之以鱼”不如“授之以渔”。一句简单的“俗语”却是精准扶贫道路上的“真谛”。脱贫领域的“渔”是什么？科技助力、创新驱动，帮当地百姓拔掉穷根，无疑是答案之一。正所谓“授人以鱼”只能救一时之急，“授人以渔”则可解一生之需。尤其在新的形势下，产业扶贫已成为脱贫攻坚的重大利器。中国农业大学依托教授服务团、“科技小院”等平台，精准梳理临沧与镇康需求，选择重点，培育发展坚果、马鞍山普洱茶、冬桃、中草药、野山茶等五大特色产业，利用学校学科优势，积极调动相关专家和科技资源，服务临沧与镇康现代农业产业发展，确保建档立卡贫困

户收入有保障。

（一）澳洲坚果树长出“脱贫果”

连续七年“双十一”销量第一，“三只松鼠”的爆红折射出坚果食品在中国巨大的市场潜力。而大多数中国消费者并不知道，一部分流通在国内市场的澳洲坚果产自云南临沧，这里已经成为世界最大的澳洲坚果种植基地。民间俗称的“澳洲坚果”又叫澳洲胡桃、夏威夷果，原产于澳大利亚。30 年前，澳洲坚果漂洋过海，来到了云南。30 年后，坚果产业在临沧已到“而立之年”。从套种咖啡、魔芋、砂仁，到发展林下养殖、开展乡村旅游、进行精深加工，再到建立坚果研究所、推广滴灌技术，澳洲坚果在当地落地生根。如今，临沧市澳洲坚果种植面积已近 270 万亩，约占全球的 56%，位列全球之首。镇康县澳洲坚果种植面积也达到了近 40 万亩，挂果面积达 12 万亩，年产量达 3600 吨，产值达到了 1 亿元。

临沧的坚果产业发展存在加工产品规模小、产品单一、缺乏对本土品牌的打造、对远销市场缺少了解和把控等问题。这些问题阻碍了澳洲坚果产业的发展。为此，中国农大的师生们深入临沧市永德县、镇康县澳洲坚果种植基地、加工厂调研，与当地农户零距离沟通交流，听取农业生产发展中存在的实际困难和问题，详细了解挂果面积、修枝剪枝方式、施肥用药等情况，并就提高农民管护意识、改善生产方式、科学施肥用料等问题给出合理化建议，为制定和优化全乡农业产业发展方案寻找方向，为当地坚果产业发展出谋划策。2014 年，镇康县南伞镇坚果加工厂从美国和澳大利亚引进机械化、自动化加工生产线，成为目前全国最大的澳洲坚果专业化加工厂。澳洲坚果已经成为云南省临沧市、镇康县的特色产品，是名副其实的“小康树”“致富树”。

（二）马鞍山古茶园重获生机

云南是茶树的发源地。云南出好茶，云南人爱喝茶，云南聚集的 26 个民族都用各自不同的方式在酷爱、品饮着云南的茶。云南人家中那永不熄灭的火塘边，驿道、马帮歇脚的篝火旁、山间清澈如许的清泉畔、无不飘荡着云南特有的茶香。在思茅、西双版纳辖区内，发现了最古老的茶树，树高近 33 米，树龄估计在 1700 年左右。在全世界 380 余种制茶植物中，云南就有 260 多种。云南茶叶中以普洱茶最为有名，普洱茶汤色褐红，口味醇香回甜，香气郁郁而茶心温和。

云南的茶文化犹如一幅迷人的风俗画卷，色彩斑斓而亮丽，使人陶醉、令人遐想。殊不知，镇康县也是世界茶树的发源地之一，至今还生长着中华木兰以及大面积的野生型、过渡型、栽培型的古树茶。一条条斑驳古老的马帮路和漫山遍野的古茶林，诠释着这里曾是茶马古道的重要支线，是通往缅甸及南亚、东南亚的陆路捷径。据史料记载，镇康茶马互市上相当热闹，茶马古道上曾行走着成百上千辛勤的马帮，他们日复一日、年复一年，在风餐露宿的艰难行程中，用清悠的铃声和奔波的马蹄声打破了千百年山林深谷的宁静，开辟了一条通往域外的经贸之路。赶马人凭借自己的刚毅、勇敢和智慧，用心血和汗水浇灌了一条通往茶马古道的生存之路、探险之路和人生之路。

镇康马鞍山早在唐代就有茶叶问世。天宝年间，诗仙李白曾饮过采石广济寺僧人沏的本地茶。茶圣陆羽曾在广济寺借宿，也曾饮过本地茶。清代美食家童岳荐编撰的食谱《调鼎集》中记载的茶叶中，安徽名茶“黄山毛峰”未在其列，而马鞍山当涂的“涂茶”却记录在案。据当涂大青山一带老辈们回忆，当时的“涂茶”作为贡品，每年都要进贡给朝廷，由此可见马鞍山茶在清朝时便已享誉天下。得天独厚的气候、地理、生态环境，造就了独特品质的马鞍山普洱茶。马鞍山古树茶芽头大而漂亮，但茸毛不多，干毛茶多呈墨绿色，具有汤色黄绿明亮、香气高扬持久、味道鲜爽、喉韵甜润绵长、饮后回甘持久等特点。

到了 20 世纪 90 年代，因种种原因马鞍山茶在市场上渐渐消失了。每到茶叶季节，采摘下的茶叶大都作为雨花茶、碧螺春等外地品牌茶的鲜叶或毛坯茶。好端端的茶叶资源，只能被动地去等待外地的茶贩们上门收购，甚至有些茶农上年产的茶直到下一年还没销完，还有不少茶农因茶叶难以销售，只好将茶园荒废。价高无人问津，价低又难以保本，因茶伤农的事屡屡发生，严重影响和挫伤了茶农种植茶叶的积极性。

2017 年，Newton 合作的知名杂志《科学世界》，发表了《喝茶能防癌还是致癌？》一文，更是引发了轩然大波。一时间，不少朋友陷入了困惑之中，还有茶友被吓得赶紧把家里的茶叶扔了。虽然后来经过吉林省产品质量监督检验院运用“液质串联法”进行检测，并未发现黄曲霉毒素，但茶叶的销售受到很大影响。为扭转不利的局面，中国农大自筹经费十余万元，委托教育部植物营养重点实验室、农业部农产品检测中心、北京市食品及酿酒产品质量监督检验一站，对镇康县马鞍山茶叶及其生长环境的土壤、水进行检测，检测样本上百项（次），为忙丙乡马鞍山古树普洱茶科学养护与品牌影响力提升提供科学依据与参考。

为了帮助马鞍山地区村民尽快脱贫，由中国农业大学援助建设的马鞍山村茶苗圃基地已初见成效。基地总面积6亩，投资约44万元，中国农大援助资金30万。建设过程中为了更好地整合资源、育出优质茶苗，实行“种茶专业户 + 致富能手 + 贫困户 + 基地”运作模式，解决了5户建档立卡贫困户育苗问题，同时长期聘用13户建档立卡贫困户进行管理，实现10户45人稳定脱贫，每年还可为集体经济增收近4万元。目前，马鞍山村围绕“生态旅游、茶文化体验、茶美食推广、民宿建设、雨水茶转型”等主题，以“融合”的方式从单纯的“卖茶”转向“卖茶文化”“卖茶美食”“卖茶故事”，进一步提高了产品的附加值，带动了生态旅游休闲业发展，农民收入不断提升。

如今，在几千年古人开创的茶马古道上，成群结队的马帮身影不见了，清脆悠扬的驼铃声远去了，远古飘来的茶草香气也消散了，然而留印在茶马古道上的先人足迹和马蹄烙印以及对远古千丝万缕的记忆，却幻化成马鞍山人的一种崇高的创业精神，重获新生。

（三）木场十里桃花更娇艳

阳春三月，镇康县木场乡的桃花竞相开放，映衬着桃源水库湛蓝的湖水和周边形态各异的小山丘，呈现出“春天桃花尽染、秋末桃红水绿”的美丽胜境，被当地人及游客称为“桃花岛”。过去这里的村民们仅靠种植苦荞、玉米为生，长期以来一直在贫困线上徘徊。木场乡地处高海拔冷凉山区，海拔1950米，年平均气温17℃，日照充足，昼夜温差较大，地域与气候等条件十分适宜冬桃生长。

2010年，木场乡按照“生态立市，绿色崛起”发展战略，围绕“万元山、万元田、万元人”的建设思路，立足资源优势，走高原特色产业发展之路，大力发展特色水果产业冬桃，实现特色农业规模化、产业化。此后，木场村冬桃产业不断发展壮大，冬桃的知名度和美誉度进一步提升，不仅使百姓得到较好的经济效益，同时也增加了绿色覆盖面积，改善了农业生态环境，形成具有木场乡特色的一道亮丽风景线。每年 10 至 11 月，冬桃恰好填补了同期桃类市场的空白，实现了农民增收致富。随着产业的健康、稳步发展，冬桃已成为当地群众增收致富的又一新兴产业。

之前，因为缺技巧、缺资金、缺人才，冬桃的品质始终提不上来，价钱时高时低，对种植户产生了较大影响，个体种植户甚至有弃种冬桃的设法。为了更好地帮助百姓增加收入，积极打造“冬桃之乡”，中国农业大学投入党建经费 20 万元，推广冬桃种植面积 40 亩，扶持建档立卡户 20 户，增加了 40 万元收益，实现建档立卡户每户年均增收 2 万元，尤其是“科技小院”的师生依托基层党支部，组织了实施冬桃管护、重楼种植、草果种植、山茶种植等多种高原特色农业产业技术培训，培训期间累计发放培训资料一千余份，提高了当地农民的技术水平和管护能力。

如今，走进木场乡冬桃种植基地，清爽的空气中弥漫着香甜的味道，一个个硕大的桃子犹如天上的繁星挂满枝头，它们被包裹在一个个小袋子中，接受着阳光雨露的滋养。在这一望无际的“桃海”中，桃农、游人、运货商三五成群，交谈声、欢笑声在山谷里荡漾，宛如池塘里激起的一道道涟漪。

（四）老重楼种出致富新希望

谈到云南草药，有一种药不得不说，那就是享誉海内外的百年老药——云南白药。云南白药是云南著名的中成药，由名贵药材制成，具有化瘀止血、活血止痛、解毒消肿之功效。它由云南民间医生曲焕章于清光绪二十八年（1902）研制成功，原名“曲焕章百宝丹”。问世百多年来，云南白药以其独特、神奇的功效被誉为“中华瑰宝，伤科圣药”，也由此盛名于世、蜚声海外，成就了一个多世纪的辉煌。

不为世人所知的是，云南白药主要配方之一就是民间传统名贵中药材——滇重楼。重楼，始载于《神农本草经》，中国传统中药之一。近年来科学研究发现，重楼及其化学成分具有良好的抗菌、抗炎、抗胃溃疡、抗肿瘤、心血管、镇静镇痛、止咳平喘等生理活性，滇重楼去脂后的甲醇提取物可使血凝时间明显缩短，具有非常广阔的开发前景。

随着重楼的药用价值不断增长，重楼的市场行情见涨，市场需求量也与日俱增。木场乡在继续巩固提升甘蔗、茶叶、坚果等传统产业的同时，持续加大重楼等“短平快”产业培育和扶持力度，拓宽群众增收脱贫渠道，进一步夯实稳定脱贫基础。另外，中国农业大学投入党建经费 40 万元，扶持重楼种植 10 户。如果按目前市场计算，可产生 250 万元左右的收益，实现建档立卡贫困户每户年均增收近 5 万元。经过培训，越来越多的村民慢慢掌握了重楼的种植技巧，还在自家的冬桃地里探索出了“冬桃＋重楼”的立体栽培套种模式，不仅解决了重楼怕霜冻和阳光直射的问题，又能培肥和改良土壤，大大增加了土地的复种指数。村民种植的重楼都是选用本地野生采摘的重楼进行仿野生栽培，因此种苗质量及药性均优于其他品种，远近各地的重楼种植户常常慕名前来向他们购买重楼籽。村民难以掩饰内心的喜悦之情，说道：“重楼浑身都是宝，从根到茎到尖都有药用价值，特别这两年，重楼价格已经涨到了三四百块钱一斤，今年我们种了 3 亩左右，预计产值 15 万元左右。”

与此同时，木场乡党委、政府还在绿荫塘、桃花岛、三沟水箐等地推进重楼育苗基地建设，将培育好的种苗低价卖给农户，大大减少种植成本，并积极组织乡农技人员到村开展技术指导，鼓励农户在重楼产业发展上形成集中、连片规模。在此基础上，成立了镇康县益生园中草药种植合作社，合力发展重楼种植业，通过多方筹资、集中管养、按股分红的方式，最终达到村级有收益、农户有收入的目标。从野外采摘到田间种植，从零星散种到集中管养，从分散经营到规模发展……木场乡的重楼种植户已渐渐从浓浓的药香中尝到了甜头，在脱贫致富的路上迈出了坚实步伐。

（五）开发野山茶助农脱贫

云南野山茶，又名凤尾茶、夏枯草，闻上去有淡淡的清香，是完完全全的纯天然茶。野山茶含有人体所需较多的微量元素和天然的抗氧化剂，可作为保健饮品食用，去除根后的植株洗净作为茶饮。第一次浸泡，味道会有些许淡，第二次浸泡味道就完全释放出来。无论是酷热难耐的夏天，还是心情烦躁的时候，野山茶都是很好的伴侣，味道清新淡雅，消热解暑。野山茶的药用价值也很高，全草入药，可治咽喉痛、虚火牙痛、上火引起的口腔溃疡等，有清热解毒之功效。

为了扩大野山茶种植面积，中国农业大学投入党建经费 40 万元，扶持

100 户贫困户种植野山茶。进入丰产期后，可实现建档立卡户每户年均增收七千多元。桃园组的杨东卫、杨东豪两兄弟种有几十亩野山茶，农村公路通达便利，给他们创造了商机。为获得更多利润，每逢春茶上市时节，杨氏兄弟便轮流开车，把当天新采的茶叶从木场连夜运往云县销售。仅春茶一项，兄弟俩的收入就超过 10 万元，幸福的道路越走越宽。

村有特色产业，户有致富门路。2013 年以来，中国农业大学按照“一村一品，多村一品”的发展思路，创新发展方式方法，在高海拔地区种植核桃、茶叶、冬桃、重楼等，在低海拔地区发展澳洲坚果、橡胶、甘蔗、蔬菜等种植。据不完全统计，中国农业大学已经累计直接投入资金、物资 600 余万元，帮助引进各类资金 1800 万元，累计发放冬桃、草果、重楼、树头菜、火镰菜、野山茶等特色种苗 182 万余株，发放高价值苗木 40 余万株，完成种植面积 26 万亩，实现人均面积达 12.9 亩，形成了“短期能脱贫、长期稳增收”的产业发展良好态势，做到了真正的产业造血，精准滴灌。

三、将爱心融入教育，开拓治本扶贫路

习近平总书记始终强调“要把发展教育扶贫作为治本之计，确保贫困人口子女都能接受良好的基础教育，具备就业创业能力，切断贫困代际传递。”扶贫先扶智，一切改变从思想开始，教育扶贫的基础地位不可动摇。为此，中国农大积极发挥自身教育理念和资源优势，打出了送教到乡、教育捐赠、生源基地、支教实习、技术培训等一系列行之有效的教育定点扶贫“组合拳”。

（一）用爱照亮小学扶贫之路

让贫困地区的孩子接受良好教育，是扶贫开发的重要任务，也是阻断贫困代际传递的重要途径，更是功在当代、利在千秋的大事。数据显示，2000 年到 2010 年，在中国农村，平均每一天就要消失 63 所小学、30 个教学点、3 所初中，几乎每过一小时，就要消失 4 所农村学校。同时，10 年间，农村小学生减少了 3153.49 万人，减少数量增加了 37.8%，农村初中生减少了 1644 万人，减少数量增加了 26.97%。农村初中就读的学生减少了约 22%，农村小学就读的学生减少了 11.5%，许多地方的乡村小学生源越来越少，一些村小学生不足百人，甚至有的学校只有几十人。

面对镇康的教育现状，中国农大决定脱贫攻坚工程必须从娃娃抓起，从教育做起，要让学生从小接受现代科技信息教育，从小养成爱读书、会读书、读好书的良好阅读习惯。帮东村完全小学是地处中缅边境偏远山区的民族小学，现有7个教学班、129名学生，学生们除了在课堂上学习常规教材以外，没有机会接触到课外读物，更不用说计算机了。然而帮东村小学是幸运的，帮东村的孩子们是幸运的。2016年儿童节前，中国农大筹措40万元，援建帮东村完小多媒体教室和图书室，并于儿童节建成投入使用。多媒体教室共配备电脑36台、多媒体1套、打印复印一体机1台、速印机1台，图书馆共有图书5000余册，书架15个、阅览桌椅30套。同时，多媒体教室还可以开展远程教育教学以及村民农业科技培训及作为电子商务平台。为此，帮东村完全小学的教师纷纷表示会把全部能力和智慧奉献给孩子们，不辜负中国农大的希望。完小同学们也表示，会奋发学习，用好电脑和图书，用知识改变命运。

图5-9　中国农大援助帮东村完小项目

当城市中的孩子纠结是买耐克还是阿迪达斯时，在镇康有一群孩子，一双运动鞋可能是他们最期盼的生日愿望；当城市里的孩子穿着崭新的运动鞋在操场上尽情奔跑时，在镇康有一群孩子，因为没有运动鞋，而只能穿不合适的凉鞋或拖鞋进行体育锻炼。为了使农村的孩子们感受到党和政府的温暖，激励孩子们不要放弃自己的求学之路，中国农业大学动物科技学院向师生发出倡议——“小小一双鞋，阔步人生路”，用爱温暖贫困地区孩子的双脚，用爱帮助他们在人生的道路上越走越远，走向幸福的未来。

图 5-10　师生为云南省镇康县红岩小学捐赠新鞋

2014 年 9 月 15 日，在云南省临沧市镇康县红岩完小的校园内，一场简单交接仪式正在举行。此次所交接的物品正是农大师生募捐的运动鞋、帆布鞋以及现金所购买的新鞋 178 双。除捐赠新鞋之外，不少师生还认真书写明信片，向受赠学生送去祝福、鼓励的话语，勉励同学们能够努力学习，发奋求知。红岩小学的校长真挚地感谢远在千里之外的农大师生对红岩孩子们的关心。虽然本次活动不能解决所有学习和生活问题，但可以唤起师生对贫困小学生的关注，让更多人关心他们的成长。

“书籍是人类进步的阶梯”。作为知识的载体，书籍更是人汲取营养、获得丰富知识的重要途径，一本书的力量可以影响一个人、一群人乃至一代人的发展。孩子们对知识的渴求是无穷尽的。书籍，无疑为孩子们打开了一条了解大千世界的通道，让孩子们受益终身。

2014 年 6 月，学校发出《为云南省镇康县红岩小学捐赠书籍及学习用品的活动倡议书》，号召全校师生凝聚爱心，为渴望知识的孩子们送去一本书，成就一个梦。活动刚一开始，师生们的响应就十分热烈。他们不仅将家里收藏的书捐出来，还有老师专门购买了整套的新书和新文具。最后，红岩小学共收到捐赠各类图书1351册，笔记本1000余本以及笔、铅笔盒、书包等学习用品。这里面每一件都带着中国农大师生们的爱心，凝聚了他们的期待和憧憬。

为了让师生的爱心播撒得更远，送达到最需要的人们手里，9月15日，在云南省红岩小学内举行了捐赠活动，捐赠的书籍、学习用品移交到了同学们手中。字典、青少年课外读物、自然科学书籍、辅导材料、名人传记……捐赠仪式现场，当地的小朋友们拿到这些种类繁多的爱心书籍后，无不喜笑颜开，忍不住不停翻阅它们，从中吸取知识“养分”。

这一系列的帮扶中凝聚着中国农业大学对云南各族群众的深情厚谊，在镇康与中国农大之间铸造了一座爱心丰碑。中国农大的师生们就是这样，以他们的实际行动，奉献自己的爱心，温暖他人，倾情倾力，真扶贫，扶真贫，把爱的阳光洒满镇康大地。

（二）着力打造优质生源基地

2018年6月28日，对于镇康县第一中学的学生而言，这是具有重大意义的一天。在这天，中国农大与镇康县第一中学签订了生源基地共建协议书，镇康县第一中学正式成为中国农大生源基地校，为中国农业大学培养、输送品学兼优、奋发有为的优质生源。在满足条件的情况下，将优先录取镇康县第一中学的学生。中国农业大学在做好自身发展的同时，将积极为镇康的教育事业提供智力支撑，实现校地双赢。

镇康县第一中学是镇康唯一的一所完全中学，创建于1964年。1965年11月，校址由忙丙乡迁至凤尾乡，当时只有教师10人，4个教学班。到了2005年9月，学校又搬迁至新县城南伞。近些年，镇康县第一中学在中考、高考中屡创佳绩，办学质量逐年提高。初中学业水平考试综合评价连续六年居全县第一。在全县责任目标考核中，学校连续三年获得一等奖。2019年，参加高考的有745人，本科上线率达39.06%，专科上线率为60.94%，总上线率达到了100%。

2018年，中国农业大学提供13个名额给镇康一中优秀学生免费参加中国农业大学的暑期夏令营活动。7月15日，这13名同学兴奋地走进了中国农业大学校园。在这一周中，同学们通过聆听院士和名师讲座、参观考察、动手实践等一系列丰富的活动，体验了大学生活，目睹了科技的独特魅力。

在中国农业大学，同学们更深入地了解了国内的农业科技发展实情，了解了中国农业大学这所历史悠久的名校。在西校区的校史馆里，同学们认真聆听讲解员的讲解，感受到了农大人的爱国创新精神。在中国农业大学西区的饲料博物馆，同学们饶有兴趣地玩着博物馆里有关饲料的小游戏，参观了有 4 层楼高的饲料机，并通过讲解员的讲解认识各种饲料的原材料。通过此次夏令营，同学们学到的不仅仅是科学文化知识，更多的是开阔了视野。

（三）把挚爱写在支教讲台上

出发到西部去，到基层去，到祖国需要的地方去教书育人。多年来，志愿者们接力奔跑，让知识和梦想的种子播撒生长。2013 年，镇康县成为中国农业大学硕士研究生支教点。在此后的 7 年多时间里，学校按照“公开招募、自愿报名、择优选拔”的方式，招募选拔 33 名具备保送研究生资格、有奉献精神、能够胜任支教扶贫工作以及身心健康的应届本科生，到镇康贫困地区中小学开展为期一年的支教志愿服务，同时开展力所能及的扶贫服务。2018 年 4 月 27 日，党委书记姜沛民来到镇康，亲自为“中国农业大学中国青年志愿者扶贫接力计划研究生支教团支教基地”揭牌。

“同学们，你们知道黑土地和黄土地的区别吗……”，在镇康县第一中学的教室里，来自中国农大的支教老师正在给学生们讲授地理知识。讲台上的老师沉稳干练，将地理知识讲得头头是道。每一名支教团来到云南后，首先要进行志愿服务前的培训。开学之前，支教团通过举办暑期学习辅导班等方式，分别对初中、高中年级同学的数学和英语进行了辅导。开学后，针对初中年级基础知识较为薄弱的同学，支教团成员们耐心梳理知识点，力求讲课时条理清晰、深入浅出，让初中的学生对于课本上繁多的知识点有了系统性的认知。同时，支教团成员采用小组竞争回答问题、小组讨论等方式，充分调动了孩子们上课回答问题的积极性，极大地增强了学生们的自信心。针对高中年级的学生，支教团成员认真讲解例题，帮助学生们分析在考试中容易出现的考点，并对易错点进行了细致讲解。

在这里，支教团成员秉承“思想扶贫、支教扶智”的理念，用认真负责的教学态度，开展优良的扶贫扶智系列活动。他们注重孩子们心理和精神陪伴，改变老师们传统的教学方式，有针对低年级的游戏教学，有针对中高年级的传统文化古诗词解析，有爱国主义教育和发散式谈论，看着孩子们一双双清澈的渴求知识的眼睛，每一位研究生也被感染着、激励着。这里的很多年轻人可能一生都不会离开这个县，而支教教的不仅是教案中的课文内容，还向孩子们展示祖国的发展及大山以外的新视角，将爱国主义教育融入课程中，鼓励他们努力学习走出大山，进入更广阔的世界。

在这里，支教团成员从孩子身上感受到了乡村少年特有的阳光、质朴与活泼。有的孩子干练沉稳、彬彬有礼；有的孩子学习刻苦、珍惜时间；有的孩子善于提问、刻苦钻研；有的孩子天真烂漫、无拘无束。课余，不管男生、女生，或者闲聊，或者去操场上打篮球排球，玩得满头大汗。这里没有网吧游戏，大多家庭贫穷，更多的属留守少年，甚至不知道“共享单车”为何物，但他们有独特的学习生活方式，照样青春飞扬。

在这里，支教团成员面对陌生的环境、陌生的面孔，毫无经验的他们有点手忙脚乱。但是，不论面对何种困难，他们都没有退缩和气馁。支教团成员作息时间紧凑，每天五点多钟就要起床，从月初连续奋战到月末。每天早晚自习、上课备课、作业批改、听课教研等，忙碌而充实。多年来，支教团成员把中国农大的教学理念、教学对策、课堂模式、日常管理模式传承渗透给镇康的老师们，同时，也把镇康优秀的教学经验及苦抓实干的作风带回学校。支教团成员们的付出和努力赢得了学生的喜爱，受到同事的好评，得到受援学校的肯定，4 名支教团教师先后被评为镇康县优秀教师。

陆游曾说：“纸上得来终觉浅，绝知此事要躬行。”书读得再多，学到的也只是前人的经验。真正涉身于世，方可懂得前人何以有此思。对于支教团成员们来说，支教这件事比想象中更有意义，在大西南广袤的土地上，用一年的时间，做了一件可以影响一生的事；用一年的时间，散掉了学生时代的学生气。支教，必将是他们人生道路上浓墨重彩的一笔。

（四）画好校地人才培训“同心圆”

贫困地区的群众想要脱贫离不开自力更生，同时也离不开各级干部在其中起到的引导帮扶作用。加强扶贫干部培训，提升贫困地区干部能力和素养，无疑是一个非常务实的举措。党员干部作为经济发展和社会治理的重要人才，是国家脱贫攻坚的顶梁柱，是基层群众发展致富的引路人，对整个基层治理和农村发展有着至关重要的作用，尤其是在脱贫攻坚工作中，扶贫工作的规划、研究、决策、部署等都是干部在做，相关政策的落实、各种保障的争取都是干部来做。

可以说，没有优秀干部就不会有脱贫攻坚的圆满完成，没有广大干部的辛勤付出就不会有全面小康的如期实现。较长时间以来，不少地方的脱贫攻坚都不同程度地存在依靠短期项目措施快速脱贫的情况。虽然这些措施在某些地方短时间内确实改善了贫困人口的生活条件，但是往往后劲不足，做不到长远发展。在此背景下，中国农大为全面提升镇康县乡镇和党政机关领导干部的业务能力，提高农民种养殖技术水平，通过现场与远程相补充、学历教育与短期培训相结合的方式，对镇康县领导干部、1200 人次农民进行继续教育与培训，实际上是抓住了教育扶贫的关键。

2013 年 9 月 27 日，“现代农业创新发展专题研修班”在中国农业大学开班，云南省临沧市 12 名农业干部带着当地农业产业发展的具体问题在学校进行了为期 4 天的学习，并与相关专家面对面研讨。为了使培训取得满意的效果，临沧市精心选拔学员，中国农大量身定做课程。培训班根据当前国际国内农业经济发展形势，结合临沧市现代农业发展战略需要，让学员了解农业发展形势，开阔视野，拓宽思路，转变发展理念。培训涉及现代畜牧业、农业物联网、专业合作社、创新园区发展等七方面内容，采用专家课堂讲授、案例教学、研讨交流以及现场教学相结合的方式，尤其是重视参与互动，收效颇大。

2016 年 5 月，以“现代农业产业发展”为主题的教育部第一期滇西扶贫开发专题培训农业干部能力提升培训班在中国农业大学开班。云南滇西片区农业管理干部 106 人参加了此次培训。学校为镇康单独争取了 5 个名额并减免了学费。培训综合采用专题讲座、案例教学、专题研讨和现场教学等多种方式，突出实用性，注重针对性。学员们在学习期间珍惜机遇，勤于思考，遵守规定，服从管理，积极克服困难，圆满完成了培训任务。

为了帮扶镇康县领导干部学习十九大精神，提升发展农业产业能力，24 位来自镇康县各委办局及乡镇的主要负责人在中国农大进行了为期一周的集中学习。在深入了解培训对象需求的基础上，学校专门配备高水平的师资力量和服务人员，做好培训方案，组织好课程实施，确保培训效果。

开班第一天，食品科学与营养工程学院胡小松教授为学员们作题为“大健康产业发展”的专题报告。之后，培训班还通过专家授课、现场参观、经验介绍、讨论交流等方式，深入学习习近平总书记关于扶贫开发的系列重要讲话精神，进一步分析形势，提高认识，把握精准扶贫的关键环节，为镇康县的精准扶贫、精准脱贫注入了强大动力。

时代变换，创新无处不在。2020 年 3 月，首场互联网“新农大讲堂”活动正式通过拼多多“春耕”对外授课。12000 余名农业生产者通过“多多直播”平台学习专业知识。在课堂上，王璞、任华中、马占鸿，国家农业信息化中心研究员贾志威、魏学礼和崔友林等 6 位专家结合一线实际调研情况及农户的普遍诉求，为 12000 余名农业生产者带来了超过 4 个半小时的课程，共涉及“北方大田作物管理”“春季蔬菜生产”“春耕病虫害防治”“农业社会化服务”“农业服务智能装备”以及“移动农业数字化平台”等课题涵盖了从春耕种植到现代化技术、模式的落地应用。农业生产者通过“多多直播”平台就自身关心的问题与各农业专家进行了交流，真正享受到科技发展的成果。除直播授课外，平台还将制作授课视频，向平台直连的农业生产者进行推送，精准聚焦，再续佳音。

第五节　奋力书写定点扶贫“高校样本”

中国自古就有崇尚情的传统。“情”，从“青”从“心”，关乎情性，更关乎心灵。无情则无心，有心必有情。以情为起点，从情出发，看待世界，理解世界，这是当代人的处世哲学。扶贫，情之所系，因情而生。

从 2013 年开始，中国农大“乐善不倦”地自觉参与和推进镇康定点扶贫工作，使全县呈现出经济发展、民生改善、民族团结、边境安宁的良好局面，书写出定点扶贫的“高校样本”。在此期间，中国农业大学累计召开定点扶贫专题会议近 30 余次，学校党委书记、校长等班子成员、中层干部、专家教授 200 余人次深入镇康县开展脱贫攻坚专题调研。

“单丝不线，孤掌难鸣”，这一切成绩的取得离不开党中央的正确领导和支持，离不开全校师生的团结一心、奋发进取，更离不开临沧市、镇康县人民的不懈努力。2017年3月12日，《临沧日报》在头版头条“脱贫攻坚在行动”专栏刊发通讯报道《打造一支永不走的扶贫工作队——中国农业大学定点帮扶镇康县工作纪实》，专版介绍中国农业大学定点帮扶云南省镇康县的相关情况，以此表达感激之情。实际上，两地的心早已连接在了一起，未曾分开。

图5-11 今日美丽的临沧与镇康

回首定点扶贫工作，中国农业大学始终坚持以习近平总书记关于精准扶贫系列重要讲话精神为理论指导，全面落实党中央和国务院各项决策部署，实施了一系列卓有成效的举措，打造出深层次、立体式、全方位的定点扶贫新模式。2013和2014年中国农业大学连续两年荣获“国务院扶贫办定点扶贫先进单位”，连续三年入选教育部精准扶贫精准脱贫十大典型项目，这体现了教育部对中国农业大学扎实推进定点扶贫工作的肯定与鼓励。

在敦煌艺术中有一种舞姿叫作“反弹琵琶”。女舞者慈眉善目，重心放在右脚，左腿提起，琵琶背朝前置于身后，掌心朝上反弹，把敦煌艺术中最优美的舞姿展现得淋漓尽致，让人欣赏到别样的美。“反弹琵琶”喻指逆向思维，突破思维定式，从人们易淡忘甚至遗忘的角度切入，或从常规的反面入手，使所做的事独辟蹊径，熠熠生辉。云南的临沧市镇康县，从“边山少穷”到“前沿窗口”，从“穷乡僻壤”到“富裕文明”，从环境“脏乱差”

到“山清水秀、村美民富”，佐证了“反弹琵琶”的成功实践。

展望未来，中国农业大学将继续脚踏实地、开拓进取，以高度的责任感与使命感，心系贫困山区、服务大局，中国农大的全体师生将继续与临沧、镇康等地人民手牵手、肩并肩，共同谱写伟大的中国梦！

第六章　驻村篇

——精准帮扶　乡村实验

干净整洁的水泥路两旁绿树成荫，碧水蓝天，百花争艳，一栋栋整齐划一、颇具瑶族风格的干栏式楼房在绿树掩映中，露出星星点点的屋顶，在阳光照射下，如同绿海中闪光的宝石。走进勐腊河边村，立刻感受到了一种养眼的清凉。这个过去在勐腊县穷出了名的瑶家山寨，如今家家户户都经营着客栈——瑶族妈妈的客房，呈现出一幅“村在林中、人在画中”的美丽动人画卷。这里成了驻村扶贫的成功案例，更成为驻村扶贫队伍的参观学习模范村。在精准扶贫的道路上，驻村帮扶已经成为参与国家脱贫攻坚工作的重要方式之一。对村民展开贴身服务，量身定制和实施可持续发展的驻村脱贫计划，帮助村民实现从“要我脱贫”到“我要脱贫”的思想转变。这不仅彻底改变了这个贫困村的面貌，而且探索出一条从根本上体现以农民为主体的脱贫攻坚和乡村振兴的路径。

如今，越来越多的贫困村在驻村帮扶下成功脱贫摘帽。在这个过程中，中国农业大学的师生们秉承“解民生之多艰，育天下之英才”的校训，坚持“扎根中国大地办大学”，把智识的种子散播在偏僻贫困的乡村，不断结出丰硕成果。他们从宽敞明亮的办公室走进了西南边陲山村的田间地头，用心研究深度性贫困群体的致贫原因，创新高校参与驻村扶贫模式，彻底改变了贫困山村的面貌。他们驻守桑岗村，与贫困农民同生活、同劳动，首创“巢状市场小农扶贫试验”精准扶贫模式，用农民们最熟悉的方式帮助他们将农产品卖出穷山沟，让乡亲们过上了好日子。他们回到豫西家乡发起成立了以弘扬“耕读传家”乡土文化为使命的弘农书院，从乡土文化道德重建入手，发掘地方乡土知识、文化和中医保健知识，探索出一条生态文明背景下的农业农村可持续发展之路。

第一节　贫困瑶寨河边村的脱贫之路

党的十八大以来，以习近平同志为核心的党中央对扶贫工作作出了一系列重要部署。打赢脱贫攻坚战，已经成为全国上下齐心、共谋发展，为实现全面建成小康社会的一项全社会的集体行动。在这场攻坚战中，中国农业大学的师生们身体力行、率先垂范，成为扶贫的践行者。其中，人文与发展学院教授李小云带领团队在西南边陲山村深入研究深度性贫困群体的致贫原因并探索相应的脱贫之路。在当地党委、政府以及学校支持下，他率领团队与贫困农民共同生活、共同探索，创新高校参与驻村扶贫的模式。通过五年的驻村帮扶和不懈努力，李小云研究团队上下一心、创新举措，彻底改变了贫困村的面貌，成为全国精准扶贫的典范。

一、初识河边村

1993 年，刚从国外回来的李小云曾经去过云南勐腊县。他乘车在穿越热带雨林的公路上颠簸数日，对滇南少数民族那种淳朴、原始风情留下了十分深刻的印象。2014 年底，他决定重访勐腊县，先后深入茅草山哈尼族山寨、河边瑶族山寨等少数民族贫困村进行走访调研。村里的孩童光着脚在泥泞的地面上行走和玩耍，妇女们见到外来的陌生人胆怯地往后躲，老人们黝黑的脸上一道道的沟壑，成片的低矮破烂的木房……这些对李小云内心的触动非常大，让他无法相信现在竟然还有这样原始的村落。在入户访谈中，他还了解到，这些村寨地处山区，交通不便，村民依赖种甘蔗、割橡胶和在热带雨林中采集砂仁为生，人均年可支配收入仅为 4000 元左右，而人均年支出却超过 5000 元，几乎家家负债。由于少数民族语言、文化和习俗原因，外出打工者很少。低收入严重影响下一代的教育，医疗卫生也得不到基本保障。

河边村常住人口有 58 户共 215 人，除 2 人为汉族外，其余均为瑶族。河边村是一个文化习俗上极其传统的瑶族村寨，过去几十年一直遵循着山地民族的生活习惯，在山林中不断搬迁繁衍。2017 年以前，河边村与外界的连接仅靠一条 8 公里的泥土路，是一个处于长期性、深度性贫困的村庄。大多数村民都居住在没有窗户的破旧木房之中，内部毫无隔挡，生活起居全部在一个狭小黑暗的空间内完成。村民仍过着河边洗漱、砍柴做饭的传统生活。村民普遍缺乏固定资产，以住房为核心的固定资产折旧严重，没有一间符合安全标准的住房。

2015 年全村有超过 80% 的家庭处于负债之中。从经济角度上看，河边村已经陷入“三重性”（低收入、高支出、高债务）下的贫困陷阱之中。农户以种植业为生，主要种植水稻、玉米等粮食作物用来自我消费，额外种植甘蔗、砂仁、无筋豆等经济作物去市场售卖获得收入。与此同时，河边村外部条件极差，村庄基础设施落后，雨季道路泥泞，农户种植的农作物既没有办法自己运到集镇进行交易，也很少有商户进村收购，只能低价处理或烂在地里。热带雨林雨水不定，极易发生水灾、旱灾等自然灾害，对农作物的种植产生极大影响，而河边村农户收入结构的单一性，使得他们抵御灾害的抗风险能力十分微弱。

在调研中看到的这一切都让李小云教授感到痛心疾首。他决定选择河边村当试点，在村里长驻下来，并暗自发誓：不脱贫不出村！ 2015 年 3 月，为了能够筹措一部分可以动用的社会资源，李小云在学校和当地政府的支持下，在勐腊县注册成立了一家社会组织——勐腊“小云助贫中心”。随后，他带领博士生和助贫中心工作人员进驻河边村，开始进行贫困诊断的调研。

团队经过详细地调研认为，河边村贫困的主因在于村民基本没有可以持续产生收入的资产，也缺乏将资产变现的能力。但河边村具有民族特色的竹楼、热带雨林景观、新鲜的空气与水源，是一笔巨大的潜在资产。由此，团队确定了河边村的主体发展目标——打造小型高端会议经济休闲旅游村庄，通过发展休闲旅游带来农户收入的大幅度提升，同时保障农户原有种植业的生产以及支持农户扩大其他经济作物的生产，提高收入的抗风险能力，实现收入的多重性叠加，最终让河边村摆脱深度贫困。

不久，团队拿出了一份详细的规划方案。该方案主要包括三个方面的内容：一是新业态产业的开发。目标是充分利用河边村的气候、景观和文化等方面的资源优势，以及政府对河边村基础设施和住房改造的投入，打造具有瑶族特色的“瑶族妈妈的客房”，并配套会议、餐饮等辅助设施，以此为基础将河边村打造成为集小型会议、高端休闲、自然教育等为一体的新业态产业村，从而大幅度提高农户的收入。二是服务于新业态产业的基础设施开发和复合型产业体系的开发。将政府用于改善村内公共设施的投入转变为服务于新业态的基础设施投入，从而实现将普遍的输血式扶贫转变成真正意义上的造血式扶贫，同时打造河边雨林鸡蛋、冬瓜猪、柚子、木瓜、芭蕉以及冬季蔬菜等作为辅助性的产业，支持河边村的传统种植业为基础产业，形成以高强度收入增长为核心的新业态主导性产业、以特色农产品为辅助性产业、以传统种植业为基础性产业为一体的复合型产业体系。这种复合型产业体系既能帮助农户进行收入叠加，又能有效应对市场风险。三是促进村庄内生性治理能力建设。通过建立“雨林瑶家专业合作社”，培育管理团队，将以“瑶族妈妈的客房”为主的新业态产业交由村内管理团队统筹管理，逐步提升河边村内生发展能力。

为了实现这个大胆的设想，团队积极寻求社会各界多方力量的支持。通过小云助贫基层公益组织的形式，从 2015 年 5 月到 9 月分 5 批次招募了十多位来自全国各地的志愿者，他们都是从事建筑设计、项目规划、热带生计发展的专业人士。在此期间，经过实地调研和测绘，研究团队完成了河边村深度贫困综合治理规划中的基础设施和人居环境改善的规划工作，形成了《建设山河秀美的贫困瑶寨河边村——云南勐腊县勐伴镇河边村贫困综合治理规划》。

在这个过程中，当地政府给予了大量的支持。县扶贫办作为主管部门、县民政局作为登记管理部门支持成立小云助贫中心。勐腊县委、县政府及勐伴镇积极支持农大研究团队在河边村开展的扶贫实验。县委书记、镇党委书记多次来到河边村进行现场办公。勐腊县县长亲自召集县级相关部门负责人听取河边村的深度贫困治理方案，并决定将此方案纳入勐腊县精准扶贫工作规划中。

二、拉开奋战序幕

2016年初，扶贫攻坚战役在云南勐腊县拉开了序幕，农大及当地团队干部们以前所未有的热情投入到了精准扶贫的攻坚战中。县委书记和县里各部门领导、干部频繁进驻贫困村，各种资源也陆续到位。在这样大的支持下，农大团队在经历了近一年的调研、规划和筹备后，推动河边村建设进入到实质性动工阶段。

在政府和社会各界力量的大力支持下，河边村的综合贫困治理行动在当地政府的领导下也迅速行动起来。如何将外部的巨大支持转变成村民建设自己家园的动力是河边村扶贫综合治理是否可持续的关键所在。农村社区组织长期以来重治理功能，轻发展功能，社区建设注重形式上的组织形态而忽视了在发展功能中自发成长基层组织发展功能的机制。因此，农大团队在河边村所进行的组织创新并非直接建立正式的组织形态，而是依托已有的村一级的政治行政资源，将自主型的发展功能嵌入到已有的组织系统中。农大团队将志愿者提供的专家建设蓝图交给发展工作队和创业小组，支持他们按照自己的设计，根据自己具有的各种资源进行创造性的乡村建设。

图6-1　2014年李小云到勐腊县河边村进行深度贫困综合治理调研

农大团队在与政府和村民的讨论中发现，房子是村民们最关切的需求。河边村有 58 户瑶族农户，村内除了镇政府支持修建的村公所是砖瓦房以外，其余全都是居住了十多年甚至几十年的旧式小木楼。这些木楼没有窗户，年久失修，透风漏雨。在村民的观念里只要有钱第一件事就是建砖房。为此，李小云决定在这样的房子里住上一段时间，体会一下房子究竟有什么问题，这样才能真正理解村民的诉求。很快他就发现，小木楼生活确是非常困难的，没有厕所，无法洗澡，半夜出来上厕所会突然出现一条狗、一只猫或一头猪；冬天的时候，房屋透风，躺在被窝里，头上吹着的是冷风，他顿时理解了村民希望改善住房的需求是无可非议的。在充分尊重瑶族的文化习俗和生活方式的基础上，团队提出了“嵌入式瑶族民居”的概念，首先是打破村民对于传统木房的刻板印象，设计出传统与现代相结合、客居与主居相融合的瑶族特色民居。这种房屋最大程度上保留了传统木屋的主体结构，又在内部空间上下功夫，使传统木房也能够有敞亮的窗户，有卫生间，把居住、饮食等功能作出合理的布局，进行现代化功能的设置。

2016 年 4 月，为了更好地推进河边村住宅的建设，农大团队聘用了专门的技术人员进驻河边村，选择一户农户作为示范户，帮助其建起木房，并为村民购置各种工具。后来，由于承包建房费用过高，团队决定组织河边村民组建住房建设工作队，在技术人员的指导下，边干边学习。在此过程中，李小云和团队工作人员与村民一道，一边建设示范房，一边引导村民跟着建房师傅学技术。经过一个多月的施工和建设，一栋崭新的、具有河边建筑风格的住房建了起来。村民激动地表示，正是得益于小云老师和建房师傅的示范，他自己亲手建造了自家的木楼，主客分明、宽敞明亮，还有独立的卫生间。

有了示范引领，村民们的积极性增加了，以前持观望态度的村民更加主动加快了备料、建房的节奏。到 2017 年底，全村大部分村民的新房都已经建了起来。一栋栋瑶族特色的干栏式木楼拔地而起，村内和村外基础设施全部建成，河边村发生了根本性的变化。村民都说“农大师生真的给我们带来了变化”。

随着一栋一栋新房的建起，团队需要开始将农户的固定资产打造为可以获得收入的资本，即在农户的新居中，打造一间嵌入式的客房。区别于千篇一律的民宿客栈，河边村的独特之处在于客人与主人同在一栋房屋中生活，农户只需要在自己的民居中让渡出一个空间，打造一个“嵌入式客房”，其中内置现代化的卫生间和宽敞明亮的休息区，就可以通过出让这个空间的使用权给客人，获得收益。在这样的方式下，客人既能拥有完整的、丰满的休闲旅游和少数民族文化体验，又能和农户彼此之间保持一定的独立空间。对于农户来说，他们既能保留自己传统的生活方式，又能从市场中获得不小的收益。

扶贫开发中，政府的资金绝对是大头，而如何引导政府资金更高效地投入到扶贫的“最后一公里”，是团队一直以来尝试的事情。河边村在2015年被确定为脱贫攻坚试点村寨后，在河边村的扶贫实践中，团队得到了当地政府的大力支持。通过整合政府资源，引导政府投入在河边村落地，勐伴镇政府将河边村纳入易地搬迁安居工程、扶贫安居—整乡推进项目、兴边富民项目之中。当地政府按照团队提出的规划开始对河边村的基础建设进行投入，进村的8公里公路、村内的挡水墙、排水沟、地基、4G网络等基础设施都由当地政府的扶贫项目解决实施。盖房子的农户可获得当地政府提供的6万元无息贷款、1万元建房补贴，其中建档贫困户可获得4万元建房补贴。

图6-2　过去的破木屋与如今的河边村

自河边村进行实质性的扶贫建设以来，勐伴镇党委政府累计投入2100余万元对河边村进行硬化道路的建设，为村民改造住房，改善村内道路、排水沟、饮水等基础设施。团队成员表示：“在河边村做瑶族妈妈的客房项目，如果没有政府投资建设的房屋和基础设施的话，我们团队的工作也是无法开展的。这就说明了大学的智力资源一定要用到技术含量最高的地方，不能取代政府的资源。”

三、让河边村迈向市场

在政府的支持和领导下，经过农大团队、当地村民长艰苦卓绝的努力，河边村发生了翻天覆地的变化。农户住进了新房，村内有了公共设施，交通状况大大改善，人居环境整治搬离了猪圈和鸡群之后，就连村内的空气都变得香甜了。但李小云知道，基础设施的改变尽管成果巨大，更为重要的是必须使农民的收入尽快提升起来。只有实实在在让农民从中赚到了钱，他们才会更有动力去建设和发展河边村。但长期以来，河边村与外界交往甚少，很少参与到现代市场的竞争中，村民对现代市场伦理更是知之甚少，若是贸然将河边村推向市场，可能会使村民遭到市场的盘剥，并不能保障村民的利益最大化，因此李小云将河边村迈向市场这条路，走得格外谨慎。

河边村的鸡蛋是村民自然放养的土鸡下的蛋，由于这种河边自然放养的土鸡完全靠捕食昆虫和野生植物为主，所产的蛋具备了纯天然的特点。对此，团队决定首先选取河边村的鸡蛋作为重点产品进行开发。从2016年起，团队开始前期调研、搜集数据、搭建微店平台。半年后，在河边村建立起一个名叫“版纳河边雨林天然出品”的微电商平台。团队根据任务进行不同的分工，有的人负责在村内收购鸡蛋，有的人负责包装鸡蛋，有的人则负责给顾客寄送鸡蛋，还有人专门负责售后服务。

雨林鸡蛋在微店铺上线以后，农大团队动员身边亲友进行实验性购买，从而给团队更准确的反馈用来改进。微店铺初步成型后，仅2016年国庆期间，河边村村民卖鸡蛋就创收8000多元。来自热带雨林腹地、品质上乘、生态环保的“天然雨林鸡蛋”在上海、北京等地供不应求，卖到了10元一个。村民们过去想都不敢想的事，如今竟一件件成为现实。他们做梦都没有想到，自己家母鸡产下的土鸡蛋还变成了这么值钱的“金蛋”。“天然雨林鸡蛋”的成功营销，产生了良好的示范和引导作用，为其他项目在河边村落地和推向市场打下了基础。

在农大团队的规划中，河边村的雨林鸡蛋只是首当其冲的试验品，将来还要继续结合河边村土地资源继续开发木瓜、冬季作物、古法红糖、柚子、芭蕉、蜂蜜等一系列天然产品，借助微电商平台打开销路，面向高端消费人群，为身在繁华都市中的人们提供最纯净产品。同时，也让村民提高收入，真正实现“造血”式脱贫。农大团队正是通过这样一次次的行动，引导村民自觉走上自我发展的脱贫之路。

在推进河边村农产品逐步迈向市场的过程中，有人提出，可以招揽一些有实力的企业进驻，以商业模式开发扶贫。对此，团队负责人李小云拒绝了。在他看来，企业会直接介入农民生产，拿走大部分好处，农民只得到最小的利益，而他的初衷则是将农民利益最大化。因此，当前要先将市场挡住，通过“政府＋大学和公益组织”的力量，将所投入资源在扶贫“最后一公里”之内转化为可以使村民持续产生收入的脱贫资产，引导农户慢慢接触市场、认识市场，培养农民把握市场的能力，充分调动当地农民的积极性，完成真正意义上的脱贫蜕变。

四、以最完美的姿态脱离贫困

农大团队在河边村驻村帮扶以来，村貌发生了根本性变化。农户精神面貌也焕然一新，满意度大幅度提高，收入有了显著提高，生活有了明显改善。到 2017 年底，河边村有 37 户完成了“瑶族妈妈的客房”的建设并获得了盈利，全村仅客房收入这一项就达到了 15 万元，另外，农大团队支持河边村 3 家农户建成了餐厅，餐厅均由农户自己运营，一年收入就达到了 3 万余元。2019 年，河边村农村经济总收入达 170 万元，农民人均纯收入达到了 8184 元。村里除了经营旅游接待外，蜜蜂养殖和橡胶、粮食、甘蔗、砂仁种植等产业也齐头并进、协调发展，未来的前景越来越好。可以说，经过驻村帮扶，河边村以“瑶族妈妈的客房”为主体的新业态产业已初步建立，辅之以种养业的复合型产业的基础也已经形成，高收入的休闲会议经济盈利模式初见成效。在农大驻村团队的帮助下，河边村民在面向市场的过程中，不断处于冲突和缓解冲突的进步中，正在学习按照现代伦理把握市场，提高他们自己的自主治理和经营的能力。

河边村脱贫攻坚的成功得到了社会各界和各级领导的广泛关注。2017年5月13日，云南省委书记来到河边村考察，了解扶贫点工作情况，并对李小云教授团队建点两年来扎根基层、带领河边村民脱贫工作表示赞赏，高度评价农大驻村帮扶的试点成果，并指示在云南全省宣传河边模式。全国政协委员、国务院扶贫开发领导小组专家咨询委员会主任、国务院扶贫办原主任范小建对农大驻村帮扶河边村的案例十分关注，曾3次赴河边村进行实地考察。2017年1月，当他时隔一年半再次回到河边村时，深感河边村的巨大变化，并以河边村脱贫攻坚为例，同国务院扶贫开发领导小组专家咨询委员会进行扶贫政策研讨。2020年8月13日，国务院扶贫办主任刘永富、云南省委副书记王予波、副省长陈舜来到中国农业大学云南省西双版纳州勐腊县河边村精准扶贫与乡村振兴实验示范基地，高度肯定了中国农业大学在河边村开展的扶贫实验工作，对中国农业大学师生长期扎根河边村开展扶贫实践的精神表示高度赞赏。

河边村的发展得到了国内外媒体的广泛关注。中央电视台、云南电视台、新华社等中央和地方媒体几年来大量报道河边实验，河边乡村振兴实践在全国产生重大社会影响。2017年6月24日，中央电视台《新闻联播》在头条《习近平在深度贫困地区脱贫攻坚座谈会上强调强化支撑体系加大政策倾斜聚焦精准发力攻克坚中之坚》中，将李小云在河边村发起基层公益组织、开展脱贫攻坚工作的画面作为视频资料播出。《新闻直播间》栏目一期题为“有你的地方才是家·农大教授李小云：把新家安在河边村”的节目，对李小云及其团队在河边村的驻村帮扶工作进行了专题报道。时隔一年，2019年2月11日，《新闻联播》再次把镜头对准河边村，以长达4分16秒的视频向全国观众介绍了中国农业大学师生团队在河边村开展的扶贫工作。此后，《大地讲堂》《社区英雄》等栏目将农大团队在河边村驻村帮扶的经历娓娓道来。新华社、央视网、中央广电总台国际在线、云南网、澎湃新闻、环球网、新京报等多家中央和地方媒体多年来对河边村的工作进行了大量报道。这些节目和报道在社会上引起了热烈反响。勐腊县政府将河边村登上《新闻联播》的节目视频放置在市中心广场的大屏幕上，全天候进行滚动式播放。村民说，他们现在出去都觉得特别自豪。

正是因为十几年如一日的驻村帮扶成绩，2015 年 12 月，“责任中国”2015 公益盛典授予李小云教授“公益思想奖”。2016 年 9 月，在首届中国扶贫论坛上，李小云荣获“中国扶贫·社会责任奖”。2017 年 9 月，国务院扶贫办发布 2017 年全国脱贫攻坚奖，李小云荣获全国脱贫攻坚奖创新奖。2019 年，河边村实验入选由世界银行、联合国粮农组织、国际农业发展基金、联合国世界粮食计划署、亚洲开发银行、中国国际扶贫中心等共同举办的 110 个“全球减贫案例征集活动”最佳案例名单。

图 6-3　李小云（左四）荣获全国脱贫攻坚奖创新奖

五、大步走在实现梦想的路上

党的十九大指出，打好脱贫攻坚战是实施乡村振兴战略的优先任务，在巩固脱贫攻坚的成果之上，以农业农村现代化为实施乡村振兴战略的总目标，坚持农业农村优先发展的总方针，建设产业兴旺、生态宜居、乡风文明、治理有效、生活富裕的新农村。在这一框架下，李小云带领团队在中国农业大学乡村振兴专项的支持下在河边村展开了贫困综合治理与乡村振兴有机衔接的实验示范。

2018 年 1 月 6 日，时任全国政协常委、全国政协经济委员会副主任、中央农村工作领导小组原副组长陈锡文，中国农业大学校长孙其信带队考察河边村，并出席中国农业大学勐腊县精准扶贫与乡村振兴合作示范基地启动仪式，为中国农大勐腊县精准扶贫与乡村振兴合作示范基地揭牌。该示范基地是中国农业大学启动的首个精准扶贫与乡村振兴示范基地，是中国农大学习贯彻落实党的十九大精神和中央农村工作会议精神的具体举措，也是对精准扶贫与乡村振兴两项重大战略任务紧密结合的积极探索。基地将按照中央农村工作会议制定的乡村振兴战略的目标任务，分步实施，最终建成乡村振兴的示范村。

让富裕起来的贫困村"走向乡村振兴"，一直是团队密切关注的难题。随着经济发展，河边村村民们自我发展的意识也逐渐强烈起来。在农大团队的协调下，河边村村民有的前往北京、河北，参观其他地方建设的乡村，有的到西安进行学习和培训。对于很多村民来说，这已经是他们过去从未到达的远方。在农大团队看来，这些村民其实非常聪明，他们只是需要更多的学习机会来获得现代化的技能。于是，河边村的发展逐步转向了对村庄整体的软能力建设部分。2018 年 9 月，在中国农大河边实验课题和中国扶贫基金会河边合作社孵化项目的支持下，农大团队正式启动河边村农业示范项目。这一示范项目旨在通过增强农户的农业技术能力，促成农户多元化的农业小规模产业，真正形成河边复合型产业的构建，解决河边村村民农业形不成产业的瓶颈难题。

河边村的昔日景象是大多数偏远山区少数民族地区村庄的真实写照。村民很少有人会讲普通话，小孩子看到生人就跑；适龄儿童上学，需到十多公里以外的镇里上寄宿学校，每周回来一次。在这种情况下，农大团队认为，要让河边村这样一个贫困群体持久摆脱贫困，不仅需要解决他们现在的问题，还需要着眼于未来，即学前儿童教育。作为一个贫困落后的封闭社区，河边村存在着贫困文化问题。这种贫困文化在代际和群体之间不断地传递，从而形成了贫困的生产与再生产的社会机制。因此，农大团队决定在村内建设儿童活动中心，将村里的学龄前儿童集中起来进行教育，帮助他们获得良好的生活习惯和学习普通话，更好地衔接到义务教育。

2017 年底，李小云、宋海燕率领团队开始筹备建设村儿童活动中心，从图纸设计、请村民建房、采购设备和书籍到最终布置儿童活动中心，他们花了将近大半年的时间。其间，农大学生主动担任志愿者，承担起了河边村学龄儿童的教学任务，但大学生担任志愿者的形式并不是长久之计，无法解决非寒暑假时期村内教学的需要。为了解决师资的问题，在云南省教育厅的协助下，农大团队选择了村里一位初中毕业的女生，把她送到昆明和景洪两个幼儿园进行培训，成了儿童活动中心的辅导员。一年后，村儿童活动中心正式开始上课。在辅导员的带领下，河边村的10个学龄前儿童每天早上8点来到活动中心，进行卫生、数字以及汉语等课程的学习，下午则进行手工、绘画、音乐和体育的学习。短短两个月的时间，当李小云再次回到村里的时候，在驻村办公室门口遇到了来活动中心上学的小朋友，他们看到李小云便热情打招呼："爷爷早上好。"这是他平生第一次被称作爷爷，内心既有些许失落，却也是喜悦的。

农大团队还联系了北京优秀的教育资源，组织大城市的儿童通过参加冬夏令营的形式来到河边村，与河边村的儿童进行交流。一方面，城市儿童可以接受自然教育，学习公益文化，亲身做些公益实践；另一方面，河边村的儿童也有机会接触到外界的同龄人。一来一往中，河边村的儿童与大城市的儿童们成了朋友，建立起了长期的联系。

2019年1月22日，对于河边村的村民来说是特殊的一天。这一天，河边村召开了第一次村民大会。会议上，农大团队向村民宣布了一个重要决定：正式成立河边村雨林瑶家专业合作社，把过去几年他们带领大家开展的"瑶族妈妈的客房"项目正式移交给全体村民。通过成立合作社的方式，农大团队希望让村民实现自我管理，真正让项目拥有长久的生命力。

尽管交接的仪式只在一瞬间，但交接工作并不是一蹴而就的。在交接之前农大团队做了长达半年的准备工作，不仅是做好精心筹划、确定章程、申请资助等各种事务性程序，更倾注了大量精力来培养农户的自主管理能力。团队经过细心考察，初步确定将五位年轻人作为助理，在客房服务、餐饮、财务、接待、会议室管理与维护等不同方面进行培训。每一次河边村举办活动，这几位年轻人都作为村内主要的工作人员，与农大驻村团队一起，为客人提供各项服务。交接工作并不是简单地做个决定，李小云认为河边村处于从逐步从摆脱深度贫困转向乡村振兴的阶段，而乡村振兴的关键在于人的发展，农大团队支持河边村建立合作社，包括筹备、组织框架的构建、运营等阶段，选择村内年轻人成立合作社管理团队，引导他们成为乡村振兴的中坚力量。

2019年春节前夕，李小云在河边村度过了自己58岁生日。这天，他请全村人来到停车场的露天场地，吃了一顿“年夜饭”。学生们为他送上了蛋糕，村里的小孩子全围在他身边，一起许下心愿，吹灭了蜡烛。他说，从未想过这辈子和农村结缘，也从未想过会这样在一个村庄住下这么多年，没走过的路以后要继续走下去，河边村是他的第二故乡。

第二节　驻扎桑岗土地的农大扶贫人

“在乡村调研，吃苦是基本功。”在精准扶贫与乡村振兴的实战中，在老乡们低矮的屋檐下、简陋的桌椅边，中国农业大学的师生们在贫困乡村的土地上依然不断收获着丰富多彩的知识成果。在河北桑岗村，叶敬忠带领团队开展“巢状市场小农扶贫试验”，为贫困小农户构建“巢状市场”的理念和实践，借助新媒体手段，实现生产者与消费者直接对接，村民有了稳定的经济收入，生活条件大大改善。

一、十年驻守桑岗村

地处河北省易县西部山区的桑岗村距离北京190公里，距离易县县城60公里，是典型的贫困山区村，漕河蜿蜒流经村庄，神女峰守护村落，优美的自然环境养育了一代又一代淳朴的桑岗村人。这里的鸡吃自家种的玉米、小白菜长大，这里的猪吃粮食贴膘，这里的玉米、红薯、花生、核桃也是自然生长。可就是这样一个追求本真、自然的村子，贫困的帽子却戴了好多年。

早在1996年，叶敬忠就带着学生们在当地农村社区开展调查研究，不少人都笑称，这里是农业大学的论文孵化基地。这么多年来，几十篇博士和硕士学位论文都“产自”附近几个村庄，研究课题包括村庄整治、资源开采、农村市场等，涉及农村的生产生活各个方面。这些论文背后，是一批又一批的农大师生团队，在此无数个日日夜夜的耕耘和探究。村里的婚丧嫁娶、添丁增口，他们都一清二楚。曾有学生逐门逐户了解这里的社会关系，甚至做到“只看房子就可以画出家庭宗族关系”的程度，也有学生走遍了全村的犄角旮旯，手绘出村庄全部地块，反映水利灌溉的详细变迁历史。

桑岗村和全国大多数以农业为主的村庄一样，有近一半的人在外务工，留在家乡的大部分都是老人、妇女和儿童。当叶敬忠向这些人讲出“巢状市场”四个字时，很多人不解。什么是“巢状市场”呢？这是一个在国际上都很新的词汇，叶敬忠是提出者之一。所谓“巢状市场”，是指村里一家一户就好比一个“蜂巢的窝”，把分散的农户组织起来，就成了一个完整的“蜂巢”，将村里一家一户现有的绿色农副产品进行整合，借助移动新媒体手段，通过帮扶人员或熟人介绍，直接对接城市消费群体，实现“点对点”社群营销，其关键点在于通过农村贫困人口和城市人口的相互信任和共同参与，成功将社会资本转换为贫困人口的收入，实现精准、稳定和可持续的脱贫结果。

叶敬忠相信“巢状市场”是解决农村贫困人口问题的一个突破口。他带领团队在桑岗村驻扎下来，计划为农村贫困户构建一个特殊的市场，摆脱食品工业巨头的控制，让前端的生产者农户直接和后端的市场消费者联系。团队的规划方案中，希望通过“巢状市场”增加城市人和农村人的互动，让原本冷漠的买卖有更多的人情味儿。

为了更好实施“巢状市场小农扶贫实验”，2010 年 10 月，这位教授带着团队在村里展开了调研和问卷调查。这份问卷不同于大家以往接触到的任何问卷，学生们拿到这份问卷时都哭笑不得，这不是一份简单的涉及农户家庭结构、生计变迁的问卷，而是一个包含着诸如“家里几只鸡、几头猪”“菜园里种植什么、怎样种植”“饲养家禽是用草还是用饲料”“大田作物施了多少化肥”的问卷。与一份普通的农户问卷相比，这份问卷未免显得太过于“啰唆”了。在调研的过程中，不少村民抱怨，“问得太细了”，甚至有的问题连村民自己都要想好久才能回答。尽管如此，叶敬忠及其团队在村里开展工作的步伐并未减缓，最密集的一周，他们访谈了 74 户。

在这样高强度的工作节奏背后，是农大团队对于农村、对贫困农户的深厚感情在支撑。经过完整细致的摸底之后，叶敬忠及其团队给出了一份可行的方案。在调研报告里面他们写道：“村庄至今保存着较为完好的小农农业形态，通过种养殖结合实现了与自然的协同生产，适合开展以构建‘巢状市场’为模式的扶贫实践”。

二、用农民最熟悉的方式脱贫

村里首批参与试验的有七十多户，不到村里总数的一半，但在叶敬忠团队眼里，这已经是一个非常不错的开始。每户农户都有着自身不可替代的资源，他们院里的鸡鸭猪羊、菜园中的蔬菜、山坡上的瓜果核桃板栗，还有农户自己加工的豆腐和粉条，都是可以市场化的商品。过去，这些产品在家门口几乎卖不出去，但有了“巢状市场”，也许就可以打通一条从田间到餐桌的路，将这些产品有序地、可持续地输送到外界。

对于农户来说，他们不是没有想过自己去售卖这些产品，但是难度太大。不清楚外界消费市场在哪，没有熟知的购买者，想要自己去卖东西，无异于两眼一抹黑。不过，在团队的帮助下，农户开始有了信心，他们知道，只要发挥自己所擅长的优势，保证生产端的安全和生态，那么他们就可以从整个链条中获得农业收入。这正是叶敬忠研究团队渴望达到的目的，通过保护传统的耕作方式，让一家一户的小农能够用自己的一亩三分地赚取更多利润。

团队不断开展“巢状市场”的相关培训。每一次，他们都在村会议室里为农户们普及有关生产方式、组织与管理能力等一系列知识。叶敬忠团队中有不少博士生，他们都参与到这个环节中来，一遍又一遍地为村民们生动地讲述何为“巢状市场”、为什么要建立“巢状市场”“巢状市场”的运作模式以及农户在生产过程中获得的利益和应负的责任等。团队希望通过系列培训，能够让农户加深对“巢状市场”的认识，并为“巢状市场”提供自然优质的产品；生产小组的成员能够提升自我的组织和管理能力，以应对“巢状市场”在村中出现的困难和挑战。

简单来说，“巢状市场”的基本运作流程是：消费者下单—村庄小组长整理订单—农户提供产品—小组长包装—送货给消费者—消费者取货交钱—小组长将现金交给农户—消费者反馈。在叶敬忠的设想中，“巢状市场”是基于农户和城市消费者之间的相互信任的一种直接交易方式，而在试验初期，如何去扩大影响力，吸引到更多城市人参与到这项试验中，就成了困扰研究团队的一个问题，因此叶敬忠将自己的同事们变成了“巢状市场”的首批消费者，这既解决了桑岗村农户的销售难题，又可以更好地收集反馈信息，促进“巢状市场”的完善。

随着“巢状市场”的不断推广，每逢周末或是假期，就会有一批特别的游客到村子里转转。他们不是别人，正是桑岗村“巢状市场”的消费者们。时间久了，不少城里客户都和桑岗村的村民渐渐熟识了。确实，有什么口碑能比得上消费者的认可和可信呢！“我是通过朋友推荐，才知道有个‘巢状市场’，真正到村子里一看，才发现‘巢状市场’的菜确实是村民们自己种的，村民给鸡、鸭、猪吃的是天然粮食。”一位消费者如此说。现在，“巢状市场”在销售平台一放货，农产品立刻“秒没”。像电商抢购节一样，想要吃到猪肉、鸡蛋这些热门的绿色农副产品，消费者们需要掐着点儿抢货。

“巢状市场”一路走来，并不都是顺风顺水。“巢状市场”刚刚进驻桑岗村的时候，一位老人在山上散养着一些鸡，这位老人便成了“巢状市场”的第一批生产者。老人见养鸡可以挣钱，于是又借钱买了更多鸡苗，想的是能跟现代化养鸡场那样把“产业”越做越大，从而让自己成了鸡蛋的供应大户。然而，多个小农户对接，点对点营销，小而美的农业生意才是“巢状市场”的目的和初衷。这位老人的“投资”事件成为进行“科普”的典型，大伙儿知道了——不能这么干，这才算维持住了“巢状市场”的秩序。

三、精心走好每一个流程

作为最终端的消费者，并不了解产品是如何生产出来的，由此也就无法产生信任感。为了解决这一问题，团队想出了一个办法，即在每样产品的包装上，都明确标注生产者和生产过程。城里人习惯了超市的干净整洁的农产品，缺乏对生产、作物的了解。如果农户能够将这个过程清晰地呈现在消费者面前，那么两个群体就可以建立起相互信任和有效沟通的渠道。

一开始，村民们拍的照片并不让人满意，他们很少会使用智能手机、拍照也缺乏技巧，不是暗得看不清楚长势，就是照片虚掉了，分不清到底是西红柿还是土豆。即使是拍得“最好”的照片，也常常少了美感，“经常能看到人头顶上长出一根电线杆来。”师生们笑着抱怨说，“这样拍出来的照片，有时会让人丧失购买的欲望”。研究团队的学生们，也手把手地教起村民如何拍照“存档”。在农大师生的帮助下，现在很多村民都成了专业客服。村民们开始有意识地记录下作物生长的过程，包括如何把新鲜的鸡蛋打包、果蔬的长势等都拍下来发在微信群里，以此来回应消费者的关切。

在这样的安排下，桑岗村的贫困农户们精心走好每一个流程。每个月村民都会去北京送货。在送货的前几天，村里热闹非凡。倒数第 4 天，村民端着自家的鸡蛋交过来；倒数第 3 天，杀猪；倒数第 2 天，杀鸡；出发前一天，准备新鲜青菜，并按订单交货。看似简单的交易背后，其实也包含了许多问题。诸如，如何平衡农户之间的竞争、如何协调运转等。叶敬忠向团队立下了规矩：“不去参与村庄的人情规范，让他们自发发展，不干预这个动态调节过程。”为此，叶敬忠及其团队尽可能地让农户自己去和其他农户协商、互动，以及让农户去和消费者直接进行沟通，而研究团队更多的是以志愿者的身份参与，负责观察、记录并在必要时提供帮助。

叶敬忠及其团队在村里选了三位“热心、有威望、有一定文化水平”的村民作为生产小组的组长，引导组长成为能够在收货、配送、调节生产等环节都具有管理能力的关键角色。55 岁的村民许新泉就是其中一个组长。从当选组长的那一刻起，他就习惯随身带个本子和笔，记录下村民的需求和产品供应情况。他觉得自己既是管理者，又是监督者。他不仅要日常留心各家的生产问题，还要保证产品的质量。2015 年他终于有了第一部智能手机。他说，从他拿到智能手机开始的那一刻起，一直在村里住着的学生们便从最基本的打字、发图开始教他，督促他在微信群里与大家保持沟通。起初，他很不适应，但逐渐地明白了农大团队这么要求他的良苦用心，“你只有不断地告诉外面的人，我们是怎么种庄稼的，让别人看见，才能相信我们的产品是好的。”

随着团队在村里的时间越来越长，大家的互动也越来越多，村民们的运营和管理水平也有了很大的提高。毋庸置疑，每一个环节的完善都伴随着团队和村民的相互摸索与调试。不仅如此，在团队和热心消费者的帮助下，农户们还建立了微信公众平台，实现了移动下单和支付方式，加快了农品的流通之路。

团队不仅在村里和农户同吃同住，组织农户开过无数次会议，为他们排忧解难，还创造机会带领农户外出考察学习。这些年，在团队支持下，农户代表们不仅到了云南学习别人的经验，还特地去了北京的高端商业超市，学习猪肉的切割方式等。对农户来说，这些细节是他们从未考虑过的，但这些细节又是市场消费者衡量商品品质的重要标准，如何去达到这些标准以满足城市消费者的需求，是他们急需掌握的知识。

图　6-4 “巢状市场”中村民生产场景以及消费者到村访问

团队长时间驻守在桑岗村，事无巨细地帮助农户去掌握这些细小但重要的知识。2016 年底，叶敬忠带着学生们对桑岗村的农户们进行了一次关于“巢状市场”的调研，90% 的农户都表示满意，不太满意的农户表示是自己参与的机会太少了，建议扩大规模。这个结果一方面让团队感到欣慰，另一方面也让团队思考，是否需要转变为“大规模大产业”的路径，但叶敬忠坚持认为村庄快速涌入很多消费者不是好事，会破坏村庄的供给平衡。在他们的想法里，坚持以农户为主，有什么资源就用什么资源，这与“巢状市场”的理念一脉相承。

四、耕耘十年，收获十年

至今，中国农大的研究团队已在桑岗村耕耘了 10 年。他们住在村里，与农户反复核对，摸清农户的生产底数，有计划地指导农民的生产活动，从选种、施肥、用药方面进行规范，以确保农产品质量。同时，团队还邀

图 6-5　桑岗村的巢状市场项目推广中心

请亲朋好友、同事等，依托个人社会关系网络，借助新媒体平台帮助农产品对接城市消费者群体。

实践证明，依托熟人关系的社群营销很快产生了效果。城市里不少消费者对通过传统方式生产出的农副产品很感兴趣，通过朋友圈、业主群、微博等途径将相关信息快速传播。“巢状市场小农扶贫新模式”给农户带来了直观的收益，其中不少贫困户已实现月月有进账。对于村民来说，每一次拿到市场发来的“薪水”，就是一次“小丰收”。这些年来，桑岗村几乎所有具备生产空间和劳动能力的贫困户都参与了这一活动，包括6个政策兜底的贫困户。农户向“巢状市场”提供的农产品种类已达30多种，几乎覆盖了当地能够生产的所有种类。他们在北京的消费者群体也日趋稳定，从最初的1个配送点发展到现在的9个配送点，消费者达500多个家庭。据桑岗村“巢状市场”负责人介绍，由于去除了中间环节，能够实现交易共赢，产品交易价格至少高出当地市场30%以上，但又远低于城市市场中以“有机”“绿色”“生态”为标签的产品，且价格稳定，交易可全年进行，目前全村所产农副产品除农户自己食用外基本能够销售一空。

2018年全村累计从“巢状市场”直接获取收入近30万元。在村里转一转就会发现，“巢状市场”已经成了桑岗村的一部分，也是日常生活不可或缺的一部分。桑岗村的一些老人、妇女成了“巢状市场”的长期“供货商”，他们因此有了相对稳定的经济收入，年均增收2000元至3000元不等，收成好的时候甚至能够达到5000元到10000元，生活条件大大改善。

桑岗村是一个样本，验证了“巢状市场”通过农村贫困人口和城市人口的相互信任和共同参与，成功地将生计资源和社会资本转化为贫困人口的收入，达到精准、稳定和可持续的脱贫效果，为乡村脱贫致富开辟了新的路径。目前，贫困小农户每年通过产品对接获得的收入，少则千元，多则万元，实现了参与农户全部脱贫。同时，村民开始注重追求绿色产品。调查结果显示，桑岗村80%以上的农户在生产过程中减少了农药、化肥的使用。村里也出现了更多的互助和合作，生产小组的组织能力不断提升，已经能与城市消费者顺利对接，还将部分公共基金投入村庄的再生产、垃圾治理和文化活动之中。另外，村庄与城市的互动也加大了力度，很多城市消费者在闲暇时访问村庄，也有人对到北京看病就医的贫困村民提供帮助，向贫困农户捐赠衣物、儿童玩具以及图书等。可以说，“巢状市场小农扶贫试验”所提高的不仅是农村贫困农户的收入，也对乡村整体性的生态修复和社会、文化的复兴具有重大意义。

10年过去了，叶敬忠教授及其团队在桑岗村开展的小农扶贫试验，用农民们最熟悉的方式帮助他们将自家的农产品卖出了穷山沟，更让乡亲们实打实地过上了好日子。

在桑岗村开展的试验，是一个以社区为基础的微观层面的社会试验，是草根的、底层的、以村庄为基础的社会试验。也正是如此，团队在桑岗村的试验不能按照市场逻辑去思考利润，而是应该作为一项社会事业，去思考对于扶贫、农村发展的深远意义。2016年，临近的村庄也开始建立了“巢状市场”，有30户贫困农户参与，短短半年内，每次产品的收入从最初的2000元左右增加到了1万余元。年底，一位到中国农业大学参会的贵州农民学习到“巢状市场”的理念后，回去就立刻着手“复制”工作。

团队的扶贫探索及理论成果产生了广泛的社会影响。2018年以来，研究团队撰写的政策建议获得了中央领导的重要批示，并在《人民日报》《中国青年报》等重要媒体进行了公开报道。国务院扶贫办邀请研究团队对此做法进行了专门汇报。《人民日报内参》、国务院扶贫办《扶贫信息》、新华社《动态清样》都对此模式进行了专门刊载。2019 年，新华社分别以《巢状市场：小农扶贫的“点对点”社群营销》《“巢状市场”让农产品卖出了穷山沟》为题，两次对“巢状市场”小农扶贫的做法和模式进行了报道。同年，《半月谈》在《农民：需要被全社会尊重》一文中，也对该模式的做法进行了阐述。此外，基于这项扶贫探索总结的研究成果《基于小农户生产的扶贫实践与理论探索——以“巢状市场小农扶贫试验”为例》发表于国内顶级学术期刊《中国社会科学》上，随后论文又被《高等学校文科学术文摘》（2019 年第 3 期）、《中国社会科学》英文版 *Social Sciences in China* 刊载。

“巢状市场”已经成为一种连接城市和乡村的纽带、农产品销售的平台以及利用本地资源与市场对接的精准扶贫机制。这种小农扶贫方式在带动贫困小农户脱贫增收、改善村庄生态环境和促进城乡协调发展等方面具有良好效果，城里人不仅能吃上真正的绿色健康食品，更重要的是，村民能够开辟出一条特色脱贫致富新路径，从而最终实现增收致富的目标。叶敬忠团队相信，桑岗村的模式非常容易复制，他们期盼，星星之火也可以燎原，贫困农户可以超脱于充满“丛林法则”的市场之外，保留他们最熟悉的耕种方式，成为体面的劳动者。

第三节　写好新乡村建设这篇大文章

在扶贫的道路上，很多人都能走入乡村、观察乡村、讲述乡村，但是像中国农业大学的师生们这样在其中完成了对农户和自我双重改造的，并不多见。在老师的引领下，一届又一届的学生们从课堂进到乡村，驻扎乡土数十载，与当地农民一起，组建新型农民合作组织，成立以弘扬“耕读传家”乡土文化为使命的弘农书院，积极探索新乡村建设之路。

一、兰考十年乡建，探索农村合作组织

河南兰考县地处黄河故道，是中原的一个传统农业人口大县。20 世纪

60年代，县委书记的好榜样——焦裕禄同志带领广大干部群众治沙、治碱、治水，使得兰考县成为全国著名的农业政治大县。改革开放以来，中国的现代化进程取得了举世瞩目的发展，然而在城市化和市场经济的冲击下，形成了中西部传统乡村地区的总体性衰败及其留守群体问题，农村人口大量外流，农村经济社会发展处于落后状态，留守老人妇女儿童生活相对困难。

2003年，中国农业大学和河南开封市迎来了“校市共建”的难得机遇。这一年，中国农大选派了7名博士研究生到开封市挂职锻炼，何慧丽便是其中之一。她挂职担任兰考县副县长。彼时的兰考县农村，基层组织薄弱，绝大部分农民都离乡奔赴外地打工，留在村庄的只是一些老人、妇女和儿童。对于何慧丽而言，这是她人生道路一次特殊的转折，她决心在此进行一场迥异于常规的乡村建设试验。她认识到，短期内让农民大幅度增收的可能性微乎其微，除非构建一个平等、团结、合作的平民文化系统，于是她决定开始尝试另一条路——开展以“农民生计为本、合作组织为纲、多元文化为根”为宗旨的新乡村建设试验。

为此，她利用高校知识分子和县政府副县长的双重身份，率先开创了乡村建设综合试验基地。虽然试验范围很广，内容很全面，但主要是以农民合作组织的制度创新试验为中心兼顾其他，所以此试验基地称为“河南省兰考县农民合作组织”试验基地。

中国传统农业地区农民合作社如何才能持久的发展？农民合作社怎么才能以市场主体身份为农民经济利益服务？兰考农民合作社的做法是：在内容上，以乡土文艺和社会建设为基础，以统一购买农资良种、统一销售农产品、市场信息共享为流通服务，以盘活资源的社员间资金互助信用业务为合作社的核心业务，以加工业、设施农业、农业机械化的投入使用为延伸服务。在规模形式上，最开始是村级专业合作社的成长，再是乡级联社的初步发展以及综合发展，然后是区域内城乡生态型互助合作及城市消费合作社的探索发展试验。在重点建设上，抓合作社文化和业务建设，抓合作社带头人和积极分子的全面人才建设，同时重点关注指导合作社的公益金使用状况，即以每年为社员免费体检、捐资助学、慰问贫困人员、兴办三亲幼儿园，举行尊老爱幼活动等方式进行社区建设。

2006年，兰考县南马庄农民合作社试验种植无公害大米，成果喜人，但由于农民生产合作社没有统一的销售渠道，无公害大米的销售问题一下子成了合作社的最大难题。何慧丽不畏困难，迎难而上，带着两个新成立的合作社骨干农民，拉着一车10吨大米来到北京街头社区高声叫卖，但收效甚微。令她没想到的是，她这一举动却引爆了新闻媒体的话题，“副县长卖大米”的新闻铺天盖地。但她并未退缩，而是继续前行，她又发起“购米包地”“购猪认养”等行动，探索健康消费、产业扶贫机制。2009年，习近平总书记到兰考县考察时，她汇报了在南马庄进行的一系列新乡村建设的探索与实践，总书记对她的想法十分赞许。

2013年，何慧丽又联系到中国人民大学乡村建设中心、北京百信之有管理咨询有限公司等单位，协助兰考县“南马庄农民生产合作联社”成立了资金互助部。仅仅一年的时间，股金就从80余万发展到1000余万，生态大米加工业、统购统销业务突飞猛进，受益农户从2012年5个村庄的260户达到2014年横跨兰考县、开封县9个村庄的509户，每户农户因加入合作社而平均直接增收几千元。目前，南马庄资金互助部资金存量近2000万元，先后为1500多户社员提供充足的资金支持。资金互助部始终坚持“钱为民所聚，利为民所享”的经营管理理念，坚持“小额信贷”的基本原则，历经风雨，茁壮成长。

二、从兰考到灵宝，唤醒乡土中国的文化乡建

河南灵宝，绵延的山脉延续着八百里秦岭的险峻幽深，也塑造了山脚下黄河南岸连绵的丘陵和纵深的沟壑。黄河从北滚滚而来，在中条山的西头陡然向东，函谷关千百年来雄伟矗立，流传着老子过关留下《道德经》的故事……改革开放以来，在城市化的狂飙猛进中，灵宝农村人口外流，“三留守”现象严重，农村夫妻关系、婆媳关系、亲子关系矛盾及问题异常突出。2013年，离开兰考南马庄，何慧丽又回到了自己的家乡——灵宝市焦村镇罗家村。

重新回到乡村，她才发现，自己的故乡原来真不简单！罗家村有古树、古庙、古城，属于以灵宝西坡遗址为中心的仰韶文化大型遗址群的范围，村内有先人生活在此的见证——灰坑和陶片，也有中古时期的“飞龙在天”景观。从罗家村向西到马村、南上村、巴娄村，继续往西就到了闻名黄河

金三角的传统“骂社火”文化习俗所在地——东常村和西常村，以及曾经作为中华文明五千年探源工程之首的灵宝大型西坡遗址。传说中的轩辕黄帝铸鼎原，距离罗家村只有20公里，其周围的考古发现、村名地名以及风俗习惯的高度吻合，可以佐证这里昔日的辉煌。2500年前，老子在这里骑牛出函关，留下了道德经五千言……这里是中华文明的发祥地之一，数千年的农耕文明，留下了无数痕迹，只要稍用点心，到处都能发现。

于是，在罗家村，何慧丽请来学校的教师及诸多当代乡建界知名人士，协助罗家村建起了一个党支部主导的综合性合作社——“弘农沃土农牧专业合作社”，周边村子都来跟着学。逐渐地，多个合作社连为一体，成立了“弘元农业专业合作社联合社”。和其他地方的合作社不同，这些合作社及其联社不仅是生产上的合作，更重视文化和道统意义上的合作。

“弟子规，圣人训。首孝悌，次谨信。泛爱众，而亲仁……”在“弘农书院”道德学堂里，正在上国学经典诵读课，诵读的内容则是国学经典《弟子规》。2013年，何慧丽组织中国农大农民问题研究所、灵宝市焦村镇罗家村村委会、焦村镇民间12社、江苏吴江众诚实业有限公司、中国人民大学乡村建设中心等5家单位在灵宝乡村共同成立了“弘农书院”，整合社会上一切积极资源，促进生态文明事业，使土壤更肥沃，食品更安全，身心更健康，家庭更幸福，社会更和谐，国家更美丽。

图6-6　2013年豫西灵宝弘农书院揭牌

为何取名“弘农”二字呢？原来灵宝在汉朝时被称为“弘农郡”，寓意“弘扬农耕文明”，表示对农耕文明的重视。的确，中华五千年的农耕文明是立国之本，而弘扬农耕文明在一定程度上也是乡建的一个重要导向。“弘农”一词，包含了新农村建设和发扬中国传统文化的两层含义。“弘农书院”这四个字合起来刚好体现了“耕读”这一传统文化得以延续的命脉所在。

书院从文化入手，开展中华文化道德培训、养生保健培训、生态农业技术培训、农民合作培训，并开展其他与生态农业、农民合作、传统文化教育相关的研究、培训、推广业务，努力修复正在失衡的乡村社会、生态系统，实现乡土家园美丽的梦想。书院成立第一年，在广东儒商的支持下，一共办了 3 期教授国学的学习班，每期 45 天。在这附近生活的百姓既感受到来自书院的关爱，又从中受益匪浅。

随着书院逐渐发展及其影响力的扩大，许多大学生三农社团把这里作为培训学习和支农支教的基地，例如河南大学“三农发展研究会”和长安大学“三农社团”利用寒暑假为孩子们带来缤纷课堂，扩展视野，中国农业大学人文与发展学院小学期实习在这儿举办。这里每年还吸引许多相关人士来参观和学习，甚至承办了一些城市青少年国学自然教育活动等。

书院一直在以积极向上、朝气蓬勃的正能量传播着自身的影响力，吸引着越来越多人进入乡村。它正在成为一个与外界对接的窗口，为村庄不断输送新鲜血液，带来了生机和活力，营造出浓厚的文化学习氛围，浸润了村民日渐浮躁的心田。2020 年 7 月 26 日，雨后初晴，天高气爽。上午 10 时，在阵阵锣鼓和鞭炮声中，灵宝市弘农书院二院揭牌仪式在苏村乡塬坡村举行，“弘农书院”从此开启了发展的新篇章。

第四节　开展乡村振兴综合治理实验

湖北恩施枫香河村，一个地处深山的土家村寨。数百年来，人们始终生活在交通闭塞的大山里，在山上砍树盖房子，形成了一个土家风格的木质村寨。2018 年，中国农业大学将河边村脱贫发展的成功经验应用在湖北恩施的乡村振兴的工作中，提出了包容性的“益贫乡村”实践模式。这一乡村实践旨在修缮民宿、完善设施、提升环境、发展实业。在浙江新湖集团的大力支持下，中国农大团队将湖北恩施枫香河村作为示范村，开展乡村振兴综合治理实验。李小云及其团队在这里帮助村民改造破旧的土家木楼，在保留原貌的基础上，加以修整、改造，改变村寨里的传统生活方式。村民们不用搬家，在大山里就能过上了现代化生活。同时，改造好的民居还能用来发展乡村旅游，帮助村民提高收入。

一、恩施村寨枫香河，破旧吊脚楼重生成“别墅”

“先生，您放心，还是之前那几个房间，一定给您预备好……”恩施市盛家坝镇龙洞河村枫香河村民接到江西客人的订房电话后回答道。当天下午，客人如约而至。他之前在这家民宿住过一次，特别满意，“房间干净，是有年代感的木制老房子。我们很喜欢，是小时候的感觉。在我们那里已经见不到这种房子了，在这里能找到乡愁。”

枫香河被称为遗落在武陵山最后的香格里拉。这里地处武陵山深处，有数百年历史，是一个土家族聚集区。在实施乡村振兴综合治理实验之前，全村共有贫困户 71 户，是恩施市远近闻名的贫困村之一。当时，进村小路晴天崎岖不平、雨天泥泞难行，通往主城区的公路仅仅 50 公里，但是要颠簸两个多小时；传统的吊脚楼有的破败不堪，人畜混居，环境脏乱差，猪牛散养，粪便满地，空气里弥漫着臭气。与此同时，村民家庭收入主要依靠外出务工，青壮年外流严重，人口结构老龄化，是一座典型的空巢村、深度性贫困村。

枫香河村虽然贫困，但自然资源丰富，风光秀丽，空气清新。山上茂密的树林里，不仅有各种时令的菌子、野生的猕猴桃、拐枣、木瓜，还有成片的国家一级保护植物红豆杉。在进寨子的山坡上，一道山泉倾泻而下，山泉旁边，有一棵长在石头缝里的红豆杉，被村民们称为最坚强的红豆杉。这里的传统民居吊脚楼是干栏式建筑的活化石，还有浓郁的土家族文化及历史遗址古迹，具备打造高端休闲旅游度假村的潜质。

针对枫香河的困境，中国农大团队提出必须在不打破乡村原有风貌和肌理的基础上制定因地制宜的改造方案。对村民来说，他们一辈子的生活都和房子连接在一起，房子是最容易撬动他们传统生活的支点，而通过改造的方式，以房子为载体，输入现代生活方式，成为村民们挣脱落后的捷径。

在精准扶贫攻坚的大背景下，中国农业大学与杭州新湖集团合作，共同在枫香河开展深度贫困与乡村振兴综合治理实验，开启以公益创新引领社会资源的新模式实践。2017 年 6 月，浙江省领导以及阿里巴巴、娃哈哈等杭州著名企业的负责人，赶赴恩施州落实对口帮扶工作。这是枫香河“益贫乡村”公益项目启动的前奏。经过多次实地调查研究和多方协商，由浙江新湖慈善基金会、新湖中宝·恩施裕丰房地产开发有限公司与小云助贫中心、盛家坝乡政府、龙洞河村委会共同发起，在枫香河村开展为期两年的深度性贫困与乡村振兴综合性治理实验，并由新湖集团捐助启动资金 300 万元。

图 6–7　湖北恩施枫香河土家族村寨　破旧吊脚木楼重生成“别墅”

枫香河项目形成了新湖慈善基金会、中国农业大学、盛家坝镇政府、龙洞河村委会、新湖中宝·恩施裕丰房地产开发有限公司等“五位一体”的协同治理网络。不同的扶贫治理主体按照“修缮民居，提升环境，完善设施，发展实业”的思路，实施治理方案，进行整村改造。在扶贫、脱贫的同时，实现乡村振兴，将枫香河建设成集文化、自然、生态一体化持续益贫示范乡村，促使其蝶变为美丽乡村，从而为解决深度贫困问题和乡村振兴提供样板方案。

项目实施两年多以来，各方已投入资金逾千万元。一个集生态旅游、科普旅游、亲子旅游、农业观光、养生养老、康体运动于一体的美丽枫香河已经初具规模。枫香河的民居改造即将进入尾声，涉及接近 30 户人家，2020 年之内都会改造完成。他们打算用直播的方式，介绍改造后的民居，推介当地的自然风光，展示手工艺品，让更多人知道枫香河。2020 年 8 月 4 日，应新京报邀请，枫香河在新京报乡村频道进行了一场直播，这也是民居改造之后的第一场直播。一个半小时的直播，吸引了两万多人在线观看。

对村民们来说，直播并不陌生，不少年轻人本身也在玩直播，但直播整个村庄，在当地仍是新鲜的，有村民穿起了土家族的民族服装，有人在家门口远远地观望。村民曹之和讲述了古村落和古树的故事，村民谢良华在自家的厨房里，用柴火灶和生铁大锅炒了一盘本地产的蕨根粉……农大团队则在加紧进行村民的培训，教村民们如何标准化地服务游客，客房里的被子要怎么叠、毛巾该怎么放，是否需要添几个装饰品之类，都要手把手地教。

枫香河村民居改造的完成，不是一段传统乡村故事的结束，恰恰相反，是无数美丽乡村故事的开端。

二、都市驱动型乡村振兴的“昆明经验”

自从“特色小镇”概念提出以来，以古北水镇、拈花镇以及华谊电影小镇为代表的文旅小镇迅速崛起，利好政策持续出台，地产、文娱各界争相入局，国内特色小镇出现了井喷式发展的局面。无论是以旅游为特色的乌镇模式、以影视为主的横店模式，还是以玩具制造而兴旺的丹麦比隆小镇、以世界香水之都闻名的法国格拉斯小镇，这些成功案例都为探索乡村振兴提供了新的路径。

2019 年 8 月 13 日，中国农业大学和云南省昆明市签订了乡村振兴市校合作共建协议，围绕“产业增值收益留村补农机制、乡村生态资源价值实现机制、乡村特色文化传承保护机制、村政服务体系和乡村善治机制、闲

图 6-8　中国农业大学与昆明市合作建设都市驱动型乡村振兴实验村

置宅基地和农房处置盘活机制、新农人新乡贤新村民培育机制、到村涉农资金统筹整合机制和发挥农民主体组织动员机制”等八大机制，选取昆明市呈贡区的万溪冲村、安宁市的雁塔村、富民县的石桥村、石林县的雨美堵村、晋宁区的福安村和宜良县的麦地冲村等六个村庄开展都市驱动型的乡村振兴建设实验。

2019 年，中国农业大学李小云、齐顾波、唐丽霞和宋海燕等专家在昆明市乡村振兴办的陪同下，用了近一个月的时间调研走访了昆明近 20 个乡村。经过认真分析，最终选取六个村子开展都市驱动型的乡村振兴建设实验，计划用三年的时间打造呈贡区“万溪有礼、梨园小镇”，晋宁“古滇新韵、福安古村”，安宁“花巷之村、浪漫雁塔”，宜良县“归园田居、七彩梦乡”，富民县“九峰毓秀、石桥有梦”，石林县“云上人家、秘境彝青”等六个特色乡村，并以此建立校地联合实习基地，开展全方位的合作。

在昆明市委、市政府以及昆明市乡村振兴办的多方协作下，最终确定以昆明市乡村振兴办、各县各乡抽调人员组成工作专班，成立驻村工作队，农大团队作为专家为昆明六村点对点提供智力支持。从确定实验村以来，农大团队就专人专村，多次驻村进行调研和交流。

2020 年，受新冠疫情影响，中国农业大学与昆明市合作的都市驱动型乡村振兴实验村的工作受到了很大影响，农大团队无法亲临一线与当地干部和村民共同工作，给予直接的支持，但各村的建设并未因此而停滞，大家仍保持远程交流，推动各项工作的开展。2020 年 4 月，驻村工作队开始驻村，并且针对乡村振兴实验村建设项目召开全村动员大会，尽管农大团队无法奔赴现场，但仍远隔云端与昆明市农业农村局的乡村振兴建设专班、各村工作小组以及驻村工作队通过微信、电话等方式保持密切联系和沟通，讨论乡村振兴的各项工作。

雨美堵村位于昆明市石林彝族自治县东南部，地处圭山国家森林公园内，拥有得天独厚的地理优势和良好的生态环境，圭山山羊和土飞鸡传统养殖业历史悠久，有着浓郁的彝族传统文化和良好的村庄治理基础。雨美堵村地理位置偏远，缺乏集体经济，生态保护与经济发展之间产生矛盾，耕地面积少，传统经济作物增收困难。

针对这种情况，农大团队给出的方案是：把雨美堵村建设成生态生计替代与传统文化保护型新村落，发展休闲康养和旅游的新业态产业，以实现保护生态环境和传统民族文化基础上的农户生计替代或生计转型，从而为生态涵养类农村社区的乡村振兴提供示范。为了达到这一目标，农大团队希望雨美堵村首先进行的工作就是盘活闲置宅基地和闲置房屋。但当团队来到村里，却发现事情并没有那么简单。雨美堵村闲置农房回收集体存在“一宅多属”的困难，其中 7 户存在旧房权属问题，村民无法就补助和安置等问题达成共识。面对这些困难，团队向村干部承诺，“只要你们把闲置资产收回来，后面的设计、运营你们全都不用担心。”没想到村干部马上爽快答应了。他们表示，直到听到农大专家的承诺，才敢开始有底气地去做村民的工作。

麦地冲村也是一个典型的山地村庄。土地面积有限，村民家庭收入来源主要依靠外出打工。该村庄自然环境优美，具备了发展农旅新业态产业的潜力。前几年，由于在老村的外面开辟了一个新村，盖上了新房，老村的房子基本都处于闲置状态，尤其是老村子里随处可见闲置的烤烟房。农大团队经过调研后发现麦地冲村的农旅项目彩色水稻吸引了很多的游客，但村里没有吃住的地方。因此，如果能把这些闲置的烤烟房改造成能够居住的客栈，就能带动村里闲置资产的盘活。于是，农大团队让村小组用实验的经费把村民闲置的两栋烤烟房租下来，以最低成本设计成能够满足需求的微型复合空间。谁知，农民一听到闲置的房子可以变成钱，便坐地起价喊出了远超于农大团队预期的高价。李小云花了两个小时的时间，细细给农民做工作，讲清楚盘活农村闲置资产到底是有利于谁的逻辑。直到最后，村民才意识到这其中的利弊。就这样，闲置资产盘活之路就顺了起来。麦地冲村焕然一新的面貌给人留下了深刻的印象。正如校长孙其信在考察麦地冲村建设进展情况时所讲：中国农业大学始终秉持服务国家战略、服务三农的使命，为此成立国家乡村振兴研究院，配备高水平专家队伍积极参与探索乡村振兴的新模式，愿为云南省、国家甚至国际乡村发展贡献昆明经验和智慧。

2020 年 6 月，为了探索都市驱动型乡村振兴的路径，更好地推动实验区的发展，中国农业大学与昆明市乡村振兴办共同举办了昆明都市驱动型乡村振兴培训，在河边村现场讨论新业态产业主导的乡村发展经验，交流昆明各实验村产业发展、村事管理、村民组织动员等方面的实践经验，拓展工作思路，并加强乡村振兴实践者的能力建设。对于分散在昆明六村的乡村振兴办工作人员和驻村工作队来说，这是一次相互面对面交流、实地探访河边村模式的绝佳机会。短短两天的时间，让这些人的思想受到了极大的冲击。一位与会者表示：他过去在其他村子参观学习，从未像来到河边村的感受一样强烈，让他深受触动的并不仅仅是河边村翻天覆地的变化，更多的是农大师生这么长时间以来能够在一个小小的山村坚持住下来，这份长久地坚持和付出让他动容。看到了农大团队在河边村的作为，更坚信农大团队也能像在河边村一样，在昆明其他乡村细致、持续地开展工作，昆明六村未来可期。

第七章　耕读篇

——力学笃行　躬耕实践

基层是青年淬炼成长的试验场，也是磨砺青春的大舞台。2020 年 6 月，中国石油大学（北京）克拉玛依校区送别了首批 435 名毕业生，其中 118 人选择到新疆基层工作。7 月 7 日，习近平总书记给这些毕业生回信，肯定他们到边疆基层工作的选择，并寄语广大高校毕业生志存高远，脚踏实地，不畏艰难险阻，勇担时代使命，把个人的理想追求融入党和国家事业之中，为党、为祖国、为人民多作贡献。这些年轻人的职业选择，诠释了当代青年的理想信念与家国情怀，让青春之花绽放在祖国最需要的地方。

一直以来，中国农业大学在推进乡村振兴与脱贫攻坚过程中坚持育人与服务相结合，发挥农业高校理论研究优势，调动全校力量围绕党的十九大提出的精准扶贫等系列战略任务，结合农业特色和研究基础，积极输送专业的对口服务，让学子们能够深入了解社会、服务社会和认知社会发展。同时，从农科学子的联合实践活动到农大博士生深入基层发挥专业优势助力扶贫攻坚，从大学生群体和社团寒暑期积极投身社会实践到红色“1+1”科技扶贫和假期农校，中国农大的学子学以致用、行以践言，把对祖国的热爱转化为服务脱贫攻坚和国家战略的实际行动，积极开展支边、支教、支疆的社会实践和志愿服务，深入农村开展对口服务活动。他们走进祖国广袤的乡村、深入一线，在实践中认识农村、了解农民、学习农业，为实现脱贫攻坚与乡村振兴贡献农科学子的力量。

第一节 引领全国农科学子共担时代重任

“消除贫困、改善民生、逐步实现共同富裕，是社会主义的本质要求，是我们党的重要使命。全面建成小康社会，是我们对全国人民的庄严承诺。脱贫攻坚战的冲锋号已经吹响。”习近平总书记在中央扶贫开发工作会议上发出的号召铿锵有力。由此，在响应党中央的决策和部署下，如何消除贫困、改善民生，如何扎根农村、情系乡土乡亲，如何点聚成线、实现精准扶贫，成为一道时代命题，高等院校责无旁贷，农业院校一马当先，农科学子更是勇担使命。

一、率先发起倡议，全国农科学子共担重任

2015 年 10 月，在中国农业大学农学院的积极倡议下，全国 43 家高校的农学院汇聚一起，达成共识，成立了“全国农学院协同发展联盟”。联盟的首项任务便是团结凝聚全国农科类学院，形成一个聚焦全国贫困县脱贫摘帽、助力扶贫攻坚为主要目标的农业高校联合体，汇聚一支心中有阳光、脚下有力量的扶贫志愿者队伍。这一行动体现了全国农科学子勇于担当、甘于奉献、教育济民、支农报国的拳拳赤子之心，更是吹响了全国农科学子积极投身和助力国家脱贫攻坚战略部署的冲锋号角。

联盟决定在全国农学院联合实施助力国家脱贫攻坚工程，拓展大学生思想政治教育之第二课堂，搭建走进乡土乡村、心系乡音乡愁、情牵乡亲乡民的长期可持续的社会实践平台，使农科学子们在深入农村服务人民的过程中磨砺意志、增长才干。以此为发端，酝酿启动了“全国农科学子联合实践行动”。该行动一提出，就在中宣部、中央文明办、教育部、团中央、全国学联等五部委联合下发的全国大学生三下乡文件中，被列为各专项行动之首。

2016 年“五四”青年节期间，全国农科学子联合实践行动启动，标志着全国农科学子助力精准扶贫的序幕正式拉开。在全国农学院协同发展联

图 7-1　中国农业大学农学院获得全国脱贫攻坚奖组织创新奖

盟统一协调基础上，联合实践行动在组织体系方面形成了华北、东北、西北、华中、华东、华南和西南七大片区，每个片区均有一个学校作为组长单位，统筹片区内高校的联合实践工作。在联合实践活动过程中，全国农学院协同发展联盟非常重视实践行动的联合实质，并统筹起草与发布了《稼穑培根计划——走进乡土乡村　助力精准扶贫　2016 年全国农科学子暑期联合实践行动方案》《2016 年全国农科学子暑期联合实践实践手册》《2016 年全国农科学子暑期联合实践行动安全手册》等文件，指导全国农科学子实现协同助力脱贫攻坚。

2016 年暑假，由两千余名师生发起、万余名师生参与的首期联合实践行动在全国陆续展开。实践活动确立了“组织 + 村 + 农户”的精准帮扶模式，以“一个组织联系一个村”“一个队员联系一名学生”的方式进行点对点帮扶。此次联合实践活动共组建 203 支小队，实践地共覆盖了全国 21 个省（区）的 115 个贫困县。他们深入到不同的贫困县、贫困村，通过问卷调查、采访、参观等方式了解了贫困地区经济、卫生、健康、饮食等生活状况。小队运用专业知识对村民进行食品安全、卫生方面的科普，帮助村民们“吃得安全，吃得健康”。

联盟还开发了移动互联“三农”服务平台“农天下”，把分散在各地农学院的师资力量、技术经验集中起来，利用移动互联技术实现“云种养”的在线专家咨询及解决方案，实现了专家、学子和农民的线上联络沟通机制，解决了农业技术服务和推广体系的时空障碍问题。为此，联盟在实践地贫困县、乡（镇）、村协助农户安装“农天下”手机服务平台，教会村民使用手机应用，帮助农户借助联盟移动服务平台有效解决在农业生产过程中遇到的养殖等问题。

全国农科学子联合实践历经联盟动员、公开招募、面试选拔、系统培训、开展实践、答辩评优、交流总结等几个阶段，按部就班，井然有序。2017年，联盟内各片区分别举办片区启动仪式。启动仪式后，全国农学院协同发展联盟各成员单位积极落实小队的组建及培训相关工作，并于6月至9月间分派小队到全国各地的贫困地区深入实践，潜心调研。

联盟单位在每一个环节均进行了精心设计。如坚持聘请在相关领域具有深厚理论水平的专家或教授作为小队的指导教师，对小队进行全程一对一指导，并随队一起参与实践；邀请在支教方面有丰富经验的校友、社会公益支教机构等进行经验分享，并录制成视频在联盟内进行分享；邀请中国扶贫基金会工作人员进行项目培训；邀请专家教授根据国家的扶贫政策和要求设计统一问卷，聚焦精准扶贫。以黑土麦田为例，它是由一群有理想、有情怀、有能力的全球一流高校的高材生们创办的公益组织，旨在通过产业扶

图7-2　中国农大举办“青春之我，逐梦之光”论坛

贫帮助贫困地区的贫困户彻底摆脱贫困。这与全国农科学子联合实践的根本目的不谋而合，而培养像黑土麦田公益同行人一样优秀的大学毕业生们，更是全国农学院协同发展联盟实践育人的根本目标。于是全国农学院协同发展联盟与黑土麦田进行了深度合作。黑土麦田将相关项目村作为联合实践的实践地对联盟内成员单位开放，实践小队真正深入产业扶贫第一线，了解扶贫新模式，学习扶贫方法及扶贫思路，并在与黑土麦田公益项目成员的交流中提升自我，在实践中学习，在实践中成才。2017 年 5 月 6 日，“青春之我，逐梦之光”论坛上，黑土麦田公益创始人、感动中国 2016 年年度人物秦玥飞为学子们作了“我们为什么要去农村”主题报告，并寄语农大学子“以青春之勇气，担青春之责任；以青春之奋斗，创青春之事业。”

习近平总书记在党的第十九次代表大会工作报告中明确指出“青年兴则国家兴，青年强则国家强。青年一代有理想、有本领、有担当，国家就有前途，民族就有希望。”自联盟成立以来，全国农科院校累计组建小队 1200 余支，奔赴全国 1010 个贫困村开展调研，共组织 1290 余名指导教师、13000 余名农科学子参与联合实践行动，深入扶贫第一线，助力精准扶贫。联盟各成员单位纷纷根据自身优势、实践地特点等开展了特色实践活动。安徽农业大学农学院实践小队为阜阳市滞销晚秋黄梨销售千万公斤，有效缓解黄梨滞销问题；广西大学农学院完成调查问卷 1500 多份，实地走访调研 300 户贫困户；黑龙江八一农垦大学农学院实践小队为贫困地区和留守儿童募集各类物资价值 11000 余元；河南科技学院生命科技学院实践小队为封丘县的贫困村民提供了每亩 30 斤、总共 2000 余斤的优质高光效百农 419 小麦原种等等。联合实践行动为广大青年农科学子搭建了展示自我风采、实现人生价值的舞台。

二、打造服务脱贫攻坚“农大根据地”

中国农业大学农学院作为全国农科学子联合实践行动的发起者，积极组织全院师生参与实践行动，在培养“一懂两爱三有人才”的道路上积累了丰富的经验。据统计，到 2019 年底，农学院在联合实践活动中共派出 60 余支实践队，约 700 余名队员参与活动，其中，本科生占到了三分之二。实践地覆盖了全国 7 个省份、9 个国家级贫困县、20 余个贫困村的精准扶贫主战场。

在全国实施精准扶贫战略的背景下，全国农学院协同发展联盟将社会实践主题聚焦精准扶贫，组织学子们开展以“帮学支教”“支农增收”“深入调研”为主题的社会实践活动。通过调研、支教、农业政策和农业技术培训与指导等丰富多样的实践活动，使广大农科学子深入基层，切实体会农村脱贫攻坚工作的价值以及面临的挑战，增长才干的同时服务社会，为脱贫攻坚工作作出当代大学生尤其是农科院校学子应有的贡献，为当地扶贫攻坚、乡村振兴汇智聚力。

自以“走进乡土乡村、助力精准扶贫”为主题的“全国农科学子联合实践行动”启动以来，中国农业大学共派出 12 支实践小队、150 名学子们连续四年利用暑假实践深入国家级贫困县山西省灵丘县的 15 个贫困村开展重点志愿扶贫工作，通过帮学支教、支农增收和深入调研等实践活动充分发挥自身农科特色与优势，结合当地情况与特点开展相应工作，致力于将实践行动做细做精，帮助当地解决实际问题，并取得了可喜的成果。灵丘县通过发展有机旱作农业示范区，带领当地居民逐步实现脱贫致富，而灵丘县的全域有机农业模式也在全国 10 个省约 40 个村庄开展推广。2018 年灵丘入选“山西省有机旱作农业示范”“全国农村创业创新典型县”“车河村级有机农业扶贫模式”，并作为全国三个典型案例之一登上“2018 中国扶贫国际论坛”，成功入选“中外减贫案例库及在线分享平台”。在山西省灵丘县的实践小分队也连续两年获评“全国大学生百强暑期实践团队”称号，为精准扶贫交上了一份优秀的答卷。

“国家兴亡，匹夫有责”。通过深入实践活动，可以让队员切实了解农村扶贫现状，更让同学们切身感受到自己在实现中国梦的进程中应承担的责任。在时代转型发展的大背景下，作为农科高校的学子们更应该实事求是，脚踏实地，深入基层，解民生之多艰。全国农科学子联合实践行动以来，中国农业大学暑期联合实践小队已完成了 75 份访谈的撰写，其中撰写村支书专访 15 份，驻村第一书记访谈 13 份。

此外，学校撰写了《“穿越 2050”的乡村振兴愿景》一书，表达农科高校师生对乡村振兴美好愿景的期盼。主编出版“走进乡土乡村、助力精准扶贫”系列丛书《不忘初心　砥砺前行——走进乡土乡村　助力精准扶贫》，彰显新时代农科学子的理想信念与责任担当。其中《阡陌共行》《阡陌众语》与《阡陌逐梦》，既是对全国农科学子联合实践行动的生动纪述，也是走进乡土农村、揭开贫困面纱、讲述扶贫故事和指导农科学子运用自身学科优

图 7-3　出版的系列图书

势助力脱贫攻坚的参考用书。

学校与中国扶贫基金会、黑土麦田公益等全国性知名扶贫机构和地方政府合作开展精准扶贫实践的机制和模式探索，率先设立“精准扶贫”专业学位研究生培养专项，培养扶贫一线高级专门人才。在招生条件上面向应用需求拓宽专业和能力口径，在培养方案上着重加强专题教育、案例教育和实践训练，在导师队伍遴选上组建以校内实践经验丰富的教授为主，吸纳专家、企业家和行政管理的优秀人才，组建研究生指导教师团队。至今共招收 50 名学子奔赴十余个贫困村开展驻村扶贫工作，共建设学生引种基地 2 个，引种十余种新型作物，总种植面积超过百亩；协助村民建立专业合作社 2 个，协助两个联合社销售农产品；协助当地吸引投资、政策资金超过 430 万元。

中国农业大学学子们利用全国农科学子联合实践行动这一平台，深入了解国情，用心去感受，在勤学力行的过程中丰富阅历、磨练意志。实践中，全体师生持续保持旺盛的工作热情，善始善终，善作善成，发扬吃苦耐劳、艰苦奋斗的奉献精神，克服夏季气候多雨、高温酷暑、蚊虫叮咬等困难，“下得去、待得住、做得好”，以一鼓作气的精神状态，圆满完成了联合实践行动的预期目标任务。

联合实践行动给生活在都市象牙塔中的大学生们提供了广泛接触社会、

了解社会的机会。师生们从实践中不仅获得了很多课堂上学不到的知识，还与大自然进行了亲密接触，视野得以开阔、心灵得以沐浴。在实践中，留下的不仅仅是精美的“工艺品”，还有那苦中作乐、永不褪色的美好回忆。

第二节　博士生用知识探寻摆脱贫困之路

一直以来，中国农业大学以国家脱贫攻坚与乡村振兴战略为导向，积极创新研究生培养模式，鼓励博士生掌握专业知识的同时敢于走进一线了解实际问题，参与当地扶贫帮扶，为脱贫攻坚战略如期完成贡献农科学子独有的力量。在这个进程中，中国农业大学坚持理论结合实践，帮助实践地农业产业转型发展，逐步形成了“农博士在线”“农博士在身边”“百名博士老区行”服务平台，为农业转型发展献言献策，为“三农”发展提供智力支持。

一、搭建农科学子“线上＋线下”扶贫平台

2018年夏日的一天，“农博士在线”通过微信公众号收到了广西河池大化瑶族自治县鸡场发来的关于当地“七百弄鸡”林下养殖的问题，公众号值班研究生随即组织相关专业研究生对问题进行对接。经过前期调研，在了解“七百弄鸡”在当地的保种模式、祖代鸡的饲养模式、疫病的检测和净化程序后，师生们赴大化县针对当地“七百弄鸡”的病害防治和科学养殖等问题开展服务。这些活动就是中国农业大学根据专业特色精心设计的“农博士在线”实践育人项目。

“农博士在线”实践育人项目从提高学生思想政治工作质量入手，融入中国特色、农业特色世界一流大学的建设目标，立足自身历史传统和农科特点、面向国家发展培育具有家国情怀人才的培养路径，将思想政治教育贯穿实践育人全过程，培养学生的“三农情怀”，努力提高学生理论认识和实践能力，培养学生成为知农爱农、德智体美劳全面发展、担当民族复兴大任的时代新人。项目将线上交流与线下服务紧密结合，构建了一套完整

的产学研一体化的具有涉农高效特色的实践育人平台。其线上服务平台包括“农博士热线”“农博士在身边”“农博士帮帮团”等，通过线上平台引导研究生把线上交流咨询与线下服务紧密结合，发挥农科博士生团体的专业优势，积极走出书斋，共同为“三农”发展建言献策。

项目自2012年启动起来，得到了全校学子的广泛响应与积极参与。不久，学校又联合中央人民广播电台乡村之声栏目开通了“农博士热线”。针对热线中提出的实际问题，学校通过定期选派专业对口的博士生到农民所在地开展相应的志愿服务活动，打破时间与空间限制，让对口的博士生团体通过随时随地精准的科技帮扶助力当地农民解决实际问题，实现脱贫致富。目前，学校累计已有300多名博士生参与解决农民提出的问题1200多次;录制的“乡村之声”栏目达到了65期，真心真意帮助农民解答果虫防治、施肥灌溉、水产养殖、禽畜防疫、农机具改造、新技术推广、农产品销售等方面的问题。

随着“农博士热线”的影响力不断扩大，学校又建立“农博士在身边”微信公众号，至今共推送近300篇原创科普文章。公众号结合学校学科特色，对具有导向示范性的农业政策、饮食科普、科技服务等原创内容进行推送，文章作者均来自研究生。新冠疫情期间，“农博士在身边”积极创新，结合疫情期间的实际情况，创新推出“农博士微课堂”专栏，拓宽“农博士在线”服务渠道，通过“云科技”解决农业生产科技难题，推动了正能量网络文化成果的广泛传播，“微课堂”释放出大能量。“学习强国”将该专栏重点推介，播放量近15万次。不仅如此，博士们还以“导师+博士生”的模式深入生产一线，开展“农博士帮帮团”实践服务活动80余次，特别是通过与丰宁签署“中国农业大学研究生科技服务和就业实习基地”，构建了“科技服务+党建融合”的新模式。实践团还帮助广西东兴百香果乐园申请联合国教科文组织基地，与坦桑尼亚建立研究生海外实践基地等一大批特色品牌基地……农博士们正在利用自己的专业特长，为乡村振兴战略的实施贡献着自己的力量。

（一）“牛精英”助力养牛扶贫

河南省固始县位于河南省的东南部，地处河南与安徽的交界处，属于华东与中原的交融地带，是河南第一的人口与农业大县。虽然固始县曾多次被评为“全国粮食生产先进县标兵”，但也是国家级重点贫困县。固始县的地方特产有固始鸡、固始鸭和固始鹅。固始鸡有中国“土鸡之王”的美誉，获得国家绿色食品A级认证；固始鸭与固始鹅在历史上也久负盛名，被农业部列为中国106个地方优质家禽品种之一。

为进一步促进脱贫攻坚工作的展开，固始县政府大力扶持肉牛产业发展，以铸林农业集团为代表的肉牛养殖集团在此基础上成长起来，发展成为一家集前端、中端与后端于一体化的农业产业化龙头企业，具体包括牧草种植、饲料生产、肉羊的养殖育肥及屠宰加工与销售，然而铸林农业集团的牧场在投入使用之初，由于当地缺乏相应的养殖经验与技术，导致肉牛出现发病率高、生长速度缓慢等问题。为此，固始县政府通过“农博士在线”栏目与学校取得联系，希望进一步在肉牛养殖规划、技术与管理上得到相应帮助。

走访牧场，“牛精英”团队发现，肉牛养殖在固始地区发展极具潜力，但当地的养殖理念和技术较为落后，牧场在育肥牛选购和日常管理上没有完整的方案，不同生长阶段与育肥过程没有明确对饲草料配比的合理搭配，因此固始县牧场的肉牛生长非常缓慢，肉牛的整体生产水平不高。为了解决这些问题，“牛精英”团队进行了为期一周的牧场评估和肉牛养殖技术指导，帮助当地牧场优化饲料配方，丰富饲料配比并推广合理的日粮配制技术，帮助不同阶段与不同类别的肉牛均实现高效高质生长。此外，针对牧场信息化管理不健全的问题，“牛精英”团队建议牧场切实做好数据统计工作，定时记录肉牛增重和发病情况，实现牧场的数据化和精细化管理。为了更好地分析当地牧场的饲料问题，“牛精英”还带回了饲料样品并进行检测，对饲料质量、营养成分以及饲喂价值进行全面评价，并结合饲喂试验判断其饲喂价值和经济效益，以提高其附加值与帮助牧场节本增效。

正是因为“农博士在线”的连线，“牛精英”团队与固始形成了良好的合作关系。固始县政府对“农博士在线”平台和“牛精英”同学给予了高度评价，并表达了进一步开展更深入合作的意愿，希望通过与学校搭建人才与科技合作平台，助力固始县肉牛产业进一步发展升级，早日实现脱贫致富。

（二）智力服务富硒生态产业升级

陕西汉阴县位于陕南秦巴山区，地处秦巴腹地，是陕西省安康市的下辖县。汉阴县县域面积1365平方公里，耕地面积126.3万亩，辖10镇141个村，总人口31.3万。当前，汉阴县依托当地丰富的富硒资源打造有机特色高效农业产业链，已构建起具有当地特色的包括“富硒粮油、富硒畜禽、富硒蔬菜、富硒饮品、富硒水产、富硒林果、富硒美食”7大门类的现代农业产业体系。但受限于资源禀赋，富硒产业发展仍存在种类繁而不优、品牌杂而不亮等问题。同时，由于耕地资源较少，土地细碎化程度高，农业机械化水平不足等因素，导致富硒农产品产量有限，在富硒农产品的市场竞争中缺乏优势，在一定程度上限制了当地富硒产业的发展。

为更好解决相关问题，汉阴县通过“农博士在线”栏目联系到学校，希望能够获得帮助。基于汉阴县的实际需求和当地富硒生态产业发展以及脱贫攻坚中存在的问题，农博士科技服务团深入汉阴县一线，根据需求在汉阴县开展科技服务和对涉及富硒产业的相关乡镇与企业进行实地调研活动。在调研中，服务团成员发现，在富硒产业发展方面，目前整个汉阴县县域仅32%土地含硒，且存在土地硒分布不均匀、硒含量检测困难、富硒标准不统一等问题。针对以上问题，服务团成员提出四点建议：吸引科技人才，研究富硒土地；做好土地含硒检测，产品含硒检测，做强做优富硒产品、品牌；因地施策，发展富硒产业；用好政策，为当地富硒产业储备、提供人才。

通过参加此次志愿服务和调研，农博士科技服务团成员利用自身的农科专业优势为汉阴县解决实际问题，让学子们深刻意识到科研服务的重要意义与智力扶贫的重要价值。在之后的工作中，“农博士在线”栏目积极对汉阴县产业发展情况进行实时跟踪，进一步推进学校与汉阴县的科技与产业合作，为当地富硒生态产业发展提供支持，推动汉阴县脱贫攻坚和乡村振兴。

（三）技术助力油鸡产业扶贫攻坚

新疆拜城县位于天山中段南麓、却勒塔格山北缘的山间盆地、渭干河上游流域，四周群山环抱，呈一带状盆地延伸。巨大的温差、丰富的水资源和充实的粮食供应是拜城油鸡独特品质形成的重要基础，拜城县发展的油鸡产业是当地的特色产业。拜城油鸡因肉质鲜嫩肥美、营养丰富、香味浓郁而倍受当地消费者的喜爱，但在20世纪80年代，受多种因素影响，拜城县的油鸡产业退化严重，油鸡品种濒临灭绝。

随着产业脱贫的不断推进，由政府牵头，在当地公司进行育种和育肥，当地农户进行养殖，最后公司从农户手中买回进行售卖。“政府 + 公司 + 农户”模式的推广应用对当地油鸡产业发展起到了重要作用，一方面从政府层面对当地特色产业进行扶持与保护，另一方面也为当地通过产业扶贫实现脱贫攻坚战略奠定坚实基础，是当地精准扶贫的帮扶措施之一，但在新的产业模式实际推广应用过程中，龙头企业遇到一系列发展瓶颈问题。

位于新疆拜城县的新疆诺奇拜城油鸡发展有限公司与“农博士在线”栏目对接，就当地拜城油鸡在产业发展过程中遇到的政策、技术等问题提出需求。于是，由各学院专业的研究生们组成的农博士科技服务团深入新疆拜城，对口服务新疆诺奇拜城油鸡发展有限公司。成员们与当地乡镇干部和企业负责人实地调研新疆诺奇拜城油鸡发展有限公司正在建造的蛋鸡育种舍，公司负责人在调研过程中提出发展中遇到的瓶颈问题，农博士科技服务团成员利用自身的农科专业知识与能力为新疆拜城县油鸡产业发展及生物安全等方面提出解决对策。

以上仅仅是众多“农博士在线”形式服务地方的一些实例。实际上，还有很多博士生参与到栏目中，或服务甘肃甘谷县畜牧种植产业发展，或为河北威县农产品加工业发展献计献策。从校园到边疆、从北京到西北和青藏高原，到处都活跃着博士们为百姓排忧解难、传递正能量的身影，累计解答农民提出的涵盖果虫防治、施肥灌溉、水产养殖、禽畜防疫、农机具改造、新技术推广、农产品销售等方面的问题万余次，在农民群体中反响热烈。通过“农博士在线”等栏目平台，学子们充分认识到了科技服务的重要意义，并能将课堂所学与实际问题相结合，通过知识解决实际问题，服务产业与社会，实现了自我价值。

二、田野乡间是挥洒智慧的大舞台

自 2005 年起，由中国农业大学发起并联合南京农业大学、西北农林科技大学、华中农业大学等众多高校，共同组织百名农科博士研究生深入基层、投身实践，开展“百名博士老区行”社会实践活动，调查研究并有效解决“三农”问题，努力奉献和服务社会。时光流逝，学校已经连续 15 年开展“百名博士老区行”活动，900多名博士生志愿者们的足迹遍布江西、山东、陕西、湖南、安徽的92个区县。

只有到实践中去、到基层去，把个人的命运同社会、同国家的命运联系起来，才是学子们成长成才的正确之路。博士生们以服务贫困山区实现脱贫为目标，积极开展专题调研、技术培训、政策宣讲、规划编写等众多形式的社会实践活动，为老区新农村建设奉献自己的力量。这不仅是“解民生之多艰”的具体体现，更是广大学子继承和弘扬中国农业高等教育百年精神，锐意进取、积极奉献、服务社会、报效祖国的实际行动。

（一）他们在祖国的边疆过暑假

“百名博士老区行”暑期科技服务进入广西钦州、河池、防城港以及内蒙古等地基层开展科技帮扶活动。活动中，学校与处于边境口岸的广西东兴市百果香旅游投资开发有限公司共建“研究生科技服务和就业实习基地”。在实习基地，成员们针对百香果种植中出现的问题开展服务工作，并结合山庄特点制订了发展规划，《国门东兴“智慧网络”构建方案》《百果香山庄打造少数民族地区特色产业扶贫基地的构想》等多个方案获地方政府及联合国开发计划署的高度评价。此外，特色农产品“皇帝果”创新销售模式在当地取得良好成效，并被中央电视台《生财有道》节目专题报道。百果香山庄也正式成为联合国开发计划署“广西少数民族旅游示范点”，山庄发展从此迈上了新的台阶。这一系列成果的背后都有博士生出谋划策的身影。

广西防城港市是广西南部重要的港口城市和对越口岸城市。自“百名博士老区行”活动走进防城港以来，学校与防城港市一直保持着密切且全面的合作关系。随着活动的深度开展，中国农业大学研究生实习基地、研究生支教团、教授工作站、科技小院纷纷在防城港落地生根。2012年7月，中国农业大学联合清华大学、华中农大、南京农大、西南大学等9所重点高校的24名博士组成的“百名博士防城港行”开展了首次广西防城港调研考察活动。防城港市港口区气候适宜，适合甘蔗、木薯、蓖麻等多种能源作物的生长。另外水陆交通发达，使得生产原料及产品的运输非常便利，所以港口区政府非常重视当地生物能源的发展。调研考察团与博士团一行来到中能生物能源投资有限公司。考察过程中，针对原料问题，考虑到港口区的气候及地理位置，主动提出了陆地上种植蓖麻，海洋中种植微藻的解决方案，并为原料种植方法提供了技术指导。在副产品深加工方面，团队成员建议以高等级道路沥青为发展重点，同时研发脂肪醇（表面活性剂、润滑剂）和环氧脂肪酸甲酯（增塑剂）等下游产品，这样既可以扩大市场提高效益，又可以靠多元化产品增强企业竞争力。

2018 年 7 月，中国农业大学与沈阳农业大学联合内蒙古赤峰市元宝山区开展“百名博士老区行”暑期科技服务活动。来自资环、经管、植保和农学院的研究生到内蒙古赤峰，对青山村玉米种子基地和后美丽河村荆玉华设施农业基地进行了实地调研。

青山村最早从 1990 年就开始种植玉米种子，种植历史悠久、经验丰富，现有多个玉米种植片区，累计种植面积高达 1700—1800 亩，可年产 300 吨优质玉米种子，是当地“著名的”玉米种子生产基地。调研过程中，博士团发现虽然有公司做指导，但基地一些种植工作还有待进一步提高。博士团

图 7-4“百名博士老区行”之广西防城港

指出，种子基地的隔离区能够避免外界花粉串粉，保证玉米制种的品质和安全，青山村玉米种子基地的隔离区可考虑再扩大，更好地避免异化传粉。另外，基地不少农户也提出了部分地块玉米结实率低的问题，博士团综合分析出亲本及花期管理混乱和档案不健全可能是造成结实率低的人为因素之一。针对玉米制种存在的父母本花期不遇问题，即母本吐丝与父本抽雄散粉相遇不良或不能相遇，造成结实率低，甚至制种失败，博士团还建议基地可以喷洒生长调节剂调节父母本的花期，促使其在最佳时间完成授粉。针对西红柿产业的发展，博士团指出基地的西红柿产品附加值低，需要考虑打造自己的品牌，依托目前销售渠道的同时，逐步拓展新的销售渠道，提高基地盈利能力。

（二）他们在革命老区过暑假

在革命老区开展的科技服务、技术培训和专题调研等活动成为农业院校博士生们服务“三农”、建设社会主义新农村的有效载体和实现途径。

泗洪是著名的革命老区之一。抗战期间，这里是淮北抗日民主根据地的中心区，也是新四军四师主力和淮北党政机关的驻扎地。这里地处江苏西北、淮河下游，东临洪泽湖，西与安徽接壤，位于长三角经济区和江苏沿海经济带交叉辐射区域，拥有丰富的生态资源。2018 年 7 月，泗洪革命老区迎来了 130 位客人，他们是中国农业大学、南京大学、南京农业大学、华中农业大学等 12 所高校“百名博士老区行”的教授和研究生。

值得一提的是，这是“百名博士老区行”活动首次来到江苏。活动中，泗洪县分别与参与高校签署了人才战略合作协议，建立了研究生实践基地。中国农业大学实践分队实地调研了金锁镇的双湖居、金所居、曹宅村、沈庄村、白庙村等地。金锁镇属于农业大镇，以种植传统小麦、豆类、水稻为主。近年来，为推动当地农业发展、提高经济效益，金锁镇积极做好农业产业结构调整工作，积极探索“高 + 矮”种植模式，重点打造双湖居“软籽石榴 + 马铃薯”套作园区。但金锁镇正处在农业生产结构调整的初期，除石榴、马铃薯之外，桃、葡萄、甜瓜、蔬菜等经济作物以小户种植为主，种植大户较少，这样很难产生规模效应。此外，当地农户对甜瓜、西瓜等经济作物的种植还处于分散及单打独斗的阶段。很多农户的种植经验基本靠摸索，不懂得科学管理。博士团在和农户交流时，不断给他们普及种植管理和病害治理知识，并围绕乡村社区治理、优质稻米基地建设、生态经济规划和特色种养等方面开展科技服务。

广西钦州在抗日战争和解放战争时期经历了激烈的革命斗争，在中国共产党的领导和发动下，广大人民群众积极支持革命和参加革命斗争，普遍建立了老区和游击根据地，为抗日救国和解放事业作出了巨大贡献。新中国成立以来，特别是改革开放以来，党和政府非常重视老区建设，钦州经济和社会得到长足发展，农民收入不断增加，贫困人口逐年下降，但地处边远山区，人口众多，自然条件差，基础薄弱，经济结构不合理，经济总量小，地方财政少，导致钦州社会发展仍处于全省平均水平以下。

近些年，钦州农业呈现多样化发展趋势，水稻、玉米等粮食作物持续增收的同时，也大力发展荔枝、杨梅、火龙果、百香果等特色种植产业，并积极发展休闲旅游农业，不断优化农业产业结构。2016 年，9 名来自中国农业大学不同专业的研究生联合北京林业大学、海南大学、湖南农业大学、江西农业大学共 50 多名研究生来到了广西钦州。通过深入基层开展技术培训、现场指导、实地调研等为农业产业化、信息化建言献策，全力协助地方精准扶贫。他们分赴灵山、浦北、钦南、钦北、三娘湾的近百个农业合作社、家庭农场、种植大户等进行调研，对荔枝、火龙果、霸王花等特色农业中的病虫害防治问题，特别针对实蝇为害较重的现象，进一步优化性信息素防控方案，提出了做好虫情预测预报和统防统治，并对诱捕装置的使用提出了要精确时间、精确剂量和精确位置的“三精”方案。他们的足迹遍布了全市每一个区县。实践结束后，成员持续为地方提供科技支持，让科技服务的“星星之火”在钦州大地开花结果。

（三）创新“互联网 + 社会实践”新模式

2020 年 7 月 20 日，为进一步贯彻落实好习近平总书记给全国涉农高校的书记校长和专家代表的回信精神，在疫情防控常态化要求基础上，中国农业大学 2020 年“凝聚青春力量 · 助力脱贫攻坚”研究生暑期社会实践活动启动会在线上召开。这次研究生暑期社会实践活动与教育部“青春与祖国同行”、学校品牌实践活动“百名博士老区行”和“农博士在线”相结合，通过创新“互联网 + 社会实践”新模式，探索推动线上线下融合联动，充分发挥中国农大人才、智力与科技优势在社会服务中的作用。

根据实际情况，2020年社会实践形式由以往的短期式、体验式、走访式向长期式、课题式、研究式进行转变。学子们对接北京房山、广西防城港、内蒙古鄂尔多斯、内蒙古乌拉特前旗、福建三明等地，通过科技服务与咨询活动、挂职锻炼与实习实践、返乡研学与志愿服务等形式开展实践活动，形成高质量的调研报告、政策建议，助力当地发展。

青春只有在为祖国和人民的真诚奉献中，才能更加绚丽多彩；人生只有融入国家和民族的伟大事业中，才能更有时代价值。“百名博士老区行”社会实践活动充分体现出农大学子学以致用的能力，彰显了农大学子独有的服务三农、服务脱贫攻坚的毅力决心，起到了磨练品格、增长才干、实现全面发展的作用。

第三节　青年才俊积极投身扶贫社会实践

大学生扶贫实践活动是农大学子服务“三农”增长才干、培养远大理想、锻炼社会担当、助力精准扶贫的重要环节之一，也是青年才俊们成长成才的重要舞台。一批又一批学子们勇于担当起时代重任，深入基层，充分利用所学知识和专业优势在智力扶贫、信息扶贫、科技扶贫等多领域发挥着重要作用。

一、暑期大学生服务农村彰显担当

北京农业大学中德中心的报告厅内，整装待发的100多名大学生志愿服务人员的代表手持科技服务的大旗，人人精神焕发，由团中央权益部和北京农业大学团委共同组织的1995暑期大学生科技扶贫活动正式拉开了序幕。

1995年，由当时的团中央权益部和北京农业大学团委共同组织开始实施暑期大学生科技扶贫活动。活动由学校部分教师、研究生和高年级本科生组成，共21支小分队，分赴河北、山东、江西、河南、福建以及吉林等16个省21个国家级贫困县，按照当地的实际需求与专业服务方向，开展针对性强、形式多样、内容丰富的科技服务活动。

在模范抗日根据地——河北省阜平县城南庄镇，服务队的队员们白天顶风冒雨，跋山涉水，穿村走寨，向当地农民传授幼龄果园的套种间作和板栗矮秆低冠丰产树形修剪技术，讲授大田作物和保护地栽培的病虫草害的防治措施；晚上就着昏黄的灯光，撰写丘陵山地的立体开发报告，积极为当地农业发展提供新的模式和思路。在河南省信阳县邢集乡，队员们根据当地需求，为乡村干部和农民开办食用菌栽培技术培训班，培养了一批农村科技致富带头人。在革命老区江西省横赣县，小分队队员们利用图片、录像、科技简报和咨询等农民喜闻乐见的形式传播科技，帮助解决生产实践中的问题。扶贫小分队的同学们以扎实的专业知识和勤恳的工作作风，赢得了贫困县乡干部和群众的信任和赞誉。21 支小分队就像科技使者，把科技的火种播撒在贫困地区的山山水水之间，使贫困地区的农民认识到“给钱给物不如教我科学，治穷治愚最好科技扶贫”。

进入新时代以来，中国农大以学习贯彻落实习近平总书记系列重要讲话精神为核心，结合中央关于创新机制扎实推进农村扶贫开发工作的要求，落实团中央、教育部、中宣部、中央文明办、全国学联等部门全国大学生暑期三下乡活动“稼穑培根计划”，引领和培育学生积极践行社会主义核心价值观，组织学生围绕国家扶贫开发战略等社会发展热点议题，充分发挥专业特长，每年都开展了内容丰富、形式多样、富有特色的暑期社会实践活动，引导广大青年学生在社会实践中了解社会、认识国情、增长才干、奉献社会，为国家扶贫事业发展做出贡献，不断提高学生的社会责任感、创新精神和实践能力。

十几年间，学校广泛开展形式多样的社会实践活动，内容涵盖调查研究、科技支农、政策宣讲、农业技术培训、支教帮学、文化传承、乡村环境治理等各个方面。现在已累计有 1138 支实践小队深入 31 个省、区、市以及 500 余个贫困县开展精准扶贫实践活动，共形成调研报告、总结报告、政策建议、团队随笔等文字性成果上千万字，被光明日报、人民网、中青报、新华网、搜狐网等 500 余家媒体报道，累积阅读量超过 420 万人次。此外，学校还依托全国农林高校服务乡村振兴联盟平台发起团中央和团市委“乡村稼穑情 · 振兴中国梦”专项实践活动，发动万余名农科学子为脱贫攻坚事业贡献专业力量。

二、农大特色的社会实践品牌

艰辛知人生，实践长才干。进入新世纪，中国农大在长期组织学生社会实践工作的基础之上，以“受教育、长才干、做贡献”为指导方针，积极推进大学生团体参与多类型社会实践工作，不断推进实践机制创新，逐步形成了大学生暑假“三下乡”活动、大学生寒假“我为家乡送信息”活动、“稼穑之路”“爱心慰问·同伴帮扶”专项走访行动以及各类社团的实践活动等独有的社会实践品牌活动。社会实践已经成为青年学生在大学期间最喜欢参加、认为受益最大的活动，也成为农科学子助力国家精准脱贫战略方针有序推进的重要途径。因为不懈努力，中国农大已连续5年成功入选“首都高校社会实践先进单位”，并获得第十一届中国青年志愿者优秀组织奖。

“稼穑之路——农科学子助力精准扶贫”项目是中国农业大学大学生暑期实践的品牌之一。截至2019年底，已有358支实践小队，奔赴29个省区市，深入85个贫困县开展实践活动，参与学生达3000余人。通过与农民建立联系，实践团队深入了解贫困地区致贫原因，并把重点放在全国贫困县脱贫摘帽、扶贫攻坚工作上，通过问卷调查、访谈等方式，摸清贫困县农民情况，积累基础数据和资料，形成调研报告，为国家脱贫攻坚工作建言献策。同时，积极开展宣讲和支农活动，将先进的科学知识、最新农业政策传达给农民。通过开展职业教育和培训，将先进的技术传授给农民，提高他们的基本素质和能力，促进农村脱贫致富。针对性开展贫困家庭一对一教育帮扶活动，通过同伴互助学习和解答难题，提高贫困家庭子女的学习能力。根据实际需要深，开展科技特派员精准扶贫活动，组织专业学生和教师走入贫困地区，对当地种植业、林果业、渔业、水产养殖业和农产品加工业等产业进行现场指导；积极开展网上科技交流和咨询，通过涉农APP等手段，邀请行业专家及时解答难题，跟踪帮助，夯实扶贫的智力基础。

夏日炎炎，江南赣州，天高云淡，草木葱茏。2020年8月1日，稼穑江昌实践小队作为“爱心慰问·同伴帮扶”专项走访行动17支队伍中首支出发的队伍，来到了江西赣州，走访慰问了三名同省份建档立卡学生家庭，了解实际情况并代表学校表达了对学生家庭的关心和问候。

在决战脱贫攻坚之际，中国农业大学发起“爱心慰问·同伴帮扶”专项暑期社会实践行动，16名指导教师带领17支线下实践小队实地考察或远程访问甘肃、河南、湖南、广西、贵州等省份65名建档立卡学生家庭，了解情况、反馈信息、提供帮扶。除了走访建档立卡的困难同学，学子们借此机会，深入脱贫攻坚的一线。通过调研走访、政策宣讲等形式，深入了解家乡脱贫攻坚、建设全面小康的进程与典型案例，走访贫困家庭，了解脱贫攻坚的生动故事，宣讲脱贫攻坚政策并结合专业所学，将高新技术或科技成果引入贫困地区，解决农业生产中的实际困难或瓶颈，以实际行动为脱贫攻坚战役贡献了智慧与力量。

三、学生社团实践活动助力脱贫攻坚

学校各社团组织积极响应号召，充分发挥社团优势与特色，深入农村进行社会实践，陆续建立了中国第一所由在校大学生自发募捐小学的向日葵爱心社；秉承“学农、爱农、为农服务”宗旨，践行“服务三农、锻炼自我”的农研会；坚持走进藏区服务西藏的峰云社人文科考队；十几年如一日，坚持到艰苦地区支教，长期定点帮助农民工子女辅导学习的烛光社；为小学建立可持续运营小型图书馆的“共读计划”志愿者团队等。这些社团组织不仅为贫困地区的发展提供了帮助，更重要的是社团成员们在帮助他人的过程中锻炼成长，在心底埋下了服务三农的种子。他们中的不少人，在离开校园后深入基层、走到农村，在各自的岗位上依旧为农服务，助力乡村振兴与脱贫攻坚。

（一）向日葵爱心社的约定

向日葵爱心社成立于1998年12月20日。自成立以来，社团一直秉承着“奉献爱心，完善自我”的宗旨，在教育扶贫的道路上砥砺前行。2003年，通过爱心班级、社会爱心人士捐赠、爱心义卖等方式筹集资金，向日葵爱心社在甘肃礼县沙金乡张家村建立了中国第一所由在校大学生自发募捐而建立的小学——中国农业大学向日葵爱心小学。自此向日葵爱心社就与孩子们结下了“向日葵”的约定。自2004年始，向日葵爱心社每年都会组织暑期实践小队赴甘肃礼县爱心小学进行支教活动。除此之外，向日葵爱心社还启动了“天阶支教”项目，为跟随父母来到北京的孩子们提供学习帮助。他们采取3—5个孩子为一组的方式进行支教，每组设置2—3名志愿者，志愿者定期走进孩子家中进行辅导。他们深入了解孩子的性格，找准孩子问题，给予足够的指导与关怀，与孩子成为一生的朋友。2016年至2019年，347名志愿者参与支教，累计服务时长为16750小时，帮助外来务工子女达上百人。“天阶支教”曾荣获第十二届“志愿农大”优秀志愿服务项目。此外，向日葵爱心社积极响应“服务他人、奉献社会”号召，主动报名参与了“中国大学生社会实践知行促进计划”的社会实践项目，并于暑期前往农村支教，取得了优秀的成果，荣获中国大学生农村支教奖“全国优秀大学生团队”。向日葵爱心社躬身于祖国大地，投身教育扶贫事业中，十几年的坚守，向世界证明了当代大学生的风范。

（二）烛光社的助学之路

2000年春，中国农大一群有责任心的志愿者在中华慈善总会烛光工程办的支持和帮助下，成立了中国农业大学烛光社。烛光社秉承“献点滴爱心，燃教育烛光，兴百年大计”的宗旨，旨在关爱儿童，回报社会。2014年起，烛光社每年都会到偏远山村开展暑期夏令营活动，以阅读周的形式带领当地儿童学习，以趣味课堂、主题活动为主要模式，让孩子们在趣味活动中养成阅读习惯。截至2019年底，先后赴湖南、贵州、河南等地的多所小学开展了活动。此外，烛光社还与5个公益组织有长期合作，有4所定点支教学校。20年来，烛光社曾在风华小学、鑫沐垣实验小学、昌平区燕京小天鹅公益学校、博智小学开展长期支教活动，传授知识，开阔视野，因此烛光社荣获了中国农业大学十佳社团、中国农业大学优秀社团项目化、志愿农大优秀志愿项目、志愿农大优秀志愿团队等荣誉称号，获得中国农业大学暑期社会实践奖，获得首都大中专学生社会实践优秀团队桂馨基金会创新志愿者团队、桂馨书屋优先合作社团等荣誉。

（三）与你共读的“共读计划”

2016年，生物学院将重庆市巫溪县胜利乡中心小学作为定点联系单位，“共读计划”正式启动。“共读计划”通过为孩子们捐赠图书、开展读书会、建立可持续运营的小型图书馆，拓宽当地孩子们的知识和视野，提供持续的支持和帮助。到2018年，“共读计划”成功为胜利乡中心小学建立了一所面积100平方米、藏书5000余册的图书馆。2019年，借助校团委专项行动平台，“共读计划”助力乡村教育振兴专项行动正式发起。270位志愿者奔赴全国17个省份，进行帮学支教、图书角建设、基层调研等，共同为乡村教育助力。志愿者们结合专长，设计开展了50余门课程，包括自然科学实验、趣味运动会、卫生健康常识、植物标本制作等，形成30份可用于长期支教帮扶的教学方案，受益儿童达1300余名。志愿者们还为孩子们带去了1300余册书籍，为当地学校建立图书角，提供阅读环境。志愿者结合实践地的具体情况，采用走访当地教师和调查问卷的方式，形成30份调研报告。“共读计划”通过陪伴的方式，给那些处于闭塞环境下的孩子“走出去，看世界”的希望和动力。

（四）峰云社在藏区的磨练

西藏自治区、青海省、甘肃省以及四川省部分地区在内的藏区宗教色彩浓厚、民族风情特色明显、地质环境较多地保留了原始状态，聚集了我国大部分高海拔山峰，因而是科考和登山的理想选择，危险自然也不言而喻，尤其是对在校大学生来说，更是一个巨大的挑战。但是每年仍有众多高校的暑期实践队伍选择藏区，中国农业大学峰云社就是其中之一。

峰云社人文科考队原名为“赴西藏社会实践调研小队”，系中国农大户外社团峰云社的四支暑期队伍之一，属于校级暑期社会实践小队，集体活动主要赴西藏开展社会调研以及进行支教活动。2005年至今，中国农业大学峰云社人文科考队连续15年走入西藏进行社会科学考察以及开展支教活动，进行一些科普知识和课外兴趣活动的互动，自己设计“森林探秘”“奇妙的气候”“脚下的石头”以及“地球生气了”等课程，自己编写《外面的世界》教材，让教材更符合孩子们的阅读喜好。同时，在当地展开社会民生、宗教文化、农牧经济、民族变迁等课题的调研工作，并在专业老师的指导下累计完成数十万字的调研报告，力求透过文字向世人展示一个更真实的西藏。15年间，队伍受到来自社会各界的关注与帮助，曾被中央电视台、北京卫视、中国青年报、中国西藏网等多家媒体报道，并得到北京市及校团委的认可，先后获“调研中国——大学生社会调查奖学金”最佳精神奖、“全国大中专学生暑期‘三下乡’社会实践活动优秀团队”，连续多年获得校级暑期社会实践优秀成果奖、团体一等奖等荣誉。

对于家长和老师来说，最大的担心是安全，毕竟在将近一个月的时间里、横跨几乎整个中国的行程中，不确定因素太多，幸运的是他们都平安归来。2013 年 7 月 22 日，甘肃岷县与漳县的交界地带发生 6.6 级地震，所幸地震时科考队已经走出甘肃，进入西藏，有惊无险。还有一次，2013 年 8 月 7 日科考队从派镇启程前往八一镇，但是必经之路上的一座桥因为泥石流被拦腰冲断，最后只能用木板修复原来使用的索桥，所幸大家都平安过桥。成长总是与经历的困难和磨练成正比，这些让人感动的故事会连同西藏的美景、藏族同胞以及一路上的点点滴滴融入队员的思想和生命里。

（五）参与“大学生看贫困”项目

2015 年 6 月，中国扶贫发展中心发来函件，表彰学校师生积极参与“大学生看贫困”——首届大学生假期扶贫调研活动及其在调研中作出的突出贡献。早在 2015 年 1 月，国务院扶贫办中国扶贫发展中心举办首届大学生假期扶贫调研活动，组织大学生利用寒假返乡的时间走进贫困地区，关注基层民生。最后，共有 8 所高校的 138 名大学生参加，中国农业大学人文与发展学院和经济管理学院的 38 名学生利用寒假返乡期间参与了此次活动。活动结束后，经匿名评审，评委会评选出一等奖 5 名、二等奖 10 名、三等奖 20 名以及优秀奖 30 名。其中，16 名学生提交的调研报告被评为优秀。人发学院唐乐融撰写的调研报告《农村信息的贫困的现状、原因及对策研究—以河南省肖横岭村为例》荣获一等奖。

第四节　以党建引领学生参与扶贫攻坚

一直以来，中国农业大学以党建为引领，把党建工作与脱贫攻坚工作有机结合，着力发挥党的政治优势、组织优势和群众优势，创新扶贫志愿服务形式，助力当地精准脱贫，共同奏响打赢脱贫攻坚战的协奏曲。

2004 年 10 月，中国农业大学提出“红色 1+1 科技行动”计划。其中，“红色”是指以党旗指路；“1+1”是指博士生党支部与农村基层党支部结对，1 对支部带动 1 个村庄，1 名博士生党员帮扶 1 个农户；“科技行动”

是指以科技为载体开展活动，实现科技与农民的零距离接触。这一行动于2004年底在北京市密云县试点，由农大和密云县各挑选十个基础好的博士生党支部和村级党支部结对，100多名博士生走进密云县农村。

“红色1+1科技行动”始终遵循以红色为旗帜，以科技为载体，实现农业高科技与农民“零距离”，充分发挥党支部的先锋模范作用，被誉为“预示着首都高校今后5年甚至更长时间的改革与发展方向”。2006年，在已有成功经验的基础上，北京市开始在首都高校范围内推广“红色1+1科技行动”。十多年来，学校实施的“红色1+1科技行动”在服务“三农”过程中不断实践和探索高校基层学生党组织党建创新和高校师生服务社会新模式。

一、“红色1+1科技行动”——党支部助力脱贫攻坚

密云地处北京饮用水源的上游，密云水库提供了大部分的市民饮用水，因此密云发展的目标是生态之城、环保之城。从某种意义上讲，这限制了工业的发展，只能大力发展无污染产业，同时还要保障农民增收致富。换言之，农业和旅游业成为密云发展的重中之重。然而，密云农业存在果树品种更换及管理技术、果品保鲜及深加工、有机废弃物处理、无公害栽培的病虫害防治等问题，旅游业也存在项目引进、特色资源开发和环保等问题。

2004年12月9日，经过缜密的策划，“红色1+1科技行动”正式展开了实质性的工作，学校组织了科技行动相关的10个博士生党支部主要负责人到密云县考察，选定共建对口村支部。博士生的到来受到了当地党政机关、农业合作协会和农户的热烈欢迎。通过一天紧张的考察，对地方经济、社会和文化的状况有了基本的了解。调研发现：10个村多数采用公司+协会+农户的模式进行生产和经营，种植业集中在黄瓜、生菜和番茄等蔬菜，樱桃、龙眼、木瓜、火龙果、苹果、李子和板栗等干鲜水果，兰花等花卉这几类经济价值高的作物上；养殖业集中在奶牛、肉牛羊、肉鸡等畜禽种类；大多数村庄都充分利用当地的自然环境资源，发展了自然和人文景观，开发了民俗旅游。通过这些产业的开发，经济稳步发展，人民生活水平大幅度提高，但同时也存在一些技术、规划上的问题。

2005年是“红色1+1科技行动”实质性开展的一年。1月15日，中国农业大学与密云全面合作暨“红色1+1科技行动”工作部署会召开，这标志着中国农大与密云合作正式进入实施阶段。会议确定了“红色1+1科技行动”的领导机构，并选派朱万斌、陶光灿、刘力、彭涛、庆兆珅等五位博士挂职担任密云县科委副主任、密云镇副镇长、县农委副主任、河南寨副镇长和巨各庄副镇长。

图7-5 博士党员到密云县对口村考察

此后，博士生党支部充分利用“红色1+1科技行动”平台，用生物质能源处理禽畜粪便和城市污水淤泥，生产高质量燃气和优质有机肥的活动罩液压式沼气设备和利用农业废弃物、山林残体生产固体生物质燃料的压缩设备；开展密云知识产权保护纲要和密云中小型科技企业发展规划编制工作；完成“密云生态县规划项目（市科委软件课题申请项目）”等课题；引进种植新品种，引进鲜花种植项目，充分发挥其增产增收的作用，把科技成果放到密云来进行孵化；对北京市的有机食品和奶制品市场进行彻底调研，撰写《北京市奶制品市场调研服务项目建议书》以及《北京市有机食品市场调研服务项目建议书》；提交《100%玉米汁加工关键技术支持》

图 7-6　县校合作“红色 1+1”科技行动——“首都社会主义新农村科技专项”立项

报告，协助解决玉米汁加工厂过滤及灭菌问题；加强和农研办合作开展支部联席会议，共同探讨王庄生态建设的宏观和微观的问题，设置生态建设的具体项目。同时，深入分析和整理了密云农村合作社发展中存在的问题，进行了对策研究。

2006 年 3 月 30 日，来自新华社、人民日报、中国教育报、北京日报等中央媒体以及北京市十余家媒体的记者云集密云北庄镇，“培养和造就社会主义新型农民——首都教育顶天立地”新闻采访团将“焦点”对准了中国农大与密云共建的“红色 1+1 科技支农行动”。媒体纷纷报道了中国农业大学不断推动密云农村经济组织创新和农村基层党组织党建工作创新的典型事例，认为科技支农行动增强了密云农村基层党组织建设活力和农民群众增收致富能力，提升了党支部的政策理论水平和科技应用能力。中国农大在密云建立一批博士生党建实践基地，在提升学校研究生党建水平和实践能力等方面进行了有益探索。

“红色 1+1 科技行动”启动以来，中国农业大学始终坚持“有成效、可持续”的工作方针，坚持“为人民服务，把论文写在祖国大地上”的号召，经过充分的准备和针对密云工作实际的调研，工作越做越实。随着影响力的扩大，中国农大“红色 1+1 科技行动”被列为北京市教育系统为社会主义新农村建设服务的典型事例之一，并获得了北京高校党建和思想政治工作优秀成果二等奖和创新成果奖，以此表彰百年中国农大充分发挥了高校服务社会的功能，给农民带来真正实惠。

进入新世纪以来，红色“1+1”党支部共建活动正向纵深发展。中国农业大学以“践行核心价值观，传承百年农大梦，永葆党员先进性”“发挥党员先锋模范作用，服务京津冀协同发展”“争做先锋模范，带头服务基层，喜迎党的十九大”“牢记时代使命，助力乡村振兴”“不忘初心、牢记使命，做爱国主义精神坚定的弘扬者、实践者、传播者”为主题，深入京津冀地区基层党组织，进行结对共建，开展理论宣讲、志愿支教、就业帮扶、文化传播等交流活动，发放科普资料、捐献图书 1000 余册，开办知识讲座、科技培训、支教活动及文艺晚会近 100 场，共建支部使累计 4000 余人次受益。

努力付出终将获得回报。在北京高校示范活动评选中，中国农业大学农学院种子科学与技术—生物质工程研究生联合党支部同怀柔区琉璃庙镇梁根村党支部开展的“红色 1+1 科技行动”在同 4000 余个北京市各高校共建党支部的角逐中，通过初审、复审、视频展示和答辩环节，最终以优异成绩荣获示范活动一等奖。在活动中，学校共 64 个学生党支部，包括 38 个研究生党支部和 26 个本科生党支部参与共建立项，1200 余名师生党员参与活动。

两年多的共建时间里，中国农业大学农学院种子科学与技术—生物质工程研究生联合党支部融合学科专业、党性教育和青年培养，将活动的思想高度和共建实效深度融合，充分发挥农学专业优势，在农学院教师的悉心指导下，围绕美丽乡村建设、绿色农业发展、乡村旅游发展和农业种植等内容，开展科普宣讲、志愿服务及技术指导活动，促进了高校、社会资源与当地农业发展的精准对接。

打好“科技项目扶贫”战。先后帮助琉璃庙镇打造特色农产品黑木耳、技术服务孵化核桃产业等产业扶贫项目。团队通过三方面举措助力当地特色农产品黑木耳打造品牌、扩大销路。其一，邀请学校五位专家前往当地开展科技培训和知识讲座十余次；其二，协助当地进行黑木耳质检和无公害认证，并设计产品包装；其三，对接校友优质食品联盟，和心有田园健康管理有限公司合作商谈黑木耳入驻电商项目。

打好“农技服务扶贫”战。积极为琉璃庙镇提供农业科技、农业技术服务。针对琉璃庙镇存在的野生核桃资源以及当地居民诉求，团队对接核桃嫁接技术专家，并多次对当地村民进行核桃嫁接技术培训，培训新农民15名。团队在引进技术的基础上组织撰写核桃高接换优食用核桃树技术项目书，并成功获批怀柔区扶贫专项资金35万元作为示范项目试点资金，带动了当地发展产业。结合当地部分村庄希望发展林下经济的想法，团队在对综合环境因素评估的基础上，帮助村庄引进中农大鲜食玉米品种、金莲花和黄芩等中药材以及食用芽苗菜，建立学生引种试验示范基地，打造当地多元化农业发展促进增收计划。

打好“队伍平台建设”战。瞄准脱贫攻坚，加强科技扶贫队伍建设和平台建设，提升科技脱贫攻坚的能力。实践队积极巩固成果，推进院地合作，在当地建设1个中国农业大学农学院大学生社会实践与志愿服务基地、1个学生引种示范基地，带动低收入村科技服务水平的整体提升。在此基础上，先后组织10余学生党支部、100余名党员、数批暑期实践小队赴当地开展多次专项调研、完成镇域专属旅游路线设计和累计4万余字的调研报告，针对农村“三留守”问题开展义务支教和文化下乡活动10余次。

中国农业大学“红色1+1科技行动”得到地方政府和百姓的充分认可，先后被教育部网站、中国青年报等13个媒体20余次报道，累计浏览量15612次。同时，还荣获全国第五届大学生百强暑期实践团队最佳实践团队称号。

二、“假期农校”——大学生党员助力脱贫攻坚

“假期农校”大学生党员暑期社会实践，是由中国农大大学生党员带头发起的活动，活动充分发挥学生党支部的战斗堡垒作用和学生党员的先锋模范作用，发扬青年学生的奉献精神，利用暑假深入农村基层，在充分了解对方需求与现状的基础上，面向基层党组织、农村自治组织及广大村民开办四类“农校”。

一是党建农校，联合开展“两学一做”学习教育，学习习近平新时代中国特色社会主义思想和党的十九大精神，交流党建经验、共同学习进步。针对基层党的建设及相关工作开展调研，寻访优秀党员、宣扬先进事迹；二是政策农校，宣讲国家“乡村振兴战略”及中央一号文件，宣传“一带一路”倡议，宣讲农业政策、普及涉农法律法规，强化农民的政策意识与法

制观念；三是科技农校，提供农业生产技术支持，开展农业技术专利引进、农业科学知识普及、网络信息技术应用、新媒体平台搭建等活动，助力当地改善“三农”问题；四是文化农校，提供文化服务，宣扬中华优秀传统文化、革命文化和社会主义先进文化，开展文化知识讲授和义务支教，联合举办文艺演出、艺术展览和文化体验活动等，促进农村文化蓬勃发展。

图 7-7　赴江西省宜春市万载县皂下村开展调研

项目实施的第一年，由 13 名党员带头组成了 10 支“假期农校”实践小队奔赴黑龙江、宁夏、福建等地的农村，传播农业知识、宣传农业政策，用行动服务三农。此后，“假期农校”积极响应“聚焦农村，精准扶贫”行动号召，先后到内蒙古、云南、广西、贵州、山东、新疆、贵州等地开展社会实践活动。他们围绕党建、政策、科技、文化四个方面开展调查研究与志愿服务，陶冶“懂农业、爱农村、爱农民”的三农情怀，以实际行动服务国家乡村振兴战略，用更加丰富而高效的方式为基层带去农业知识和技术。

“假期农校”大学生党员社会实践，在几代大学生党员骨干的努力下，已经有 163 名党员带领 49 支小队、共 445 名农大学子，走进全国近 50 个地区的基层开展实践活动。学生们把对祖国的热爱转化为服务脱贫攻坚和国家战略的实际行动，为打赢脱贫攻坚战贡献青春力量。

第八章　献策篇
——理论研究　建言献智

在全国哲学社会科学工作座谈会上，习近平总书记掷地有声地指出：“一个没有发达的自然科学的国家不可能走在世界前列，一个没有繁荣的哲学社会科学的国家也不可能走在世界前列，坚持和发展中国特色社会主义，需要不断在实践和理论上进行探索、用发展着的理论指导发展着的实践。……这是一个需要理论而且一定能够产生理论的时代，这是一个需要思想而且一定能够产生思想的时代。”话语中充分展现出中国共产党对中国社会主义伟大事业蒸蒸日上的强大自信，也饱含着党和人民对哲学社会科学研究的殷殷重托。

人类社会的每一次重大跃进、人类文明的每一次重大发展都离不开哲学社会科学的知识变革和思想先导。当代中国特色社会主义的伟大发展给理论创造、学术繁荣提供了强大动力和广阔空间，广泛而深刻的社会变革、宏大而独特的实践创新，比任何时候都更加需要思想创新，更加呼唤理论创造，更加需要社会科学提供解决问题的方案和思路。作为一项世界性的研究课题，反贫困问题得到了国际社会以及学术界的广泛关注，众多专家和学者进行了长期不懈的探讨与研究。

拥有百年历史的中国农业大学一直致力于国计民生问题的解决，不仅在农业科技创新推动农业现代化的自然科学领域为世人所称道，在以才智与思想助力国家之发展、谋求人民之幸福的人文社会科学领域，也树立了一个又一个的丰碑。在脱贫攻坚的征程中，农大师生们承续和发扬了中国知识分子“先天下之忧而忧，后天下之乐而乐”的家国情怀和“铁肩担道义”匡扶时政的担当精神，以推动解决“三农”问题为使命，积极开展贫困理论、脱贫综合模式和产业规划等研究，服务于国家的脱贫攻坚战略，为政府的精准脱贫方略提供决策支持，为地方参与脱贫攻坚提供咨询服务，充分发挥着智囊和智库的作用。同时，对世界其他发展中国家的贫困问题进行深入、系统的理论和实证研究，广泛参与国际组织和其他发展中国家扶贫政策与项目研究，为世界可持续发展目标的实现贡献农大智慧，提供农大方案。

第一节　开展脱贫攻坚政策研究

作为以强农兴农为己任的中国农大，在贫困理论研究的学术发展史上早已留下了显赫的足迹。新中国成立初期，一批著名农业经济学家被抽调到中国农大，当时的农经系名师荟萃、盛况空前，应廉耕、韩德章、王毓瑚、王金铭、孟庆彭、刘宗鹤、安希伋、肖鸿麟、曹锡光、陈道十大教授学贯中西，在农业经济、农村社会研究领域就取得过骄人的成就。进入新世纪，中国农大高度重视哲学社会科学服务社会功能的发挥，通过组织和参加学术研讨会，积极对接美丽中国、乡村振兴国家战略，支持引导教师进行脱贫攻坚政策理论研究，鼓励教师多下基层调研，为国家脱贫攻坚政策建言献策。

一、“会”聚灵感、“议”犹未尽

2020 年新年伊始，瑞雪迎春，一个堪称“石破天惊”的消息在国际农业经济学界传开了。在国际久负盛誉的著名农业经济学家、前国际食物政策研究所（IFPRI）所长樊胜根教授正式加盟中国农业大学。虽然这个消息已在坊间“流转”许久，但当一切尘埃落定的时候，仍旧掀起了千层浪。正如有人说的，这无疑是一颗“核弹”，一颗足以引爆全球农业经济学界的重磅炸弹。作为 2020 年首位入职的领军人才、学校“315 人才工程”引进的首位人文社科领域的领军人才、学校“2115 人才培育发展支持计划”荣聘的首批文科讲席教授之一的樊胜根的加盟是中国农业大学农业经济研究之福，更是中国农业经济界之福。有理由相信，一个必将带来重大变化的研究新时代正在开启。归国伊始的樊胜根尚未洗去征尘，就开始为中国农业的发展出谋划策，贡献智慧。

“新冠状肺炎疫情基本得到控制，宏观经济正在稳步复苏。在此背景下，应认真思考后疫情时期的相关农业及扶贫政策，积极向政府部门提供政策建议，为乡村振兴作出贡献。”樊胜根在“新冠肺炎疫情下乡村振兴与脱贫攻坚”网络研讨会的开幕词中讲到此次会议的意义。2020 年不期而遇的新冠肺炎疫情，对中国乃至全球经济的发展产生重大的冲击，特别是正值决战脱贫攻坚的收官之年，全面小康的实现之年，很多人对是否能如期实现这些目标产生了怀疑。作为一个长期关注农业问题的研究者，樊胜根觉得帮助人们拨开迷雾是责无旁贷的责任。

于是，由经济管理学院组织的以“新冠肺炎疫情下乡村振兴与脱贫攻坚”为题的网络研讨会及时召开了。国内优秀的农业经济学家参加了会议，浙江大学陈志钢教授、北京大学现代农学院黄季焜教授、中国人民大学汪三贵教授、华中农业大学青平教授、联合国环境署国际生态系统管理伙伴计划（UNEP–IEMP）主任张林秀、西北农林科技大学赵敏娟教授、中国农业科学院农业信息研究所聂凤英研究员等七位特邀嘉宾围绕主题发表演讲。这是一场思想的盛宴，智慧与灵感在这里碰撞；这是一次心灵的交融，社会科学工作者的情怀和感悟在这里飞扬。

类似的会议在中国农业大学的校史上绝不鲜见，像樊胜根这样有着强烈的责任感和爱国情怀的学者也有很多。每当农业领域有重要举措出台前后，群英汇聚的各种类型的会议就会适时召开。一次次思想的交锋都会点燃推进中国农业发展的智慧火花。近二十年来，为了充分发挥科学研究服务社会的功能，切实将理论研究应用到脱贫攻坚进程中，中国农业大学积极主办和参加了一系列学术研讨活动，邀请一批世界顶尖专家和国内外知名学者做重要报告，倾听来自农大的声音成为所有关注农业问题的人的共同的选择。

（一）探索参与式村级发展规划方法研究

2001 年，中国政府发布了《中国农村扶贫开发纲要（2001—2010 年）》，提出扶贫要到村到户，改变了过去扶贫以县为单元的做法。中国从 20 世纪 80 年代中期开始确定国家级贫困县，在贫困县的确定上已经拥有了比较完善的成熟的做法，但是如何确定贫困村、扶贫资金到村以后该如何使用并没有成熟的方法。针对这一问题，由中国农业大学、北京大学、中国社科院农村发展研究所以及国家发改委宏观经济研究院等高校和科研机构组成了专家组，探索研究参与式村级扶贫规划的程序和方法。

不久，由中国农业大学、北京大学中国经济中心和国务院扶贫办外资项目管理中心联合举办的“全面建设小康社会新时期的扶贫开发研讨会”在北京大学举行。与会的专家对“新世纪我国扶贫战略：体制、政策框架和实施运作”等问题进行了深入的讨论。中国农业大学教授李小云在发言中指出参与式村级发展规划的重要意义在于第一次将资源在村级层次进行整合，在于第一次将农民的权益用规划的形式合法化，对农民的知情权、参与权和决策权进行了合法化的规定，推动了农村民主进程的发展。

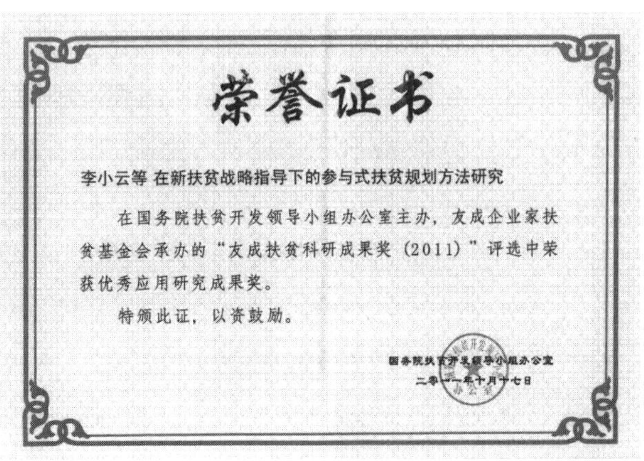
荣誉证书

李小云等 在新扶贫战略指导下的参与式扶贫规划方法研究

在国务院扶贫开发领导小组办公室主办，友成企业家扶贫基金会承办的“友成扶贫科研成果奖（2011）”评选中荣获优秀应用研究成果奖。

特颁此证，以资鼓励。

国务院扶贫开发领导小组办公室

二〇一一年十月十七日

图 8-1　参与式村级发展规划方法研究获奖证书

以本次会议为基调，通过在河北丰宁县的实地应用和试验，最终形成了参与式村级贫困指数法来确定贫困村和参与式村级规划制定的程序和方法等技术体系。该成果得到了国务院扶贫办的认可和采纳，并多次组织全国各省市县推广和使用。参与式村级发展规划系统解决了县域瞄准战略下的目标偏离、扶贫资源渗漏的问题以及贫困人口参与程度低等中国传统扶贫工作中普遍存在的两个问题，是一项重大的理论和实践创新。参与式村级扶贫规划的程序和方法为后来中国实施“整村推进”扶贫行动奠定了理论和技术基础。村级扶贫也成为我国十一五、十二五期间扶贫工作的主要抓手，是现在精准扶贫战略实施的基础。

（二）首次系统研究中国扶贫资金的瞄准问题

财政扶贫资金在扶贫资金中占据重要地位，每年从中央到地方的投入量都很大。如何管理好财政扶贫资金，使财政扶贫资金的投入、分配、使用、监管和绩效评价合理运行是保持扶贫工作有序进行的第一要务。

2005 年 4 月 18 日，由中国农业大学举办的“中国新世纪财政扶贫资金的运行：瞄准与偏离的分析”研讨会在北京召开。会议上，李小云以“中国新世纪财政扶贫资金的运行：瞄准与偏离的分析”为题进行主题发言。他对中国的农村贫困情况和贫困人口数量进行了讨论，并介绍了中国政府对农村地区扶贫资源的投入、使用管理、使用效果与影响，分析了中国政府扶贫资金使用效果不高的原因，尤其是扶贫资金使用管理中存在的问题及扶贫资金的使用与农村地区贫困人口需求的差距、与有效实施村级扶贫规划的差距，并对新世纪扶贫工作提出了建议。同年 12 月，中国农业大学在北京又举办了“扶贫资金分权管理模式”中期研讨会。世界银行、亚洲开发银行、联合国开发计划署、德国技术合作公司、德国复兴银行、日本协力事业团、日本驻华大使馆、世界卫生组织、中国扶贫基金会、民促会以及北京大学等机构的 40 名代表出席了这次会议，所有参会代表针对可行的扶贫资金分权管理模式进行了热烈的讨论。最后，国务院扶贫办高度评价了中国农大长期以来从事扶贫问题研究以及取得的成果。

系列研讨会是国内首次开展的中国扶贫资金的瞄准问题的系统研究，在扶贫政策实践和学术研究领域产生了广泛影响。在扶贫政策实践领域，开始改革财政扶贫资金的管理办法，简化扶贫资金的拨付程序，加强扶贫资金绩效考核，并于 2006 年以后开始正式实施中国财政扶贫资金绩效考核。在学术领域，越来越多的学者开始从不同角度来研究扶贫的效率问题。

（三）密切关注中国农村性别不平等与贫困问题

贫穷妇女往往没有机会获得重要的资源，如信贷、土地和遗产。她们的劳动往往得不到酬报和承认。她们的保健和营养需要没有受到优先重视。她们得不到足够的教育和支助服务，在家里和社区极少参与决策。随着贫穷的加剧，对妇女的偏见也越来越大。因为在取得生产性资源以及控制自我劳动力和收入方面男女不平等，陷入贫穷的妇女更易受伤害。

针对这一情况，中国农业大学联合世界银行、亚洲开发银行共同举办了“关注中国农村性别不平等与贫困”研讨会。会议吸引了包括联合国开发计划署、联合国妇女发展基金、国际劳工组织、英国海外发展部等国际机构，国务院妇女儿童工作委员会、全国妇联等国内政府机构，全国妇女研究所、中国社会科学院社会学研究所、北京市社会科学院社会学所、中华女子学院等国内研究机构以及北京农家女文化发展机构、中国扶贫基金会等国内非政府组织。

“关注中国农村性别不平等与贫困研究”研讨会受到了国内外多家媒体的关注。光明日报、农民日报、中国日报、中国妇女报、西部时报、中国网等数十家媒体对这一研讨会进行了相关的报道，中国农村的性别不平等问题也成为媒体关注的热点。《中国妇女报》报道：由中国农业大学李小云牵头的“中国性别不平等与贫困关系”研究小组在四川、甘肃、江西、陕西、宁夏等地对贫困地区在政治权利、资产占有、教育、就业机会的获得等方面的性别不平等状况进行了实地研究。在这一研究结束后不久，在以李小云教授为组长的课题组发布了《中国性别与贫困的定性研究》报告，这一报告成为中国研究妇女不平等问题的重要参考性文件。

（四）探索产教融合的农机化精准扶贫之路

在推进建设中国特色、农业特色世界一流大学的进程中，中国农业大学一直把服务精准扶贫、助推乡村振兴作为重大历史责任。2017 年，中国农业大学中国农业机械化发展研究中心和工学院携手上海三久机械有限公司，向湖北、湖南、江西、广西、四川、重庆、云南 7 个南方丘陵山区省份的 17 个贫困县和河北曲阳县捐赠烘干机 26 台套。通过改变加工方式和手段，培训农民掌握技术、提高能力，助力当地产业发展，促进农民增收，探索出一条产教融合的农机化精准扶贫之路。

2018 年 4 月 8 日，“农机精准扶贫 · 助推乡村振兴”研讨会在中国农业大学举行。中国工程院汪懋华、罗锡文、陈温福、陈学庚、赵春江等 5 位院士以及多名教授，农机行业协会、部分省市农机管理部门、贫困县、农机企业、农机合作社等方面的代表近百人参加。与会代表交流了农机精准扶贫的典型经验，对推进农机精准扶贫的思路、路径、措施等进行了广泛研讨。大家认为，精准脱贫是我国决胜全面建成小康社会的三大攻坚战之一，农机化在扶贫开发中具有重要作用，农机系统有责任积极投身扶贫开发。要聚焦深度贫困地区农业产业扶贫，以帮扶贫困地区提升农机化技术应用能力和机具装备水平、发展特色产业为重点，通过汇聚系统资源、政策项目倾斜、专家技术服务、培育壮大主体、社会参与帮扶、相关各方支持等举措，精准发力，充分发挥农机化作用，助力贫困地区农民群众脱贫致富。

此外，中国农业大学专家应邀参加 2018 年全国易地扶贫搬迁论坛，以“聚焦深度贫困地区，全面提升搬迁质量脱贫成效”为主题，发表了《深度贫困地区易地扶贫搬迁集中安置区后续产业发展》的主旨演讲；参加“柔性扶贫的精准扶贫研讨会”，提出基于乡村价值的“柔性扶贫”新思路，并主张把“柔性扶贫”理念融入扶贫实践中；参加联合中国国际扶贫中心、英国国际发展部驻华代表处、英国海外发展研究所共同举办的“中国和非洲的贫困与缓贫研讨会”，交流了中非的发展经验，尤其是在减贫以及国际社会对非援助等方面的经验，为开展减贫合作研究提供参考。

二、“理”以启智、“论”以求真

贫困的减少是一个历史过程，反贫困也成为人类社会的共同命题和永恒的课题。从内容上看，反贫困既包括自然科学，又包括社会科学，既包括应用科学又包括理论科学和技术科学，具有高度综合化的特点。在当前国家大力开展扶贫工作的背景下，建构中国特色的反贫困学已具有一定的学术条件。多年来，中外学术界对反贫困的理论与实践研究已为学科建立打下了一定基础。然而，研究者大多从经济学、社会学视角观察问题。面对困境，中国农大结合农业农村地区实际情况，探索和拓展贫困与反贫困的基本原理，从农民、农村和农业的角度回答反贫困学是什么的学科，从理论层面对中国的探索创新给予价值评判，总结好中国智慧、中国方案和中国力量。

（一）毕节试验区的重要理论成果《毕节模式》

1988 年 6 月，时任贵州省委书记的胡锦涛同志提议在贵州省毕节地区建立“开发扶贫，生态建设，人口控制”试验区。获得国务院批准后，30余年来毕节地区经济社会取得了显著发展，并形成了独具特色的“毕节模式”。

图 8-2　常近时教授《毕节模式》专著出版发行

2009 年，毕节试验区发展的重要理论成果《毕节模式》由人民出版社出版。全书汇集了常近时任第一届毕节试验区专家顾问组常务副组长及总顾问20 年以来，对毕节试验区发展建设规划的所思所想。常近时以自己的切身经历、所感所悟，以独特的视角再现了毕节试验区的发展历程，论述了“毕节模式”的主要特征。书中还收录了之前已经陆续发表的涉及毕节试验区“三大主题”、东西部发展差距、西部实现“两个根本性转变”的策略、加快城镇化进程、可持续发展、实现跨越式发展等多篇文章和在重要会议上的讲话，以及常近时作为全国政协委员 20 年来向大会提出的直接关系毕节试验区发展的多份提案。

20 年来，常近时倾情于毕节试验区的建设和发展，倾情于毕节人民的脱贫事业，几十次深入毕节大山深处，帮助试验区按照“开发扶贫、生态建设、人口控制”三大主题制定经济社会发展规划，大力推动地区教育事业发展，积极帮助协调重大项目，提出许多对毕节经济社会发展极具价值的思路。经过 20 年的探索与思考，常近时把自己在推动毕节试验区建设工作中的所思所想汇集成书，在毕节试验区成立 20 周年之际奉献给读者，表达了他对毕节人民的一份盛情，也是交给组织的一份答卷。

（二）贫困理论研究的中国农大贡献

贫困是一种与人类发展进程相伴生的社会现象。作为发展研究的重要部分，中国的贫困研究是在广泛社会变迁背景中呈现其社会学意义的。中国农业大学陆续在扶贫政策、精准扶贫、扶贫资金管理以及儿童救助等领域，先后出版了《中国农村减贫研究》《中国扶贫开发政策演变（1949—2005 年）》《中国扶贫开发政策演变（2001—2015）》《中国与非洲发展、贫困和减贫》《中国和非洲的发展与缓贫：多元视角的比较》《中国财政扶贫资金的瞄准与偏离》《环境与贫困：中国实践与国际经验》《参与式扶贫培训教程》《贫困村精准扶贫实施指南》《社会保障与减贫发展》《贫困村精准扶贫实施指南——精准扶贫村级实施的程序和方法》《穷人的生计资产特征、获得和利用》《中国贫困片区精准脱贫研究丛书》等多部著作，从多维度探讨了中国与贫困及其两者之间的关系，反映了环境资源管理与反贫困之间协调发展的国际实践的理念和趋势，探讨在众多发展中国家广泛应用的“参与式”扶贫对中国的借鉴意义等问题。

其中，《中国财政扶贫资金的瞄准与偏离》一书曾获得教育部高等学校科学研究成果奖（人文社科类）奖。该书在对江西、云南、广西及宁夏 4 省 / 区 8 个扶贫工作重点县的 62 个扶贫重点村进行实地调研的基础上，对财政扶贫资金分配机制、使用与管理规定，财政扶贫资金的分配瞄准单元，扶贫资金的使用效率、效果及脱贫影响，村级扶贫规划对扶贫工作的影响等方面进行了系统深入的研究；基于对财政扶贫资金分配单元有效性的质疑，对什么是扶贫资金有效分配单元进行了研究；基于对财政扶贫资金使用与管理规定合理性的质疑，对财政扶贫资金使用与管理的具体规定进行了研究；基于对财政扶贫资金目标群体瞄准程度低的质疑，对财政扶贫资金县级瞄准、村级瞄准进行了分析，对扶贫项目的贫困群体及其实际需求的瞄准进行了研究；基于对扶贫资金使用效率、效果及脱贫影响的质疑，对扶贫资金在贫困村及贫困农户所拥有的物质资本、自然资本、金融资本、人力资本及农户对扶贫工作的决策参与方面情况的改善进行了研究。全书通过研究中国政府对农村地区扶贫资源的投入、管理、效果与影响，找出政府扶贫资金使用效果不高的原因，促使其分配和管理机制能更好地满足贫困人口需求，最大限度地发挥扶贫资金效率和效果，并促使分权的扶贫资源管理机制的形成，以促进村级扶贫规划的高效实施。

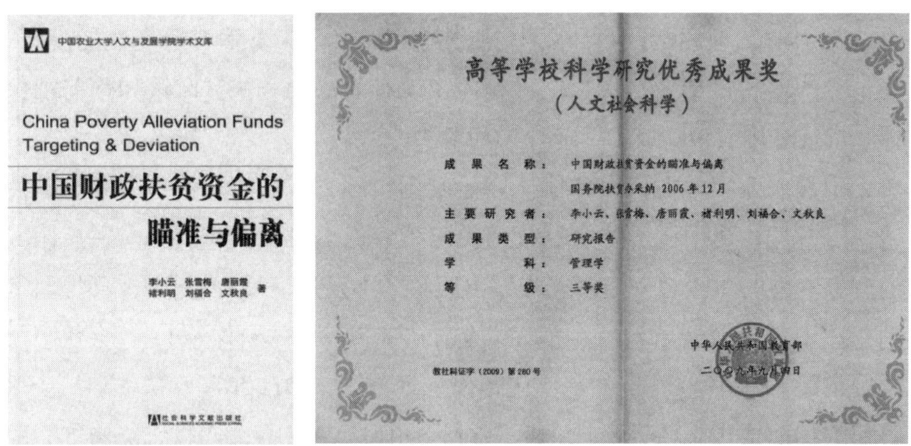

高等学校科学研究优秀成果奖

（人文社会科学）

成果名称：中国财政扶贫资金的瞄准与偏离

国务院扶贫办采纳 2006 年 12 月

主要研究者：李小云、张雪梅、唐丽霞、褚利明、刘福合、文秋良

成果类型：研究报告

学　　科：管理学

等　　级：三等奖

教社科证字（2009）第280号

中华人民共和国教育部

二〇〇九年九月四日

图 8-3 《中国财政扶贫资金的瞄准与偏离》及获奖证书

最后，研究团队认为应该从扶贫资金管理、财政扶贫资金的投入和产出、财政扶贫资金的瞄准、扶贫项目的影响等方面发力。第一，按照国际标准结合中国社会经济发展状况重新确定中国农村贫困人口；第二，建立以贫困社区社会发展为中心的保护与开发相结合的新的扶贫开发战略，从而取代单纯的开发式扶贫和分散式的部门扶贫共存的扶贫模式；第三，县级瞄准的扶贫资金分配机制缺乏合理性，应向村级瞄准转移；第四，建议试点贫困村自主管理资金的发展模式，同时推广已经证明为有效的资金捆绑、村级规划、农户实施的整村推进计划；第五，创新性的村级扶贫规划需要进一步权威化、合法化；第六，建议取消扶贫贴息贷款；第七，推动建立村一级扶贫发展项目的管理能力；第八，在扶贫系统建立扶贫项目监测评估系统。

书稿完成后，政府相关部门也开始关注团队的研究成果，国务院研究室将研究成果编入《决策参考》内参上，并得到了中央主要领导同志及国务院领导同志的批示。国家政府决策部门也开始重视财政扶贫资金使用，财政部、国务院扶贫办从 2007 年逐步开始对全国各省的财政扶贫资金使用绩效进行考核，并将其纳入制度化工作中。此外，书中提出的调整贫困线以及保护和开发并重的观点得到了采纳。

（三）扶贫政策与社会保障的先锋

随着精准扶贫、脱贫攻坚战略的实施和推进，加之美丽乡村建设、乡村振兴战略及各项民生工程的同步进行，特别是“青山绿水就是金山银山”生态文明发展理念的践行，新时代的贫困农村正在发生着历史性的变革。在精准扶贫的背景下，中国农村如何实现有效治理、扶贫政策如何与社保体系进行有机衔接，成为亟待探讨和解决的课题。

中国农业大学左停研究团队立足中国实际，采取应用性研究和行动性研究等方式，为中国的扶贫和社会保障事业作出贡献，成为国内在该领域内有影响力的团队之一。团队先后出版了《不发达区域经济学》《环境与贫困：中国实践与国际经验》《参与式农村扶贫与发展的新探索》《社会保障与减贫发展》《贫困村精准扶贫实施指南》等著作。2011 年起，扶贫和社会保障研究团队成员在陕西秦巴山区进行行动研究，试验“公益岗位扶贫”政策。在此基础上撰写的《关于在贫困村面向贫困人口实行“公益岗位扶贫”的政策建议》，被吸收进 2016 年无党派人士在国务院政府工作报告征求意见座谈会上的发言，并在《人民日报》内参刊登，一些地方正在采用这种方式开展扶贫工作。

2016 年，团队主持完成民政部和国务院扶贫办委托项目“中国扶贫开发政策与农村低保制度研究”、国务院扶贫办信息中心委托项目“脱贫攻坚中边缘人群与返贫问题研究”、民政部社会福利研究所委托项目“托底性民生保障性政策支持系统研究”等项目研究。有关两项制度衔接的建议获得国务院主要领导的批示，课题成果也发表在了《南京农业大学学报》和《公共行政评论》，并被国内多个文摘类杂志转载；有关四省藏区社会保障减贫问题的研究获得国务院主要领导同志的批示；有关综合保障性扶贫的研究获得全国政协主要领导人的批示。在课题研究基础上出版的《社会保障与减贫发展》是中国社会保障减贫领域的第一本专著，该书系统阐述了社会保障与减贫发展之间的理论逻辑，并对社会保障减贫发展的实践经验进行了总结，既反映了中国当前社会保障政策的减贫发展成绩，也对如何深化社会保障减贫问题进行了讨论，对 2020 年后建立解决相对贫困的长效机制有重要启示，因此被选入 2019 年丝路书香工程（全国共 286 部），用阿拉伯文向世界推介，宣传中国的减贫故事。

2018 年，研究团队主持国家社科基金重大专项——“实现‘脱真贫’‘真脱贫’跟踪评估研究”（项目编号：18VSJ099），课题为研究阐释党的十九大精神国家社科基金重大专项。党的十九大报告重申了到 2020 年现行标准下的脱贫的这一庄严承诺，并要求做到“脱真贫”和“真脱贫”，这就要求对脱贫攻坚战期间贫困人口状况变化及脱贫进展有科学的理解和认识并经得起历史的检验。课题及时跟踪反映脱贫攻坚期间的政策需求和影响，就前沿问题进行动态研究，课题就两项制度衔接、深度贫困地区和特殊贫困人口、贫困边缘人群问题和返贫问题、激发内生动力等开展专题研究，相关成果已提交有关部门和基金委。依托本课题，累计发表 CSSCI 期刊文章 20 余篇。

（四）关注宏观扶贫大事中的微观乡村故事

红岘村，一个普普通通的甘肃村庄。这是陈前恒 2005 年读博士研究生期间第一次跟随导师张晓山教授踏入甘肃定西市渭源县后开始跟踪调查的村庄。就是从这一年开始，他在红岘整整考察了 14 年。他见证了这个最初无水可喝，只能以降雨作为水源，无电可用，在夜晚用回煤油灯的村庄，在政府为主导的扶贫政策下的漫长转变。发生改变的红岘村，呈现了一个村庄变化微观故事，也是在国家精准扶贫政策下，13 万贫困村摆脱贫困的缩影。根据统计，2005 年到 2012 年，红岘村收到的政府财政扶贫投入为 104 万元，2013 年以后，这一数字明显上升，增加至 1150 万元，增长幅度超过原有投入的 10 倍。不可否认，政府主导的扶贫开发对于红岘村的发展非常重要。政府把小学进行了翻修，孩子上不起学的现象没有了；由于农村开展新型农村合作医疗，农民觉得看病贵的问题得到了比较好的解决；村里的土坯房已经基本没有了，有的农民盖起了砖瓦房，还有一些农民盖起了楼房。

2017 年，调查报告《红村中的中国贫困削减叙事：2004—2017》获得了国务院参事室举办的首届“费孝通田野调查奖”一等奖。该报告中涉及的材料来自近 50 人在 2005 年到 2017 年间的收集整理，阐述了红岘村在削减贫困方面取得的成就及其原因，反思了削减贫困中存在的问题并提出建议。调查报告使默默无闻的红岘村引起了国内媒体关注，中安在线、淮南

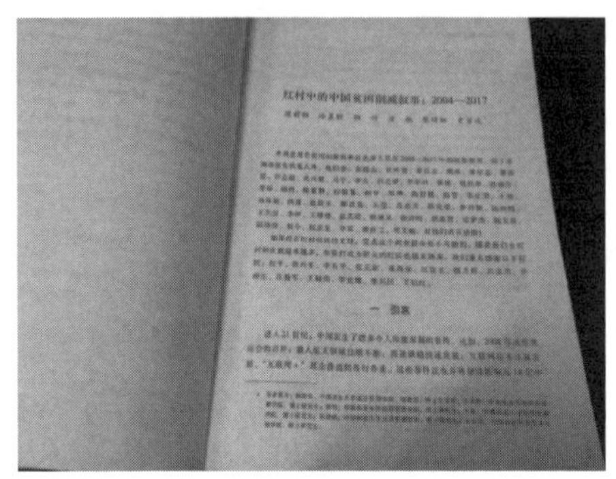
红村中的中国贫困削减叙事：2004—2017

图 8-4　调查报告《红村中的中国贫困削减叙事：2004—2017》

电视台等先后报道。2019 年，《新京报》“乡村频道”联合学校，推出专题报道《丰收之路》。该专题从中国近 70 万个行政村里，选择了 10 个案例加以报道。甘肃省渭源县贫困村红岘村，作为改革攻坚样本之一成功入选。

（五）对乡土中国的“把脉问诊”

“‘乡土中国’的概念由费孝通先生在 20 世纪 40 年代提出，当时中国还基本处于封闭的乡土社会。那么今天，中国乡村发生了怎样的变化？”2011 年至 2013 年，围绕乡村教育困境，孙庆忠团队在河北、河南等 7 省展开调查。他们发现：儿童进城住宿读书已是普遍现实，而即便生活在乡村，对于孩子们来说最重要的事情也是“出人头地，告别乡土”。对家乡历史认知多少、与自然风光亲近与否，早就无关紧要；以养生和送死为核心的村落礼俗传统，更是渐渐淡出了乡村生活……现在的中国，“离土”已经成为中国乡村的主旋律。

想要解决“离土”过程中乡村文化断裂的问题，就必须从教育入手，让学校发挥其传播乡村文明的功能。要达到这一目标，就必须从源头出发，进行系统干预。只有这样才能解决乡村教师职业倦怠以及留守妈妈不断逃离乡村等问题。基于这样的思考，2014 年，团队在川中幼儿园展开了乡村教育实验。一条通过唤醒乡村教师教育理想、推动教师专业成长，倡导村落留守人员终身学习、推动乡民精神世界改变的乡村文化复育行动路径，就此生成。

以口述记录的形式，与村民共同寻回村落记忆，是团队探索出的另一个成功发掘乡村文化的方案。2014 年 6 月，师生们来到陕西佳县泥河沟村

图 8-5 《乡村记忆》《村史留痕》和《枣缘社会》

展开乡村文化复建行动。泥河沟村是全球重要农业文化遗产地，其 36 亩的千年枣园，是迄今为止世界上发现的栽培历史最长、面积最大、品质最好的原始枣林群落。村庄三面环山，面朝黄河，窑洞与枝繁叶茂的枣树相映成趣。然而在惊叹于当地自然景观的同时，师生们发现，传承久远的村落没有文字记载，盘根错节的枣树也无神奇传说。于是他们决定，为泥河沟留下一部定格历史并呈现当下村落形态的文化志。经历 3 年累计 65 天的驻村采访调查，2017 年，《乡村记忆——陕西佳县泥河沟村影像集》《村史留痕——陕西佳县泥河沟村口述历史》和《枣缘社会——陕西佳县泥河沟村文化志》的编撰工作宣告完成，泥河沟村从此有了自己用文字记录的历史与文化。

第二节　为脱贫攻坚建言献智

关于扶贫开发工作，习近平总书记多次强调："贫困之冰，非一日之寒；破冰之功，非一春之暖。做好扶贫开发工作，尤其要拿出踏石留印、抓铁有痕的劲头，发扬钉钉子精神，锲而不舍、驰而不息抓下去。"基于在农业科技领域和农业政策领域的学科优势和研究力量，中国农业大学成立了专门的政策研究机构，深入基层广泛调研，在调研中“真真实实把情况摸清楚”，结合相关的理论，从区域扶贫到产业扶贫、从产业扶贫到农民增收、从农民增收到农民健康，提交了一份份凝结着对“三农”深深情怀的政研报告，多次获得了国家领导人的批示，为国家和地方扶贫工作贡献了农大智慧。

一、农大智慧建言国家政策

以为解决“三农”问题提供科学的决策参考为宗旨，中国农大发挥农业特色学科优势，为国家涉农重大决策提供理论支持和决策咨询，撰写的多篇报告获得党和国家领导人的重要批示，特别是自习近平总书记宣布“脱贫攻坚战的冲锋号已经吹响”以来，中国农大更是在调研的过程当中积极关注脱贫问题，研究与脱贫相关的政策，为国家的整体战略建言献策。

（一）“未曾规划”的农业规划人生

1983 年秋天，在河北藁城县朋学村村口，一位白发长者将刚从果园中摘下的最大的雪花梨，赠送给从北京来回访的农大教授张仲威，用最淳朴的方式感谢他及他的团队为村庄做出的规划，正是这个规划让他们的村庄发生了翻天覆地的变化。年龄最长者的献礼是村庄千百年传承下来的最崇高的表达敬意的方式，面对这样的礼遇，张仲威一时间感慨万千，种种往事又浮现在他的脑海里。

1975 年的朋学大队虽然土地肥沃、水源充足、交通便利，却是典型的“高产穷队”，带队来到这里的张仲威不断思考如何帮助乡亲们脱贫致富。面对多变的政治形势，怎么做规划、做了规划能不能实行，张仲威心里没有谱。规划小组几乎走遍了大队的每一个角落，同乡亲们交上了朋友。村民被他们的实干精神感染了，从最初“又要折腾了”的疑虑观望到后来主动来献计献策，小小的临时居所从最早的门可罗雀到门庭若市，村民纷至沓来的情形成为张仲威不断回忆的片段，也就是从那时起，他得了一个“规划张”的雅号。朋学大队有 2700 亩耕地，分散在 90 多块土地上，且每块土地质量不一致，离村远近更不一样，大家同意按照张仲威团队的规划，通过抓阄重新划分地块。抓阄时大家赶庙会似的都来了，6 个队长抓完阄后都说是抓了好阄，大家都面带喜色地走了。

农大人的规划扩展到了整个北楼公社，团队成员查阅统计资料、实地考察调研、做动员报告、征询基层干部和群众的意见和建议。规划工作从“文革”后期到农村改革大潮兴起，从公社、大队到乡、村，规划跨越了两个时代。规划工作时间跨度长，是一个很全面中长期的基层农业发展规划。规划范围广，土地方田、道路、林带、渠系甚至乡镇小工业、社员家庭创业都包含在里面。规划实施非常顺利，也非常成功，九年规划用了七年时间就超额完成了。实施过程中，河北省曾多次组织各级干部、群众到北楼公社和朋学村参观规划成果，学习规划方法，汲取经验。1980 年，农业部把北楼公社农业发展远景规划列入重点推广项目。因为规划做得科学，贯彻得好，在改革开放初期，北楼公社成为全国农业发展的典型。

20 世纪 80 年代之前的较长的一段时间里，农大文科对国家发展的直接贡献主要体现在张仲威所倡导、组织的农业农村规划方面。张仲威的农业规划之路并不是他自己“规划”出来的，而是在时代大潮的推动下的“被迫”选择。自 1957 年，在北京西郊的韩家川村，张仲威开始了他的“规划”人生，也开启了中国农业大学 60 余年领跑中国农业农村发展规划的历程。当时农业合作化已经进入高潮，韩家川的几个生产队加入大队后，插花地、楔入地、飞地较多，生产大队之间、生产队之间必须进行土地调整、整理，才能更好地耕作。张仲威带领学生以耕地的地块平整、山地的开发利用为重点，进行了系统全面的生产规划、劳动力规划、农业机械化规划、文化福利规划，他们充分发挥农业经济专业的优势，进行经济效果的核算、制图、造表。在实践的基础上，张仲威还编写了《农业生产合作社的生产规划》，该书是最早探讨农业生产规划的专业书籍之一，也是当时农经系公开出版的为数不多的研究成果。某种意义上说，这是农经系在特殊的年代里，服务国家农业发展，从计划、管理领域，开展研究与实践的早期尝试。改革开放后，张仲威的农业规划事业有了更广阔的发挥空间。第一个大手笔就是北京市农业生产结构规划。当时中央对首都的建设提出“四项指示”，城乡环境保护颇受关注。清华大学吴良镛教授（2011 年度获“国家最高科学技术奖”）的北京市城市规划至今被人津津乐道，而同期主持北京市农业规划的张仲威同样也应被历史铭记。

1980 年前后，张仲威指导他的研究生李志民和农经系师生团队，深入北京各区县调研，废寝忘食地查阅了新中国成立以来83个乡镇、农场的所有统计资料，绘制了11张农业经济分析地图，制订了科学的规划方案。从大农业大粮食战略出发，将北京的农业生产定位为保障“五鲜”农副食品能够比较均衡的供应、使农业生态系统趋向良性循环、保持农业经济体系适当的比例关系等鲜明的都市农业发展道路。规划首次提出了大城市城郊环式农业结构的理论，对首都的建设及农业现代化有重要的政治意义和经济意义，也填补了城郊经济研究的空白。这是中国最早的由学者完成的大都市农业规划，不仅直接影响了北京农业发展，对20世纪80年代乃至90年代的中国城郊农业发展具有巨大的示范意义。张钟威的农业规划与吴良镛的城市规划交相辉映。

“规划张”不仅会规划，还是中国农业经济研究领域对外合作交流的早期开拓者之一。20世纪70年代末80年代初，中国农业大学与联邦德国霍恩海姆大学开展了全面的校际合作，与自然科学的合作不同，经济领域的合作因为要到农村搞调查而比较敏感，领导部门顾虑重重。一位农业部负责人对他说：“南京农学院农经系与美国康奈尔大学在中国的协作调查，因怕出乱子而拒签了。”但张仲威顶住压力，勇担责任，经过不懈的努力，与外方合作开展的“关于改善国营农场及人民公社管理的研究”终于立了项，经过三年的苦干，达到预期的成果。它是新中国成立后开展的首次与非社会主义国家合作进行的农业经济领域的研究，也是国内社会科学研究领域最早的国际合作项目之一，推动了中国学术研究与世界接轨，让世界看到并了解到了中国和中国的农业。

进入20世纪90年代，随着社会主义市场经济的发展，有人认为把一切交给市场就可以了，“规划无用论”一度甚嚣尘上，但张仲威始终坚持认为，农业是一个既具有生产性、市场性又具有公益性、自然垄断性、生存保障性等特征的特殊领域，科学的农业农村发展规划既能充分发挥市场机制的优化资源配置作用，也能充分发挥政府的规划、宏观调控和监督作用，只有把看得见的手与看不见的手有机结合起来，才能显示社会主义国家的制度优越性，推动农业生产和农村社会的发展。年过花甲、已经退休的张仲威依然奋斗在农业发展规划的一线，他先后主持了河北省科委委托的“八五”“九五”“十五”农业攻关课题，组织了包括自然科学和社会科学在内的农大专家队伍，深入基层，在燕山山区开展了持续的调查、研究、规划、实践工作，以承德市的隆化、围场两县为试验区，将农业发展规划与农业推广有效结合，走出了一条山区脱贫致富和农业可持续发展的“燕山之路”。2012 年，由钱伟长担任总主编的《20 世纪中国科学家学术成就概览》出版，张仲威是唯一入选“管理学卷”的农业领域的专家，其他入选者多为中国工程院管理学部的院士。入选的理由正是因为他在农业规划和农业推广领域的开创性之功和为促进农业经济发展和农村进步所作出的巨大贡献。

（二）为国家扶贫政策的制定贡献农大智慧

在中国脱贫攻坚的历史进程中，农大学者们勇担时代赋予他们的责任和使命，逐步成为农业农村发展的国家级智囊。特别是进入新世纪以来，开发式扶贫已经成为中国的一个名片，中国农业大学也成为这一模式和理念的推动者和实践者。

《关注农村留守儿童》是最早从社会学意义上关注留守人口问题的研究专著。“留守儿童”随即成为 2006 年、2007 年全国“两会”期间的热词。基于社会现象的“留守”概念在全国范围内被广泛接受和讨论，成为学界、社会和政府共同关注的重要议题。将留守人口问题推向学术和社会关注的前沿，中国农业大学的贡献无可置疑。2008 年，叶敬忠等学者编写的三部专著——《别样童年：中国农村留守儿童》《阡陌独舞：中国农村留守妇女》《静

图 8-6　关注农村留守人口的三部专著《别样童年》《阡陌独舞》《静寞夕阳》

寞夕阳：中国农村留守老人》出版，从留守人口的视角探究农村与农民所承受的发展的代价，具有重要的学术价值和现实意义。充满诗意的书名背后，是无数农村家庭为国家发展、城市建设做出牺牲以及对这种牺牲的深切关注与救济的探寻。2013 年 4 月，三部系列专著获得了教育部高校人文社科研究优秀成果一等奖，这是国内人文社会科学领域的最高奖项。

叶敬忠团队围绕“巢状市场小农扶贫试验”撰写的政策建议《衔接小农生产和城市消费、实现稳定脱贫》获得了中央领导人的重要批示，国务院扶贫办为此专门召开座谈会，在会上叶敬忠详细汇报了研究团队探索实施的“小农扶贫”模式。2018 年 7 月 4 日，《人民日报》对该扶贫模式进行了公开报道。此后，国务院发布《关于促进消费扶贫、助力贫脱贫攻坚的意见》，中办、国办发布了《关于促进小农户生产与现代农业发展有机衔接的意见》，两个文件中重要的政策阐释都包含了 2010 年以来“巢状市场”一直在进行的小农户如何对接市场试验的内容。可以说，“巢状市场”和“小农扶贫”是中国农业大学对中央关于扶贫工作和小农户发展理念的实践成果。

由左停团队牵头完成的《坚持开发式扶贫与综合保障性扶贫并重》课题研究报告，得到了全国政协主席汪洋的高度重视。不久，坚持开发式扶贫和保障性扶贫相统筹成为新的国家扶贫战略。增加对于弱劳动力和无劳动能力的弱势群体的综合保障性政策支持，充分发挥社会保障兜底扶贫的作用，成为今后脱贫攻坚战中的一项重要工作。2019 年，左停、何秀荣等撰写的《关于乡村振兴战略中产业扶贫问题的政策建议》获得中央领导批示，再次彰显了中国农大在扶贫政策方面的影响力。

2016 年，由林万龙教授团队完成的《义务教育资源配置中的“新城镇偏向”值得警惕》报告得到李克强和汪洋等中央领导的批示，并选载于国务院扶贫开发领导小组专家咨询委员会编《研究交流信息》的 2016 年第 3 期，该成果也获得了 2019 年北京市第十五届哲学社会科学优秀成果奖二等奖。该报告的完成正是研究团队扎根基层关注弱势群体，用大量的实际调研数据和材料完成的。在基层调研过程中，他们注意到近些年来教育资源整体向城镇集中，农村教育资源的配置越来越稀少，而农村家庭在城市读书所面临的教育成本则更大，农村中较富裕的家庭有能力把孩子送往城市接受好的教育，但农村中家庭条件较差的家庭却没有足够的条件支撑孩子去城市读书，如此农村中家庭条件较差的家庭孩子的教育就面临一定问题。城镇化固然是大趋势，但农村中经济条件较差的那部分群体的教育问题需要引起足够的重视，在未来的政策制定和发展中要加以注意。

2020 年，林万龙教授团队承担了国务院扶贫办委托的国家《“十三五”脱贫攻坚规划》评估工作以及国家《巩固脱贫成果“十四五”规划》的编制工作。这一工作在对“十三五”脱贫攻坚政策进行系统总结和评估的基础上，将紧紧围绕巩固脱贫成果、探索解决相对贫困长效机制，研究提出“十四五”时期巩固脱贫成果的目标任务、重大项目、工作措施和政策保障，为“十四五”解决相对贫困政策措施的制定提供指导。

（三）及时应对新冠肺炎疫情这场没有硝烟的战争

2020 年注定是载入人类史册的不凡年份。突然而至的新冠肺炎疫情，无疑为顺利完成脱贫攻坚任务带来了冲击，迟滞了脱贫攻坚工作的进度，加重了脱贫攻坚工作的强度，增加了脱贫攻坚工作的难度，但我们的决心没有丝毫的动摇，我们有底气。因为我们有党和政府的坚强领导，我们有万众一心不屈不挠的中国人民，我们有不断贡献智慧、急国家之所急、想国家之所想的科研人员，他们在国家遭受苦难时，没有丝毫退缩，家国一体，运用自己的智慧，为国家献计献策。

2020 年 1 月 28 日，当新冠肺炎疫情正在以无法预料的态势发展时，一群农大人已经在考虑着疫情对农业农村领域的影响。他们深知，决胜脱贫攻坚，产业发展是关键，农村农业领域是重点。如何减少疫情的不利影响，如何为国家提供及时可靠的信息，帮助国家顺利渡过难关，是在农业领域享有盛誉的智囊团队——中国农业大学国家农业农村发展研究院（简称“国农院”）思索的核心问题。师生们迅速开展行动，先后调研和深入访谈 2600 多个农户，310 多家企业，720 位农民工。以此为基础，从 2 月 1 日开始向党中央和国务院相关部门陆续提交 20 余篇政策报告。这些报告在第一时间传递出了疫情下农业生产、农民生活、农村防疫、农业企业、农民工就业、食品安全等领域面临的突出问题。报告得到国家领导人的高度重视，为国家出台相关政策起到了重要参考作用。

2020 年 1 月 29 日，中国农业大学 MBA 教育中心主任、教授、中国农业大学中农创学院创始院长付文阁给企业家同学写了一封信——《关于疫情期间保供给、不涨价的倡议书》，倡议农业企业家向社会做出庄严承诺：疫情期间，绝不涨价。倡议迅速得到了全国274家农业企业家的积极响应。

中国农业大学企业家校友联谊会会长、大北农集团董事长邵根伙率先回应："在这疫情防探的关键时刻，保证农产品及时供应和价格稳定至关重要。中国农业大学企业家校友大多奋战在农业和食品行业第一线，母校'解民生之多艰'的校训须臾不敢忘记，始终牢记心间。值此紧要时刻，正是企业家校友们自觉主动担负起助力国家坚决打赢这场疫情防控阻击战的责任担当之时。在此，谨向全体中国农业大学企业家校友及各位农业企业家倡议。希望我们大家共同行动起来，积极支持和响应中国农业大学付文阁教授关于疫情期间保供给、不涨价的倡议，在疫情期间竭尽所能，积极保障农产品及农业生产物资供给，从自我做起，影响带动同行，切实维护物价稳定，为防疫抗疫做出应有的贡献。"

中国农业大学中农创一期学员——华维节水科技集团股份有限公司吕名礼坚决响应付文阁教授倡议，践行中农创精神，践行隔离病毒不隔离爱的民族大爱，发挥华维党支部战斗堡垒作用，在做好华维人内部关爱的同时，号召全体华维人爱心捐款，用华维点滴之水，灌溉疫区憔悴之心。号召全国各地华维4S店全力支持当地蔬果种植单位，号召华维全国4000多家蔬果种植客户，疫情期间保障供应，绝不涨一分钱！类似上面的承诺还有很多很多……

一石激起千层浪。中央电视广播总台新闻频道、经济日报、新京报、中国青年报、新浪、搜狐、今日头条等相关媒体都进行了广泛报道，获得了很高的社会评价。这种具有高度社会责任感的情怀，不但稳定了市场，更稳定了民心。他们的初心是什么？是对祖国和人民的爱，是源于中国农业大学"解民生之多艰"一贯的高尚情怀。正如在倡议信中所说的，"我们中华民族历经磨难，这点儿困难又算得了什么？只要我们以民生为己任，以奋斗为根本，勇于担当，勇往直前，就没有战胜不了的艰难险阻。"舍小家顾大家，团结一致，农大人以一如既往地对社会民生的关注，为决胜脱贫攻坚贡献着自己的力量。

早在2018年金秋，首都北京举办的第一届中国智库建设与评价高峰论

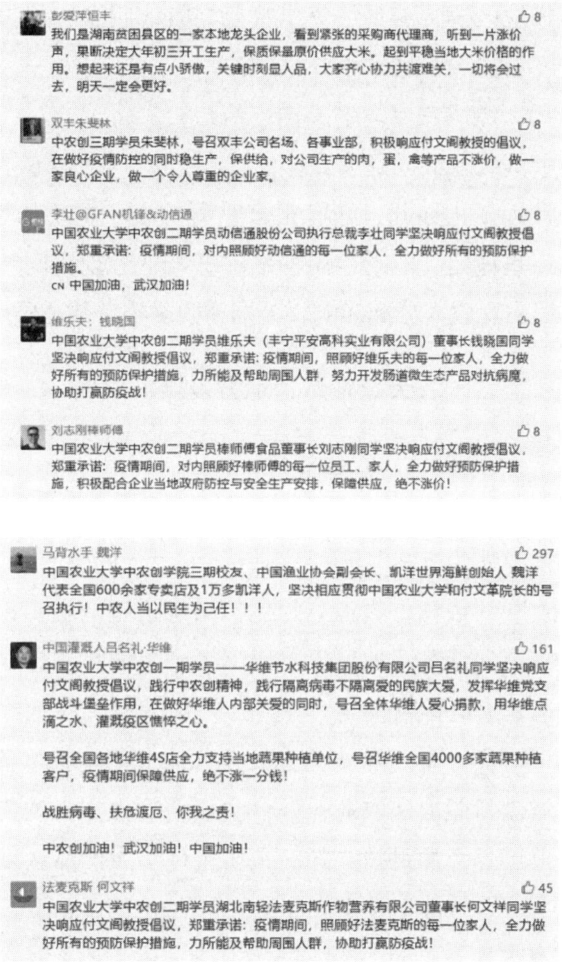
彭爱萍恒丰　8
我们是湖南贫困县区的一家本地龙头企业，看到紧张的采购商代理商，听到一片涨价声，果断决定大年初三开工生产，保质保量原价供应大米。起到平稳当地大米价格的作用。想起来还是有点小骄傲，关键时刻显人品，大家齐心协力共渡难关，一切将会过去，明天一定会更好。

双丰朱斐林　8
中农创三期学员朱斐林，号召双丰公司名场、各事业部，积极响应付文阁教授的倡议，在做好疫情防控的同时稳生产，保供给，对公司生产的肉，蛋，禽等产品不涨价，做一家良心企业，做一个令人尊重的企业家。

李壮@GFAN机锋&动信通　8
中国农业大学中农创二期学员动信通股份公司执行总裁李壮同学坚决响应付文阁教授倡议，郑重承诺：疫情期间，对内照顾好动信通的每一位家人，全力做好所有的预防保护措施。
CN 中国加油，武汉加油！

维乐夫：钱晓国　8
中国农业大学中农创二期学员维乐夫（丰宁平安高科实业有限公司）董事长钱晓国同学坚决响应付文阁教授倡议，郑重承诺：疫情期间，照顾好维乐夫的每一位家人，全力做好所有的预防保护措施，力所能及帮助周围人群，努力开发肠道微生态产品对抗病魔，协助打赢防疫战！

刘志刚棒师傅　8
中国农业大学中农创二期学员棒师傅食品董事长刘志刚同学坚决响应付文阁教授倡议，郑重承诺：疫情期间，对内照顾好棒师傅的每一位员工、家人，全力做好预防保护措施，积极配合企业当地政府防控与安全生产安排，保障供应，绝不涨价！

马背水手 魏洋　297
中国农业大学中农创学院三期校友、中国渔业协会副会长、凯洋世界海鲜创始人 魏洋代表全国600余家专卖店及1万多凯洋人，坚决相应贯彻中国农业大学和付文革院长的号召执行！中农人当以民生为己任！！！

中国灌溉人吕名礼·华维　161
中国农业大学中农创一期学员——华维节水科技集团股份有限公司吕名礼同学坚决响应付文阁教授倡议，践行中农创精神，践行隔离病毒不隔离爱的民族大爱，发挥华维党支部战斗堡垒作用，在做好华维人内部关爱的同时，号召全体华维人爱心捐款，用华维点滴之水、灌溉疫区憔悴之心。

号召全国各地华维4S店全力支持当地蔬果种植单位，号召华维全国4000多家蔬果种植客户，疫情期间保障供应，绝不涨一分钱！

战胜病毒、扶危渡厄、你我之责！

中农创加油！武汉加油！中国加油！

法麦克斯 何文祥　45
中国农业大学中农创二期学员湖北南轻法麦克斯作物营养有限公司董事长何文祥同学坚决响应付文阁教授倡议，郑重承诺：疫情期间，照顾好法麦克斯的每一位家人，全力做好所有的预防保护措施，力所能及帮助周围人群，协助打赢防疫战！

图 8-7　农业企业家的积极响应（部分）

坛吸引了众多关注的目光。人们惊奇地发现，来自中国农业大学国家农业农村发展研究院以“黑马”之姿，与国内久享盛誉的国务院发展研究中心、人民网舆情数据中心等 15 家权威机构，同获中国智库咨政建言“国策奖”。“国策奖”可不是一个简单的褒奖，只有研究成果具有全局性、在国家层面上对政策决策具有参考价值和指导意义，才能称得上是“国策”，才有资格获得这个奖项。在世人印象中，农业大学只是“盛产”着植物、动物方面的科学家。来自社会科学领域的国家农业农村发展研究院究竟是怎样的一个机构？实际上，对国家重大战略的关注是国农院始终坚持的立院之本，以为国家解决“三农”问题提供科学的决策参考为其宗旨，国内诸多农业问题的权威翘楚多是其研究员。近些年，在新疆、内蒙古等边疆少数民族地区，在贵州、云南、四川等贫困山区，总能看到国农院的老师和同学的身影，他们以详细的调研，建言着脱贫攻坚的方略。比如针对扶贫工作中存在的基层干部压力过大、形式主义严重等情况撰写的《莫让扶贫伤了村民的心，也要避免出现“人人争当贫困户”的现象》《“数字化”“表格化”扶贫仍旧存在，为扶贫考核减压迫在眉睫》《产业扶贫精准施策尚有偏差，可持续发展能力有待提高》《新疆地区扶贫需更加突出特色，因地制宜》等报告就引起了国家领导人的高度重视。如此种种，不胜枚举。

像国农院师生一样，踏踏实实将论文写在祖国大地上的老师和同学在中国农业大学还有很多很多，以上只是选取了一些代表者。中国农大的贡献远不止如此，还有很多重要的人、重要的事也被载入中国农大的史册。正是他们，不断地用学术的思维思考现实问题，从更大层面关注国家政策对农民收入分配影响，为国家脱贫攻坚战略贡献自己的一分力量。

二、农大智慧献智地方发展

“新时代，农村是充满希望的田野，是干事创业的广阔舞台，我国高等农林教育大有可为。”习近平总书记在给全国涉农高校书记校长和专家的回信中强调地方广阔的农村才是农大人的中心舞台。在脱贫攻坚战中，对“三农”的情怀，鞭策着师生们踏遍祖国的贫困地区，新疆、山西、四川、云南等深度贫困地区无不留下了师生的足迹，在地方的脱贫事业中彰显着中国农大的智慧。

2007年，中央为加快现代农业产业技术体系建设步伐，提升国家、区域创新能力和农业科技自主创新能力，为现代农业和社会主义新农村建设提供强大的科技支撑，在实施优势农产品区域布局规划的基础上，由农业部、财政部集合中央和地方科研优势力量和资源，启动建设了以50个主要农产品为单元、产业链为主线、从产地到餐桌、从生产到消费、从研发到市场各个环节紧密衔接、服务国家目标的现代农业产业技术体系。在这个产业技术体系中，中国农大自然不遑多让，共参与了30个体系的建设任务，拥有蛋鸡、奶牛、兔、肉牛牦牛、葡萄和牧草6个体系的首席科学家，82位岗位专家，其中院士岗位科学家5位。这些科学家们以其所长，为中国农业的发展提供技术支持，为贫困地区的产业发展出谋划策，为脱贫攻坚默默的贡献着自己的力量。

（一）“羊专家”谋“羊财”

山西岢岚县，地处黄土高坡，地形以山地和丘陵为主，是黄土高原之上的土石山区，也是吕梁山集中连片特困地区和全省扶贫重点县。新疆柯坪县，地处南疆四地州深度连片贫困区，面积8912平方公里，是国家深度贫困县。四川省的越西县和普格县，均在凉山州，也是国家扶贫重点县。

山西岢岚、四川越西、四川普格与新疆柯坪，这些地方虽然在地理上相隔千里，但现在或曾经都有一个相同的名称——贫困县。此外，它们还因“羊”联系到了一起——在脱贫的道路上，都将发展绒毛用羊产业作为脱贫的重要手段，并由此形成了在政府主导下贫困户通过自主养殖绒毛用羊实现增收与依托绒毛用羊产业相关主体资产收益的两种各有特色的扶贫模式。

究竟是什么在制约着当地经济的发展呢？调研人员经过详细深入的实地调研，找出了病根所在，一是贫困户自主生产销售，加之多数贫困地区养殖户饲养管理粗放，导致疫病多发，养殖收益不稳定。二是激励引导机制不完善，贫困户对扶贫羊不爱惜、饲养管理不到位的现象并不少见。三是后续跟踪服务不到位，养殖技术缺乏保障。部分地区项目验收后，实施单位忙于安排下年度的项目，并未专门配套开展养殖技术方面的跟踪服务。四是绒毛用羊市场主体力量薄弱，模式推广难度大、运行风险高。多数贫困地区绒毛用羊市场主体数量少，导致模式推广难度大，模式运行风险高。

找到了病根，“药方”也就好开了。农大的老师们建议产业基础薄弱地区应充分发挥政府在扶贫工作中的主导作用，通过政府的组织、指导和帮助，培育贫困户的养殖能力与市场意识，使贫困户通过养殖实现增收脱贫；具备一定产业基础的地区要稳妥推进资产收益扶贫模式，因户施策，通过多种模式融合与创新实现精准扶贫，真正实现精准扶贫。经过各方不懈的努力，2020 年 1 月 24 日，新疆柯坪县正式摘掉贫困县的帽子。依托绒毛用羊产业相关主体资产收益的“扶贫资金贴息贷款入股养殖加工企业”扶贫模式使扶贫资金充分发挥了杠杆作用，帮助贫困户有效脱贫。在山西省岢岚县，政府利用扶贫资金贴息，即利用 2500 元 / 户的扶贫资金撬动了 20 倍的银行贷款，扶贫资金起到了“四两拨千斤”的作用。2019 年 4 月 18 日，岢岚县正式退出贫困县序列。

除了绒毛用羊，肉羊产业也是贫困地区脱贫致富的重要产业之一。作为传统畜牧产业，肉羊产业生产能力不断增强，发展潜力巨大，发展势头强劲，已日益成为边疆和少数民族地区经济的重要支撑和拉动农牧民持续快速增收、维护社会稳定的支柱产业。虽然和生猪、肉鸡等相比，肉羊产业从产量和产值上看均是“小产业”，但是在实现畜牧业主产区，尤其是民族产区脱贫致富、实现乡村振兴中却表现出“大作为”。

中国农业大学国家农业农村发展研究院联合国家现代肉羊产业技术体系对内蒙古、新疆、青海、辽宁等地区进行了调研。调研发现，这些地区大力推动肉羊产业扶贫，形成了“扶贫款直接入股”“扶贫羊托养”“放母收羔”“养殖大户（或专业合作社）+贫困户+科技服务团”“政府+公司+合作社（农牧场）+农户”以及“品牌扶贫”等多种扶贫模式，成效显著。但企业参与积极性不高，贫困户自身能力有限、造血功能不足，以及技术服务能力不足、技术有效落地难等问题削弱了扶贫的效果并制约着脱贫的可持续性。专家因此建议：要切实为参与产业扶贫的企业提供政策支持、加大产业发展宣传和技术培训力度、完善技术推广机制，全力助推肉羊“小产业”在脱贫攻坚中发挥“更大作为”。

（二）兔产业扶贫的“蒙阴模式”。

发展养殖业是大多数贫困地区的普遍选择，在养殖业当中，兔子养殖不与人争粮，不与粮争地，能够充分利用各地的饲草饲料资源。同时，兔个体小，肠道长，饲料转化率高，环境污染小，也是少数几个没有人畜共患病的动物之一。家兔养殖有“投资少、见效快，门槛低、易管理”的特点，恰恰符合了贫苦地区脱贫户的生产特点。多年来，兔子养殖在解决农村就业、实现脱贫致富方面发挥了重要作用，很多地区将养兔作为产业扶贫的重要选择，兔子养殖已成为脱贫致富的重要产业。

山东省蒙阴县位于泰沂山脉腹地，地形以山区为主，山地丘陵占总面积的94%，是解放战争孟良崮战役的打响地，英雄的事迹也给该地区人民留下了英雄的精神。脱贫攻坚战打响以来，当地积极发展长毛兔养殖业，率先顺利实现脱贫致富，摘掉贫困县的帽子。2013年，中国农业大学兔产业团队对山东蒙阴县进行重点扶贫调研。经过充分调研，团队结合相关理论，仔细分析了蒙阴当地兔产业扶贫的情况，总结了兔产业扶贫的“蒙阴模式”。

地处黔西南的普安县，以山地为主，具有发展长毛兔产业的相关优势条件。为此，兔产业团队又选择了贵州普安，帮助该地区筛选适合当地的兔子品种、饲养技术以及饲养装备，为当地的兔产业提供产业发展咨询报告及建议。在各方和团队的帮助下，普安进一步实施“长毛兔产业精准扶贫”，在该战略实施下普安县也顺利摘掉了贫苦县的帽子，成了省级扶贫攻坚示范县。

（三）驴产业团队为地方产业发展的政策建议。

电视剧“大宅门”曾有个片段，白景琦被赶出白府后，在济南自创“黑七胶庄”，后来取得了成功，“黑七胶”成为各级贵人争相馈送的贵品，为白家在济南创下份家业。电视剧中的“黑七胶”就是阿胶。

阿胶在我国历史悠久，始于秦汉时期，是名贵的滋补良药，而阿胶的最主要的原料就是驴皮。近些年中国人健康养生意识提高，对于阿胶的需求也大幅度提升，导致肉驴价格大涨，甚至经常出现“一驴难求”的局面，整个驴产业“一皮升天”。为了切实抓好驴业扶贫，2017 年 8 月，国务院扶贫办开发指导司成立养驴扶贫工作组。随后对 16 省区开展了驴产业的调研。山东、辽宁、甘肃、宁夏、山西、陕西、内蒙古、新疆等近 20 个省区市也出台了驴业扶贫的政策支持文件，近 10 万贫困户受益，毛驴养殖已成为西北、华北、东北地区产业精准扶贫的成功模式。

为积极响应国家的号召，做好驴业扶贫工作，中国农大自 2017 年以来多次前往内蒙古、辽宁、新疆、山西、陕西、河北、山东等地深入养驴场企、交易市场和有驴的山区村镇深度调研，与相关部门负责人以及养殖户、经纪人等深入交流，并多次参加全国驴业大会、驴业论坛、驴交易博览会，参与省区、市、县以及跨区域层面的驴业发展战略规划论证。在调研过程中，团队发现，部分地区驴产业发展存在盲目性，缺乏全产业链的统筹布局和综合考量，尤其是只管进驴，缺乏市场“出口”方面布局。还有一些地区“贪大求全”，单体项目动辄 5 万头、10 万头规模，而全国存栏总量不过 200 多万头，好高骛远，脱离实际。不出所料，2017 年底驴皮价格暴跌，驴价也一路大幅走低，各地驴业受到了较大冲击。

2019 年底暴发的新冠肺炎疫情对驴产业的发展又是一次冲击。为应对一系列的市场挑战，相关的“驴”企业开始改变经营策略，走上转型之路。东阿阿胶股份公司搞起了线上“抖音”，宣传阿胶系列产品及其功效，普及阿胶系列产品的便捷食用方法；御驴牧业有限公司完善肉食熟食系列，布局生肉速冻与屠宰配送，谋划驴奶板块发展战略。与此同时，中国农业大学驴产业团队深入调研，认为当前国内驴产业作为新兴产业，存在产业链条不完善、从业主体不多元、科技研发投入不足、政府对于驴产业的重视有待进一步加强等问题。针对以上问题困境，驴产业团队建议政府、企业市场多方共同参与聚力破解发展难题，特别是加强立法严控母驴屠宰，保护好、利用好我国特有驴种资源；健全完善驴产业技术体系，探索政产学研用现代产业技术体系和驴业发展新模式；有效整合相关投入资源，充分发挥国家相关项目资金效用，鼓励和撬动社会力量投入。

“苏武牧羊”是汉朝时期的一个历史典故。苏武出使匈奴被扣，在极其恶劣的环境下牧羊 19 年坚贞不屈，永远保持着一颗爱国的赤子之心，成为名垂青史的千古人物。这种坚韧的精神，一直被后人传颂。今天，越来越多的农大师生继续发扬“苏武牧羊”精神，心中怀揣着对党和祖国的赤诚，奔赴祖国各地，继续书写着推动产业发展的故事。

第三节　守住脱贫攻坚的最后一道防线

贫困县退出评估和年度成效考核不仅关系整个扶贫工作的全局的成败，也关乎对千千万万长年驻守在扶贫一线的工作者的认可。习近平总书记强调：“让脱贫成效真正获得群众认可、经得起实践和历史检验。”国务院扶贫办对此工作也是非常重视。根据党中央的工作部署，2020 年，中国所有的 833 个国家扶贫开发工作重点县将全部摘帽退出。为此，国务院扶贫办成立了贫困县退出专家组，负责制定贫困县摘帽退出的评估方案，承担部分贫困县的摘帽退出评估和退出评估的抽查工作。

受国务院扶贫办和各省扶贫办的委托，中国农业大学成立了由 20 余名专任教师和 30 余名硕博士研究生为核心的评估团队，并吸收了华中师范大学、安徽大学、江西农业大学、河南大学、河北师范大学、安徽农业大学、河北大学、北京林业大学、中国农科院农经所、首都经贸大学等 12 所高校或科研机构参与此项评估工作。团队成立以后，赴全国各地开展贫困县退出评估和年度成效考核工作。两年多来，共完成涉及江西、河南、河北、吉林、黑龙江、内蒙古、安徽、陕西等 8 个省（自治区）的 74 个贫困县摘帽退出的评估及抽查工作。此外，团队还承担了江西、河北、山西等 3 省 27 个县的年度脱贫攻坚成效第三方评估工作和甘肃、湖北、陕西、宁夏 4 省区 17 个县年度脱贫攻坚成效第三方评估的督查工作。这些成绩是中国农大密切参与国家脱贫攻坚伟大实践的一个具体体现，极大提升了学校在这一领域的知名度和影响力。

一、参与国务院扶贫办贫困县退出规程的制定

中国农大以勇于担当、舍我其谁的精神，参与了国务院扶贫办关于贫困县退出规程的制定，充分体现了作为农林院校的时代责任和担当。贫困县退出评估是检验贫困县脱贫攻坚成果的重要环节，也是贫困县摘帽的核心环节。贫困县退出评估规程是指导贫困县退出评估的规范性文件。为此，国务院扶贫办组织成立了专家组，制定贫困县退出评估规程。除中国农业大学外，还有来自中国社科院、中国人民大学、北京师范大学、华中师范大学等科研院所和高等院校的专家共同组成了专家组，参与到了规程制定当中。规程对评估问卷、评估标准、评估流程、评估纪律、评估方法、报告撰写等进行了详细规定，是贫困县退出评估的指导性技术文件。

二、树立起可供借鉴的评估示范

精准扶贫是扶贫开发理论与战略的重大创新，是消除贫困、决胜全面建成小康社会的重大任务，也是提升国家软实力的重大举措，党中央、国务院对此高度重视。为承担和完成好国家精准扶贫第三方评估重大任务，委托林万龙教授组成了评估专家组，为第三方评估工作搭建了新平台。

在评估任务下达后，中国农业大学作为第三方评估机构积极参与到贫困县退出工作的实践当中。2018 年，学校凭借对于扶贫政策及评估标准等内容的准确把握，被国务院扶贫办委托评估江西上饶的扶贫摘帽工作。这是扶贫工作展开以来，全国范围内大规模贫困县退出评估的起始，意义重大，获得了全国各方的高度关注。

鉴于此次实地评估对于贫困县退出评估全局的重要性，中国农业大学组织了包括 88 人的团队，其中教师 9 人（教授 3 人、副教授 4 人、讲师 1 人、

处级干部 1 人）、调研员 79 人（硕博士研究生和少量已经确定读研究生的四年级本科生）。参与上饶县评估检查的除中国农业大学评估检查团队外，还有评估指导（国务院扶贫办领导及专家组成员）及其他评估机构观摩团成员 24 人参加。

为了能够实现首次扶贫评估应有的作用，为扶贫评估全局树立一个良好的开端和可供借鉴的示范，中国农业大学团队为此次调研评估从各个环节均进行了充足的准备，包括事前的行程安排、调研的具体流程、调研完的座谈等。对于调研每一个细节，中国农业大学的团队提前进行了明确的规定和安排，包括相关人员费用的支出、与地方座谈人员与时间的安排等都有详细的规定，甚至对于团队所住酒店的网速也进行了细致的摸底。调研过程中，中国农业大学团队热忱的工作热情、过硬的业务水平、客观公正的评估态度、不怕脏累的敬业精神更是获得了当地政府和相关人员以及农民的一致认可和好评，为中国农业大学赢得了极大的社会声誉。

随后，中国农业大学团队又承担了河北顺平、涞水等 2 个国家级贫困县的摘帽任务和阜平县等 6 个县的年度扶贫成效考核任务；负责江西乐安等 17 个县、吉林靖宇等 9 个县和河南扶沟等 8 个贫困县的摘帽任务；赴甘肃、湖北、陕西、宁夏 4 省区，对 17 个县年度脱贫攻坚成效第三方评估开展督查工作；承担了吉林镇赉县、内蒙古自治区武川县和察右后旗、黑龙江省绥滨县和明水县以及陕西省白河县等 11 个县的抽查评估；承担了山西省右玉县等 4 个县（市）的考核任务；累计已有百余名教师、研究生参与其中。

根据国务院扶贫开发领导小组的统一部署，为深入了解脱贫攻坚和东西部扶贫协作工作成效，查找突出问题和薄弱环节，发掘成功经验和先进典型，由中国农业大学左停、于乐荣牵头组织的专家团队分赴 14 个中西部省市开展 2019 年东西部扶贫协作成效考核。2019 年 12 月至 2020 年 1 月，专家组与考核组围绕东西部扶贫协作 6 个方面的考核指标，对 14 个中西部省市 2019 年东西部扶贫协作成效进行了考核。考核组主要采取听取汇报、查阅资料、座谈交流、实地核查和入户调查等方式进行考核，并按照操作规程，对抽取的乡镇、村、项目点进行走访核查，对党政干部、专业技术人员、人大代表、政协委员、企业负责人和贫困户进行访谈。同时，党外人士也积极参与扶贫项目投资评估工作。2018 至 2019 年，伍建平共参与 5

项民建中央组织的脱贫攻坚民主监督工作。其中，四项是民建中央受中共中央统战部委托对广西开展的脱贫攻坚民主监督工作，一项是民建中央受国务院扶贫办委托对河北丰宁县开展的脱贫攻坚民主监督工作。

三、在客观公正的评估中前行

一些基层扶贫干部聊起扶贫的第三方评估，常常表示有点“怕”——不是怕“差评”，而是怕“评不准”。有干部抱怨，辛苦干了一年，大学生评估员 20 分钟就把我们给“判决了”，合理吗？更有干部质疑，农户告诉评估员自己种了一亩连翘，评估员竟然反问连翘是啥，这样的评估能准吗？对中国农大来讲，做到扶贫评估的客观公正是首要原则，为此中国农业大学团队行程前对于调研人员的培训和考核、对团队纪律的强调、对形成前相应物质的准备都做了十分周密的安排。对于调研的各种信息也做到了最大限度地保密，严格要求，并且仔细检查开会的场所，任何团队成员不得私下与地方人员接触。同时，为了避免对地方扶贫工作的“误判”，对于没有的有疑似的农户都会进行四层审核，并与地方政府充分沟通，以确定最终结果的真实性。

评估开始前，要在国务院扶贫办的建档立卡系统里进行一次大的抽样，一般一个县要抽出 40 个村子左右，此次抽样具体由团队负责人和他的助手亲自操作抽样，并且样本信息仅限于负责人和助手知道，样本内容属于高度机密。到达贫困县后，县里面会提供具体的资料和地图，据此进一步缩小样本范围，再选出 20 个左右的贫困村。具体选样时间定在调研的前一天晚上，也就是今日选样明日调研，每天抽取 5 个样本，而这 5 个样本信息也直至次日出发前一个半小时才告知当地政府。一般情况下，早晨 8 点出发，6 点 30 分才会告知地方政府调研的村庄。整个流程仅限于负责人和助手参与，其他人员一律不得靠近。

评估开始后，调研小组会在村委会现场将地方上提供的贫困户的名单与国务院扶贫办建档立卡中贫困户的信息进行对比，检验名单的准确性和完整性。然后现场抽取贫困户。团队对贫困户的调研设计有专门的应用程序，调研员输入自己的身份证号进行验证后方可直接登陆，然后严格按照应用程序上设置好的问题进行提问。为了保证所获信息的真实性，中国农业大学的扶贫评估团队对每一个小组都做了细致的安排，每一个到户的调研小组都是由两个同学组成，以保证相应的调研结果有据可寻。整个问答过程只准允许农户 1 人、调研员 2 人，共 3 人在场，其他人员一律回避。入户调查访谈中，调研员按《贫困县退出专项评估检查总体规程》和《贫困县退出专项评估检查调查员手册》要求完成入户规定动作，对农户总体情况有一个基本判断之后，可开始与农户进行标准化问卷访谈。为了保证农户调研信息的真实性，在提问时会采取多种方法获取最真实的农户信息，也会现场考证，关注农户生活的每一个细节，以对获得的信息进行验证。在调研员入户按要求完成入户规定动作，对农户总体情况有个判断之后，开始与农户进行标准化问卷访谈。访谈过程中，调研员结合总体情况，若发现疑似问题户（错退户或漏评户），即着重核实影响判断的关键问题，收集和坐实证据，并通过微信等方式向调研员所在组的带队老师报告相关情况。带队老师收到调研员信息后，赴现场按照标准程序进行复查，并进一步采集相关证据（有些情况下向周围邻居等求证）后向问题核查组汇报情况并请问题核查组进行核查。中国农大团队在评估过程中上下一体，极为认真，例如在评估检查某县期间，调研员共发现初始疑似问题户 67 户，而经核查组核实初步排除疑似问题户 32 户。

评估结束后，报告撰写是评估的最后一个环节，是向党和人民汇报调研成果的最终形式。一份报告的好坏既关乎对地方工作的认可，也关乎团队工作能力的展示，更是整个扶贫大局最为关键的一环。鉴于此，团队在报告撰写时更是倾入了全部的心血，既要对得起千千万万地方干部的付出，也要对得起党和人民的嘱托。为了能够全面展示地方脱贫攻坚的成果，也为了能够向中央及时汇报我们的工作情况，报告主要包括七大部分内容，非常翔实。第一部分是报告整体摘要，用较为简洁的表述概括地方扶贫攻坚的工作情况。第二部分详细介绍所调研贫困县的基本情况。第三部分详细介绍评估检查基本情况。第四部分详细介绍评估检查结果以及情况分析。第五部分详细介绍调查县的“脱贫退出路径分析”，包括对贫困户住房的改造，如危房改造、易地搬迁；这里面包括“教育扶贫”，如发展教育，培养农户技能；也包括“社会保障”，增加基本社会保障力度、健康扶贫等。第六部分详细介绍调查县脱贫的“主要经验和问题”。第七部分则主要是报告的“结论与建议”部分，包括“评估结论”以及提出的扎实推进后续脱贫成果巩固的工作建议。

四、做受人尊敬和认可的农大人

在评估的过程中，中国农业大学团队严谨、公正、客观的工作作风赢得了各个调研贫困县的高度认可。在扶贫报告提交之后，不少贫困县领导借到京出差之际反复要求与中国农业大学团队负责人进行座谈和交流，以期能有进一步合作。甚至有贫困县在了解到中国农业大学老师有另一项关于贫困的调研后，主动积极协助中国农业大学老师完成了该项调研。通过此次扶贫评估中国农业大学积累了更加广泛和更加良好的社会声誉。中国农业大学牵头的吉林省的贫困县摘帽工作，还引起了中央电视台的关注，进行了专门的报道。

在国务院扶贫办的贫困退出机制中，对于贫困县的摘帽退出有着十分严格的评估流程，除了对贫困县要进行一次评估，还要抽查 20% 的贫困县进行再次评估，以检验第一次的评估可靠性。2020 年，国内某高校牵头对某省的扶贫工作进行了评估，随后中国农业大学参与了对该省扶贫的抽查工作，发现该省某县有“一个错退，一个漏评”，而该县在初次评估中是全部通过，未发现有一例问题户。虽然从统计学上讲，该县抽查前后的差异属于合理范围内，不能说明什么问题，而实际上却引起了不小的影响，从无到有，一定程度上使该县的扶贫工作由“完玉”变成了“瑕玉”，甚至对当时的扶贫全局都产生了一定的影响，直接影响到了部分干部的能力评定。

评估组本以为对评估纪律和评估标准的严格坚持会给当地政府的政绩“抹黑”，但事后该省扶贫办领导表示，正是中国农大团队的认真和坚持让他们数年来从上到下日日夜夜的坚守得到了最为客观的展示，让他们有充分的理由相信中国农业大学团队的评估工作。这样的做法更是证明了对自己扶贫工作成果的自信，也是对中国农业大学评估团队工作的充分认可，也向世人证明了在党的领导下脱贫攻坚成果的客观性和可信度，展示了中国特色社会主义制度的优越性。

扶贫评估对于中国农业大学是份责任，也是机遇。事实证明了中国农大团队公正客观的评估态度，与地方人员处理关系时有力、有礼、有节的处事方式，也没有因为自己的第三方身份就对地方颐指气使，而是在各个方面给予了充分尊重，这一切更是给学校赢得了极高的社会声誉。

第四节 为世界扶贫事业贡献农大力量

“各国和各国人民应该共同享受发展成果。每个国家在谋求自身发展的同时，要积极促进其他各国共同发展。世界长期发展不可能建立在一批国家越来越富裕而另一批国家却长期贫穷落后的基础之上。只有各国共同发展了，世界才能更好发展。”习近平总书记不但在带领中国人民脱贫攻坚奔小康，也始终关心关注全球贫困问题，希望为世界人民摆脱贫困贡献中国智慧和中国力量。

新中国成立来，中国始终支持和帮助广大发展中国家特别是最不发达国家消除贫困，累计向世界近一百七十个国家和国际组织提供了数千亿元人民币援助，派遣近七十万援助人员。中国还先后七次宣布无条件免除重债穷国和最不发达国家对华到期政府无息贷款债务。中国积极向亚洲、非洲、拉丁美洲和加勒比地区、大洋洲的 69 个国家提供医疗援助，先后为一百二十多个发展中国家落实“联合国千年发展目标”提供帮助。在这个过程中，中国农业大学积极践行党中央关于建立人类命运共同体的号召，通过多种平台和机制向发展中国家分享中国的减贫经验，提出中国方案，贡献中国智慧，更加有效地促进与广大发展中国家交流分享减贫经验。

一、向世界传播中国扶贫经验

新世纪初，《联合国千年宣言》正式发布，这成为包括中国在内的 189 个国家的庄严承诺。2004 年 5 月 26 日，世界银行全球扶贫大会在上海召开，时任国务院总理温家宝作了题为“为减少全球贫困而携手行动”的讲话。会议签署并发表了《上海共识》，意味着中国在完成自身脱贫攻坚的工作的同时，开始积极承担大国责任。

近年来，中国在推动以小农为基础的农村发展、减贫工作及工业化道路上积累了独特的经验。从 2010 年开始，中国农业大学在坦桑尼亚进行了一项有意义的发展试验。研究团队根据坦桑尼亚当地的实际情况，设计了一个以社区为基础的发展模式。通过分享中国地方政府下乡的工作方式，支持当地政府、当地大学和研究机构与当地农村社区三者之间建立有机联系，从而完整呈现了劳动密集型、低资本投入的农业技术方案。在传播中国经验的同时，学校对于坦桑尼亚的援助也注重培养其本土的农业人才，使援助项目脱离“建设—移交—中断—再投入—再移交—再中断”的恶性循环。

（一）与坦桑人民携手共圆发展之梦

农业一直是中国与坦桑尼亚合作的重要领域。早在 20 世纪 70 年代，中国政府就向坦桑尼亚援建了鲁伏水稻农场、乌本加农场等大型农业项目。中国农大与坦桑尼亚的接触可以追溯到 1991 年，当年就有中国农大教师前往坦桑尼亚实地调研农业农村的发展情况，这为后来中国农业大学向非洲传授中国经验和研究非洲贫困埋下了种子。

2004 年，中国国际扶贫中心（IPRCC）正式成立。这一机构的成立，意味着中国建立了与发展中国家交流经济发展和消除贫困经验的窗口，也标志着中国开始重新构建中国和世界的关系。不久，以李小云为核心的农大团队开始对坦桑尼亚的农业展开全面调研。2009 年，“中国—非洲发展与减贫：经验分享与国际合作”研讨会在坦桑尼亚达累斯萨拉姆举行。李小云作为国务院扶贫办的首席专家在会议上做了关于中国发展经验的主题报告，并指出：非洲国家的减贫需要发育出内生的力量，外力在不同的阶段可发挥类似引子、协调、辅助等方面的作用，而中国的减贫经验恰好可以为非洲农业的发展和减贫提供有效借鉴。中非农业投资有限责任公司坦桑尼亚公司的负责人当场热情邀请团队实地考察了公司所管理的剑麻农场周围的村庄，并希望在未来能与农大展开深入合作。第二年，在世界银行和中国国际扶贫中心支持下，李小云团队深入坦桑尼亚的 Morogoro 省、Iringa 省和 Mbeya 省的农村地区调研农业发展状况。经过此次调研发现，尽管坦桑尼亚已经制定了较完善的农业发展战略，但近十年的增长主要是建立在种植面积扩大的基础之上，政府较大程度上忽视了提高农业生产力的作用。

（二）成立“村级减贫学习中心”

在剑麻农场的努力促成和坦总统府计划委员会的协调下，自2011年始，中国国际扶贫中心在坦桑尼亚选择了一个农村社区，委托中国农大及坦桑尼亚剑麻农场实施“村级减贫学习中心”项目。2012年7月，坦桑尼亚莫罗戈罗省佩雅佩雅村，在富有浓郁非洲风情的音乐声中，中国国际扶贫中心在非洲的第一个“村级减贫学习中心”正式挂牌成立。经过团队专家的考察与论证，中坦“村级减贫学习中心”决定借鉴中国以小农户农业增长为基础的减贫经验。在该经验的指导下，专家向坦桑尼亚传授的不只是中国的精耕细作的农业技术体系，还有政府、农民和市场互动对农业发展的保障和促进。

据团队人员回忆，他们刚刚入驻非洲之时，看到当地农民们种植玉米的方式是：男人扛着锄头，抬脚时锄头也高高举起，落脚时锄头锄在地上，走一步就是一个坑，男人的身后则跟着女人往坑里埋种子。而其他作物的播种，同样也是人站在地里以半弧形撒播种子，落在哪儿便是哪。据专家估算，在这样的种植方式下，玉米的平均产量只能达到每英亩300到500公斤，换算成中国的亩制，大约每亩49到82公斤，可以说产量“非常非常低”，但同时，专家也发现，这些玉米的“秃尖率”比较低，说明土壤自然肥力的供给较为充足。基于这些情况，

图8-8　指导坦桑尼亚农户用播种绳播种

并考虑到当地农民没有财力承担化肥使用的相关费用，团队根据中国农业精耕细作经验，设计了一整套劳动密集型玉米密植方案，还定制了一款“播种绳”来标记播种点。

尽管遇到了较大的阻力，经过团队不遗余力的研究和推广，第二年坦桑尼亚的农业推广员 Bishanga 兴奋地看到他家玉米的产量提高了一倍。由于 Bishanga 较好的示范效应，在项目实施的第三年，共有 31 户农户在专家的帮助和指导下开展了一系列示范活动。当年的玉米产量较 2012 年的平均产量增加了近 3 倍，切实改变了当地居民的收入状况，一位当地农户妇女不仅成功偿还了所有债务，还给自己的孩子交齐了学费。

在农大专家的帮助和指导下，佩雅佩雅村玉米的产量由 3 年前每亩 66 公斤提高到 2014 年的 183 公斤，并由一个村扩散到了周边的四个村。佩雅佩雅村的工作已在路黛瓦（Ludewa）乡和开劳瑟（Kilosa）县，以至莫罗戈罗省产生了巨大的社会效应。此时的“村级减贫学习中心”已成为中国在坦基层减贫工作的品牌，得到商务部、农业部、科技部、国务院扶贫办等部委的高度关注，商务部援外司就此项目曾多次展开具体讨论。同时，为配合中国经验在坦桑尼亚的有效传播，项目先后组织了四批坦桑尼亚高层到华接受培训，包括坦桑尼亚农业部等部委常秘以及总统府首席部长、总统府首席秘书、总理府常秘等约 30 多名高级官员。

非洲和中国有着相似的农业生产系统。坦桑尼亚的村庄采用了中国劳动密集型的生产技术，大部分农户的玉米产量得到了提高，解决了温饱问题。村里很多农户因此盖起了新房，购置了太阳能发电系统，也有钱送孩子上学了。当地政府官员非常满意中国农业大学援助项目的实施，也非常愿意将中国农大所传授的技术在当地其他村庄进行推广。2018 年，坦桑尼亚公民报（The Citizen）做了题为“Chinese varsity, SUA team up to improve maize production”的报道，对于项目为当地带来的收益给予了高度肯定。

2014 年，时任坦桑尼亚总统贾卡亚・基奎特（Jakaya Kikwete）在访问中国时，特意来到了中国农大，盛赞中国农大以及中国人民为坦桑尼亚等非洲国家实现农业转型和发展传授的中国经验和付出的巨大努力。同年，访问坦桑尼亚的学校党委书记姜沛民受到平达总理的接见。平达总理特别感谢中国农业大学在坦桑尼亚开展减贫研究并向坦桑传授“小农户农业发展”经验。2016 年 9 月 1 日，为配合 G20 峰会召开、宣传中国参与国际发展成果，央视新闻联播头条报道了中国农大支持下的佩雅佩雅村“村级减贫学习中心项目”。

（三）“东道国”成为自身发展的主导

在以往的援助非洲农业技术项目实施过程中，由于中方专家的撤离，援助项目常常会陷入中断的尴尬境界。为避免该恶性循环的发生，促使坦桑尼亚形成自身的“造血”功能，团队专家组决定结合中国农业技术推广的典型经验为坦桑尼亚制定新的方案，包括积极推动坦桑尼亚苏科因农业大学的农业科研人员参与科研项目，同时和莫罗戈罗省政府积极合作，组织省长、分管农业的副省长以及农业官员等前往中国农大学习。在 2013 年时，中国农业大学与中国国际扶贫中心联合举办“社区为基础的发展与减贫”培训班，包括室内授课、实地参观、研讨会和实用技术培训等。

在中国农大的积极努力下，20 名坦桑尼亚人员来华参加培训；莫罗戈罗省的项目协调员、农业技术推广员以及村民代表和来自苏克因农业大学、慕祖比大学的坦桑科研人员等共 25 人来华参加培训；来自坦桑尼亚苏克因大学的四位年轻教师在中国农业大学进行了为期一个月的项目培训。与此同时，由中国农大农学、畜牧、生态农业、农村发展专家组成的团队在莫罗戈罗省政府团队的陪同下对瓦辛巴村进行了实地“诊断”。专家组向村民介绍了援助项目框架和内容，考察了玉米、水稻种植以及禽畜养殖的问题，绘制了村概况图，并据此设计了推动村级农业生产的初步方案，达成“农户是重心，大学—政府—农户伙伴关系是关键，地方政府支持是重要保障”的共识。

（四）开启援助“千户万亩”的新征程

自 2018 年开始，中国农大援助坦桑尼亚项目的实施进入一个新阶段。学校在坦桑尼亚莫罗戈罗省发起了 10 个县共同实现 1000 户 10000 亩的玉米增产示范工程，即“千户万亩玉米增产示范工程”，分享中国的“劳动密集型农业技术的中国经验”和“政府支持农业发展的中国经验”的发展经验。

此项工程是探究中国和坦桑尼亚农业合作如何支持当地四级政府、研究机构和当地社区的良性互动，并探索出一套有利于当地农业发展、农民生活改善的社区发展方案。同时，探究如何通过中坦农业技术合作，尤其

图 8-9　中坦千户万亩玉米密植增产技术示范工程启动仪式合影

是中国劳动密集型技术的示范，支持当地设计出一套增强微观层次上农业产量提高和农民生计改善的农业技术方案；如何在国际层面上更广泛、更有效地分享中坦农业发展合作和减贫的经验。

与之前援助坦桑尼亚的项目相比，此次项目的范围更广了，从 2 个村拓展到了 10 个村，覆盖了莫罗戈罗省的 7 个县；参与的农户数量也更多了，每个村会选择 100—200 名农户；玉米种植面积达到了每个农户示范种植面积至少为 1 英亩，并且在当地组建了由“省级农业官员 + 县级农业官员 + 乡镇农业官员 + 村级技术推广员”的工作团队。在新的阶段，此次援助必将探索更广范围内基于民间交往、注重科技开发，关注粮食安全，侧重减贫的项目，从而开发出能够有效推动中非合作可持续发展的方案模式。

（五）中国的农业技术“各个县和村抢着要”

从一个村到两个村，再到十个村；从无人相信，到只有一个人愿意尝试，再到千户万亩良田蓁蓁。中国农业大学“小技术”远渡重洋，在中国国际扶贫中心、国务院扶贫办、农业部、科技部、商业部、中非农业投资有限责任公司、援坦桑尼亚农业示范中心、比尔·盖茨及梅琳达基金会等多方的帮助之下，完成了“中国技术走出去”的创举。

2019年，中国网和中国农业大学针对农大团队在坦桑尼亚深耕十年所取得的成果，制作了《小技术·大丰收》短片。3月，在阿根廷首都布宜诺斯艾利斯召开的第二届联合国南南合作高级别会议的重要边会上进行全球首发。仅仅一个月，视频被国务院新闻办公室英文官网、联合国南南合作办公室官网转载。在腾讯视频、优酷、梨视频、爱奇艺、今日头条、凤凰大风号、百度百家号、一点资讯等国内视频和社交平台推广，播放量达到14万。视频及英文稿2个小时内被158家境外媒体转载发布，其中有23家媒体二次转载，覆盖6927万人群。

坦桑尼亚驻华大使姆贝尔瓦·布赖顿·凯鲁基（Mbelwa Kairuki）在观看视频后评价："随着南南合作的不断深入，中国先进的农业技术进入非洲，加速了非洲零饥饿的进程。中国—坦桑尼亚千户万亩玉米增产增收示范工程就是一个极好的例子。坦桑尼亚积极响应'一带一路'倡议，愿意同中国一道，继续深入合作，加强互联互通，共同致力于可持续发展之路。"中国网通过海外社交平台领英发布后，被维迪斯环境金融主席詹姆斯·阿特金斯等近百位专家学者点赞转发。南非学者约翰·克卢特说："中坦千户万亩玉米增产增收工程是'一带一路'倡议的杰出成果。"商业创新专家迈尔·安麦仁评论道："科技是未来世界发展的驱动力。未来已来，精准农业的变革正在发生。"

2019年10月16日，首届"全球减贫案例有奖征集活动"的获奖案例颁奖典礼在北京举行，由中国农业大学李小云团队所主导的《对外援助，培育自主发展能力——以中国与坦桑尼亚农业发展案例》荣获最佳减贫案例，并被收录进南南合作减贫知识分享网站——中外减贫案例库及在线分享平台。12月9日，在首届中非农业合作论坛上，校长孙其信在发言中强调，推动世界农业的发展，推进中非农业科技教育合作是中国农业大学和中国四十多所农业大学国际化发展的重要工作内容。

二、向着全球减贫目标跨越式前进

发展中国家多位于南半球或发达国家南部，所以发展中国家的合作也被称为"南南合作"。几十年来，中国一直是"南南合作"的积极倡导者和重要参与者。中国通过分享发展经验、传授专业技术知识等途径，在力所能及的范围内向发展中国家提供援助，覆盖医疗、教育、农业等多个领域。尤其是从 2013 年以来，中国构建人类命运共同体主张与“一带一路”新型发展倡议，为多边南南合作注入了全新时代内涵。

作为农业院校排头兵，中国农业大学始终高度重视并积极参与南南合作和中非合作，为发展中国家的农业农村发展作出了重大贡献。在过去几十年中，中国农大在南南合作的框架下展开了与亚洲、非洲、拉美和太平洋地区国家的农业发展合作，积极推进与“一带一路”沿线国家的农业合作。在特立尼达和多巴哥共和国西印度大学成立孔子学院，并与该校共建“中特农业创新园”，组织实施教育部“中非 20+20”项目与教育部援外培训项目，共培养了来自亚非拉地区近 50 多个国家的 200 名国际留学生，启动了“一带一路”沿线国家来华留学生源基地建设。

面对南南合作和一带一路相关领域的政策要求，2017 年 12 月，由中国农业大学发起筹办的“一带一路农业合作学院”、联合西北农林科技大学共同筹办的“中国南南农业合作学院”在北京揭牌。在现场，中国农业大学党委书记姜沛民、校长孙其信分别为两个学院揭牌，这也昭示着中国农业大学的国际交流迈入了机制化阶段。

“一带一路农业合作学院”是中国农大直接领导下的校级综合平台，按照党的十九大关于“一带一路”倡议的部署，打造“一带一路”沿线国家农业领导人才推动计划，创建“一带一路”沿线国家农业和农村发展的经验交流机制，在“一带一路”沿线国家建立若干个充分体现中国农村发展经验，为所在国农业提供示范的科技兴农示范园区，并利用中国农大的学科优势打造“一带一路”农业高端智库。“中国南南农业合作学院”是继习近平在联合国大会承诺的“南南合作与发展学院”之后，由农业院校发起、在农业和农村发展领域成立的又一个旨在推动南南合作的新机制。学院围绕国家对外战略需要和国际发展需要两个场域，在农业和农村发展领域推动新型南南农业合作。

学院成立以来，一直本着“共商、共建、共享、共同推进人类命运共同体建设”的概念，积极发挥推进“一带一路”沿线国家农业科技教育的桥梁作用、引领作用和支撑作用，为共同促进“一带一路”农业科技教育的繁荣和联合国可持续发展目标贡献中国智慧，提供中国方案。截至目前，中国农业大学“一带一路”南南合作工作已经形成了从科研到推广，从研究合作到实地推广，从国内人才培养到国际人才培养，从在国内培训发展中国家人才到教授专业人员走出去展开培训工作，从本科生到博士生，从技术到政策，从在课堂讲授到实地经验示范的全面综合体系。

继“一带一路农业合作学院”和“南南农业合作学院”成立之后，中国农业大学依托学院与联合国南南办公室、英国国际发展研究院（IDS）、联合国粮食及农业组织（FAO）、联合国粮食计划署（WFP）、国际农业发展基金会（IFAD）、联合国开发计划署（UNDP）等国际组织达成了战略合作伙伴关系；2018 年 7 月，与联合国南南合作办公室签署合作协议，全面参与联合国南南合作工作；2019 年 4 月与英国国际发展研究院（IDS）签署合作协议，推动全球连接。2018 年 9 月，南南农业合作学院 / 一带一路农业合作学院又与联合国南南合作办公室在纽约共同发布了，由两个机构合作完成的南南合作智库报告。中国农业大学校长孙其信，与联合国秘书长南南合作特使兼联合国南南合作办公室主任霍尔赫·切蒂克（Jorge Chediak）共同出席了全球南南合作智库对话会，这是国内高校与联合国系统共同发布的第一个南南合作智库报告。

除国际组织外，中国农业大学还依托多年来在“一带一路”和南南合作领域打下的坚实基础，积极进行国内和国际两方面的机制化建设。2018 年 6 月，中国农业大学建立了“‘一带一路’南南合作农业

图 8-10 “一带一路农业合作学院”和“中国南南农业合作学院”成立大会

图 8-11　中国农业大学与联合国南南合作办公室共同发布南南合作特别报告

教育科技创新联盟”，首批加入联盟的包括中国农业大学、西北农林科技大学等中国 40 所农林院校及吉尔吉斯斯坦国立农业大学、以色列希伯来大学等“一带一路”沿线 30 所院校。通过搭建合作平台、资源共享，促进“一带一路”沿线国家和南南合作国家农业教育与科技的进步和发展。同时，中国农业大学还联合塔里木大学、海南大学，与吉尔吉斯斯坦国立农业大学、柬埔寨皇家农业大学、阿尔巴尼亚地拉那农业大学、俄罗斯滨海国立农学院等 9 所院校签署了 5 个双边和多边合作协议，共建农业教育科技合作创新中心。

三、丰硕的扶贫援助研究成果

近年来，中国农业大学的研究团队将中国与发展中国家的脱贫研究视为自己的使命，出版发表了一系列在国内和国际有影响力的著作和论文，累计在重要学术期刊上发表高水平论文共 150 多篇，出版专著 16 部，研究成果已有 5 次被商务部、外交部、农业部等批转关注。

2009 年，中国农业大学出版了国内第一部系统介绍国际发展援助的著作《国际发展援助概论》；2010 年，又出版国内第一部系统比较中非发展与减贫的著作《小农为基础的农业发展：中国与非洲的比较分析》；2012 年，在 Routledge 出版了全球第一本系统对比中非农业发展的英文著作 *Agricultural Development in China and Africa: a Comparative Analysis*、在发展研究英文国际前沿期刊 Journal of International Development 上发表了关于国际减贫的文章；2013 年出版国际发展援助姊妹篇《国际发展援助：发达国家的对外援助》和《国际发展援助：非发达国家的对外援助》，在发展研究英文国际前沿期刊 IDS Bulletin 发表分享中国减贫经验的文章等，内容涵盖减贫经验、南南合作创新与评估、一带一路共建国家的农业发展经验、潜力及与中国的合作、非洲农业发展潜力及中非农业合作等主题。同时，发表在世界顶尖学术期刊 *World Development* 的关于中国援非农业技术示范中心文章 Science, Technology, and the Politics of Knowledge: The Case of China's Agricultural Demonstration Centers in Africa 受到学术界的广泛关注；在国际发展研究领域最有影响力的期刊 *Development and Change* 发表了对匈牙利的中资企业进行深层次分析的文章 South-South? Culture Talk and Labour Relations at a Chinese-owned Factory in Hungary；在 *IDS bulletin, China & World Development* 等期刊发表有关发展全球有效伙伴关系、G20 在全球发展中的作用等文章。

此外，中国农大也多次发布重要报告。在 2018 年中非合作北京论坛峰会期间，就"中国对外援助是否是到处撒钱"发表了系统说明，在公众中产生了较大影响。2018 年 8 月，在非洲联盟和联合国开发计划署的支持下，来自非洲国家、国际组织、使馆、非政府组织及国内三百余位代表齐聚北京，一同参加了中国国务院扶贫办主办，中国国际扶贫中心和中国农业大学一带一路农业合作学院联合承办的中非合作论坛—减贫与发展会议"一带一路与中非减贫合作"国际研讨会。在这次会议中，各国充分交流社会发展和减贫经验，并探讨在"一带一路"框架下，进一步推进中非减贫合作进程。之后，团队撰写的《非洲农业发展潜力及中非农业合作建议》报告发布，对非洲农业发展挑战和潜力进行了分析，并在中非合作论坛的框架下对"中国能为非洲提供什么"的命题作出了诠释。

参考文献

一、学术论著

[1] 北京农业大学新闻选辑编委 . 北京农业大学新闻选辑（1977—1990）. 北京农业大学信息中心 .1990.

[2] 北京农业工程大学四十年编写组 . 北京农业工程大学四十年 . 北京邮电学院出版社 .1992.

[3] 本书编写组 . 念兹在兹——中国农大强农兴农的十个篇章 . 人民出版社 .2019.

[4] 曹国鑫等 . 我和科技小院的故事——中国农业大学 12 名研究生基层成长之路 . 科学出版社 .2013.

[5] 常近时 . 毕节模式 . 人民出版社 .2009.

[6] 常州市档案馆编 . 蔡旭纪念文集 . 中国农业大学出版社 .2018.

[7] 郭沛，张瑞海 .90 年风雨行——中国农业大学经济管理学院 . 中国农业出版社 .2015

[8] 国务院参事室社会调查中心 . 当代中国田野观察（2017）. 社会科学文献出版社 .2018.

[9] 国务院扶贫开发领导小组办公室编 . 中国农村扶贫开发概要 . 中国财政经济出版社 .2003.

[10] 何志勇 . 科学人生，中国农业大学院士风采录 . 中国农业大学出版社 .2009.

［11］贾大林，石元春．黄淮海平原旱涝盐碱综合治理区划．北京农业大学出版社.1986.

［12］科学家传记大辞典编辑组编辑．中国现代科学家传记（第1、2集）．科学出版社.1991

［13］科学家传记大辞典编辑组编辑．中国现代科学家传记(第4集).科学出版社.1992.

［14］李小云，齐顾波，唐丽霞等．小农为基础的农业发展——中国与非洲的比较分析．社会科学文献出版社.2010.

［15］李小云，唐丽霞，武晋．国际发展援助概论．社会科学文献出版社.2009.

［16］李小云，徐秀丽，王伊欢．国际发展援助——非发达国家的对外援助．世界知识出版社.2013.

［17］李小云．中国与非洲的发展与缓贫——多元视角的比较．中国财政经济出版社.2010.

［18］李小云等．中国财政扶贫资金的瞄准与偏离．社会科学文献出版社.2006.

［19］刘坚．新阶段扶贫开发的成就与挑战（中国农村扶贫开发纲要2001–2010年中期评估报告）．中国财政经济出版社.2006.

［20］刘坚．中国农村减贫研究．中国财政经济出版社.2009.

［21］刘建平，苏雅澄，王玉斌．不曾忘却——中国农业大学先贤风范．中国农业大学出版社.2015.

［22］刘牧．当代中国农村扶贫开发战略研究．吉林大学出版社.2017.

［23］刘永功．中国农业高等教育体制改革与农村发展．中国农业大学出版社.2005.

［24］宁秋娅，吴文良．媒体记录——奋进中的中国农业大学（2003—2007）．中国农业大学出版社.2007.

［25］瞿振元．当代后稷——中国农业大学名师风采．中国广播电视出版社.2014.

［26］石元春.20世纪中国知名科学家学术成就概览（农学卷）．科学出版社.2013.

［27］石元春．战役记——纪念黄淮海科技战役 40 周年．中国农业大学出版社．2013

［28］宋毅，夏明，张桃英．汪懋华传——中国工程院院士传记．中国农业出版社．2017．

［29］孙其信，龚元石．中国农业大学百年科技成果．中国农业大学出版社．2005．

［30］王嘉毅．西北地区教育现状与发展研究．教育科学出版社．2013．

［31］吴海鹰，李文录，杜正彬．挑战贫困——宁夏农村扶贫开发 20 年回顾与展望．宁夏人民出版社．2008．

［32］吴汝焯等．忆恩师．中国农业大学出版社．2010．

［33］西藏工作队农业科学组编辑．《西藏农业考察报告．科学出版社．1958．

［34］杨临宏．扶贫工作研究参考文献集萃．云南大学出版社．2017．

［35］叶敬忠，贺聪志．静寞夕阳：中国农村留守老人．社会科学文献出版社．2014．

［36］叶敬忠，潘璐．别样童年：中国农村留守儿童．社会科学文献出版社．2008．

［37］叶敬忠，吴惠芳．阡陌独舞：中国农村留守妇女．社会科学文献出版社．2008．

［38］张笛梅，杨陵康．中国高等学校中的中国科学院院士传略．高等教育出版社．1998．

［39］张福锁，张宏彦，吕世华．科技小院之三农．中国农业大学出版社．2016．

［40］张福锁，张宏彦．中国现代农业科技小院．中国农业大学出版社．2016．

［41］张宏彦．科技小院——破解“三农”难题的曲周探索．中国农业大学出版社．2013．

［42］张磊．中国扶贫开发历程（1949—2005 年）．中国财政经济出版社．2007．

［43］张亚生，贡嘎，宋国英．康藏科学工作队在西藏地区农业科研工

作的回顾与考证 . 见杜杰，张亚生，田波 . 西藏农业生产过程与文化 . 西藏人民出版社 .2012.

［44］中国农业大学百年校庆丛书编委会 . 百年回眸（1905—2005）. 中国农业大学出版社 .2005.

［45］中国农业大学百年校庆丛书编委会 . 百年纪事（1905—2005）. 中国农业大学出版社 .2005.

［46］中国农业大学百年校庆丛书编委会 . 百年掠影（1905—2005）. 中国农业大学出版社 .2005

［47］中国农业大学百年校庆丛书编委会 . 百年人物（1905—2005）. 中国农业大学出版社 .2005.

［48］中国农业大学农村发展研究会 . 百年感动——岁月农大真情怀想录 . 中国经济出版社 .2005.

［49］中华人民共和国发展国民经济的第一个五年计划（1953—1957）. 人民出版社 .1955

［50］左停 . 社会保障与减贫发展 . 湖南人民出版社 .2018.

二、新闻报道

［1］“北京科技小院”工作推动会召开 . 今日头条 .2019.11.9.

［2］2013，那些振奋人心的农大故事 . 中国教育报 .2014.1.6.

［3］46 年从盐碱地到米粮川—来自河北省邯郸市曲周县的蹲点调研 . 人民日报 .2019.5.31

［4］艾子 . 许启凤教授和他的“农大 108”，中国教育报 .2003.5.14.

［5］把技术扶贫同教学、科研和社会实践结合起来——农牧渔业部所属八个农业大学千名师生到贫困地区帮助农民脱贫致富 . 中国教育报 .1987.3.5.

［6］保护好黑土地这一“耕地中的大熊猫”. 吉林日报 .2020.7.25.

［7］北京、湖北建藏援藏工作者协会为西藏牧民发放高原捡拾车 . 学习强国 .2019.10.10.

［8］边境村里的“北京人”——记中国农业大学派驻帮东村第一书记李克江 . 中国扶贫网 .2017.9.27.

［9］才杰 . 北农大创建小麦节水高产栽培新技术体系 . 中国教育报 .

1995.6.7.

［10］丁少义等．科技小院作用大——河北曲周县破解农技推广难题．人民日报 .2012.10.21.

［11］发挥农业人才服务农业的优势——北农大师生暑期科技扶贫．中国教育报 .1995.8.10.

［12］关于磨炼、成长和在藏区经历的一切．中国青年报 .2014.6.25.

［13］何志勇，蔡旭：守望麦田，把生命交给土地．北京教育（高教版）.2019.6.

［14］姜沛民．“曲周精神”是一种什么样的精神．光明日报 .2019.8.6.

［15］蒋夫尔．用三年交一份满意的人生答卷——记新疆农业大学副校长、援疆干部王涛．中国教育报 .2008.1.6.

［16］蒋建科，李京华．北京农大建立推广教学科研体系．人民日报．1992.5.4

［17］教授把扶贫工作站建到田间地头．现代教育报 .2016.12.19

［18］教育部首批 54 名干部赴滇西挂职．中国教育报 .2013.3.29.

［19］精准扶贫与乡村振兴示范基地在云南勐腊成立．云南日报 .2018.1.9.

［20］科技扶贫到边陲——中国农业大学扶贫临沧纪实．科技日报 .2014.4.3.

［21］科技甘霖洒山乡．科技日报 .1995.8.31.

［22］科技兴农的一曲凯歌——八所农业大学扶贫散记．人民日报．1990.2.10.

［23］李小云：瞄准农户“精准扶贫”．新华社 .2016.2.2.

［24］李正文，刘东祥，李丽君，文琳霖．打造一支永不走的扶贫工作队——中国农业大学定点帮扶镇康县工作纪实．临沧日报 .2017.3.12.

［25］农大教授给小山村带来的“冲击波”．人民政协报 .2016.7.8.

［26］农科学子“走进乡土乡村助力精准扶贫”．中国教育报 .2016.5.5.

［27］欧阳文章．山里泥巴香、故乡月儿明——中国农业大学教授、博士生导师张文绪的家乡情结．团结报（晚报版）．湘西新闻 .2016.10.23.

［28］情系湘西——记中国农大师生在湘西实施丰收计划的事迹．中国农技推广 .1996.6

［29］孙其信．自觉担当政治责任，助力决胜脱贫攻坚．光明日报．2018.7.26.

［30］孙其信．何以知农，何谓爱农．光明日报．2019.9.17.

［31］孙其信．知农爱农强农兴农　农林高校，在希望的田野上建功立业．光明日报．2020.9.22.

［32］田杰雄．红岘村——大国扶贫宏大叙事中的微观乡村故事．新京报客户端．2019.9.23.

［33］稳暖皆如我、天下无寒人——记中国农业大学李小云教授．光明日报．2016.2.5.

［34］谢光辉．青春在武陵闪光．民族团结．1994.8

［35］杨宁．深度贫困县有了蛋鸡产业首席科学家．新京报．2019.10.18.

［36］在希望的田野上——北农大师生协助延庆县珍珠泉乡脱贫的事迹．北京日报．1989.11.7.

［37］责任　奉献　科学　为民——中国农大曲周精神感动师生．人民网．2013.11.4.

［38］绽放在盐碱地上的青春——记中国农业大学近半世纪扎根河北曲周播撒科技星火．中国青年报．2019.5.31

［39］智力援藏：中国农业大学教授定点扶贫送智慧助力脱贫攻坚，新华社．2019.5.6.

［40］中国农大　顶尖成果受国际称赞．科技日报．2013.10.21.

［41］中国农业大学：建科学家与农民的“科技小院”．中国教育报．2019.10.16.

［42］中国农业大学助力打好扶贫攻坚战．光明日报．2017.9.11.

［43］中国农业大学“立体式”结对帮扶镇康．临沧日报．2015.5.13.

［44］中国农业大学高效扶贫云南临沧．光明日报．2014.3.25.

［45］中国农业大学稳步推进对口支援西藏大学农牧学院工作．教育部网站．2016.1.4

［46］中华人民共和国科学技术部．把论文写在大地上——科技扶贫 100 个典型案例．科学技术文献出版社．2017.6.

［47］左停：稳定脱贫的制度设计和路径选择．光明日报．2018.9.27.

三、内部资料

[1]“湘西云路”——中国农业大学湘西扶贫成功案例

[2] 1988年畜牧系扶贫工作、1989年畜牧系扶贫工作

[3] 1989年兽医学院扶贫工作

[4] 1990年农学系扶贫工作

[5] 1991年学校工作报告中的扶贫工作情况

[6] 1993年学校工作报告中的扶贫工作情况

[7] 北京农业大学科技扶贫工作总结（1989年）

[8] 北京农业大学实施“丰收计划”总结（1990年）

[9] 北京农业工程大学在锦西市西北山区等扶贫

[10] 河北易县民政局来信感谢——我校农研会同学为当地孤儿奉献爱心

[11] 贾慎修先生在青藏高原的两万里征程

[12] 老西藏精神激励师生再谱高原新篇

[13] 李连捷先生和《西藏农业考察报告》

[14] 民盟东区支部：心系山村　科教兴农（2002年6月3日）

[15] 农大人与毕节试验区的开创与建设

[16] 农大学子与西部贫困生手牵手“扶贫支教”辐射高校校园（2002年4月26日）

[17] 农学系师生走在援藏援疆等建设前列——根据戴景瑞主任85周年校庆暨学术研讨会讲话整理

[18] 学校科技扶贫工作的回顾（1990年）

本书在写作过程中参考与借鉴的内容已经在参考文献中列出，对所有文献的作者表示衷心感谢。但因篇幅有限，所列参考文献难免有所遗漏，希望作者能够及时与我们联系，待修订时加以完善。

后　记

这是一种号召，号召中国农大用汗水和智慧创造一个属于自己的奇迹。

这是一种记录，记录中国农大在脱贫攻坚伟大事业中迈出的坚实脚步。

这是一种精神，激励中国农大在民族复兴的伟大征程中不断破浪前行。

决战贫困，这是亘古未有的历史性跨越，也是中国共产党人前赴后继的责任和担当。新中国成立以来，我们成功走出了一条坚持改革开放、坚持开发式扶贫方针、坚持动员全社会参与的中国特色减贫道路。党的十八大以来，以习近平同志为核心的党中央把脱贫攻坚摆到治国理政的突出位置，脱贫攻坚战以前所未有的力度推进。脱贫成就历史罕见、举世瞩目。纵然贫有千种、困有百样，矢志不渝的奋斗一朝圆梦。

决战贫困，与每一个中国人息息相关。一直以来，中国农业大学团结凝聚广大师生，积极响应党和国家的号召，在科技扶贫、湘西扶贫、毕节扶贫、滇西扶贫、对口支援、精准扶贫、扶贫研究等诸多方面，奋勇争先多作贡献，不断谱写了战天斗地的光辉篇章，积淀形成的感人的扶贫精神早已融入农大精神与校园文化，激励着一代代农大人投身国家战略。为了系统总结中国农业大学扶贫工作的成就与经验，我们组织编写了《玉汝于成：脱贫攻坚伟大事业中的中国农大》一书，全景展现中国农大在脱贫攻坚中的特色和亮点，刻画出“扶贫人”勤奋、担当的生动形象。需要特别指出的是，受限于篇幅，本书内容是中国农大在扶贫攻坚战中取得的部分成就。实际上，中国农大的贡献远远不止于此，还有许许多多的师生、校友在扶贫一线默默奉献着自己的力量。

2020 年 1 月 10 日编写工作启动会召开以来，自始至终得到了学校各级领导的高度重视与支持，这成为本书顺利出版的重要保障。党委书记姜沛民、校长孙其信亲自担任主编，经济管理学院教授王秀清、党委常务副书记张东军、副校长辛贤担任副主编，隋熠、李军、赵竹村、谢彦明、杜金昆、徐秀丽、韩晓燕、杨家福等同志分工合作，全身心投入到爬梳整理和钩稽考订材料工作中，顺利完成了编写工作。

本书在编写的过程中，我们参考、借鉴和吸收了许多学者已有的研究成果。在成书和出版过程中，又得到了学校研究室、党委组织部、党委学生工作部、党委研究生工作部、人事处、社会服务处、团委等部门以及各学院的大力支持，他们提供了大量的文字、图片和历史文献资料，人民出版社为此书的出版付出了辛勤的劳动，在此向他们表示感谢！自编写开始，编写组成员自知责任重大，虽然奋蹄躬耕，尽心尽力，但由于水平和能力有限，加之编撰时间紧迫，难免有疏漏之处。因此，我们恳切广大读者不吝赐教，提出宝贵意见。所留缺憾处，容修订时再加以完善。

当 2020 年的历史性时刻到来，一段漫长征途终于迎来终点，然而我们更相信，终点只是起点，农业强、农村美、农民富的振兴之路已经全面展开，雄关漫道，而今迈步从头越。最后，编委会全体成员对关心和支持本书编撰和出版的所有同志们致以衷心的感谢！

编委会

二〇二〇年九月六日

责任编辑：邵永忠
封面设计：黄桂月

图书在版编目（CIP）数据

玉汝于成：脱贫攻坚伟大事业中的中国农大 / 姜沛民，孙其信 主编 . —北京：人民出版社，2020.11
ISBN 978-7-01-022640-8

Ⅰ . ①玉…　Ⅱ . ①姜… ②孙…　Ⅲ . ①农村—扶贫—概况—中国②中国农业大学—大学生—社会实践—概况—中国　Ⅳ . ① F323.8 ② G642.45

中国版本图书馆 CIP 数据核字（2020）第 223592 号

玉汝于成：脱贫攻坚伟大事业中的中国农大

YURUYUCHENG：TUOPIN GONGJIAN WEIDA SHIYE ZHONG DE ZHONGGUO NONGDA

姜沛民　孙其信　主编

人民出版社 出版发行

（100706　北京市东城区隆福寺街 99 号）

北京新华印刷有限公司印刷　　新华书店经销

2020 年 11 月第 1 版　2020 年 11 月北京第 1 次印刷

开本：710 毫米 ×1000 毫米 1/16　印张：19.5

字数：310 千字　印数：00,001-31,000 册

ISBN 978-7-01-022640-8　定价：36.00 元

邮购地址　100706　北京市东城区隆福寺街 99 号

人民东方图书销售中心　电话（010）65250042　65289539